携手"蓝海"

——国际视野下广东与东盟的战略合作

丘 杉 梁育民 刘 伟◎主编

人民出版社

目　录

携手「蓝海」——国际视野下广东与东盟的战略合作

第一章 "广东—东盟" 战略深化研究

面对 2010 年全面对接东盟机遇期,进一步深化"广东—东盟"战略是高起点推动广东经济国际化进程的重要任务。国内外形势发展要求广东进一步提高开放型经济水平,提升向国际产业价值链高端攀升的能力,成为提高中国国际竞争力主力省,深化"广东—东盟战略"正是实现这一历史使命的必由之路。推进该战略与国家战略的互动,科学谋划广东全球经济地理版图,取得与对东盟合作实力、影响力相匹配的平台和发言权是广东国际化实践的客观需要。

《珠江三角洲地区改革发展规划纲要》强调广东要加强与东盟等国际经济区域的合作,广东要从建立高层次开放型经济体系出发,通过携手港澳打造具有影响力的国际合作网络,成为中国对东盟开放最重要的经济门户。本研究旨在探究"广东—东盟"战略演进的高度与方向;提出具有可行性的促进与东盟合作新举措。

第一节 "汪洋旋风"标志"广东—东盟" 战略的启动

2008 年 9 月,汪洋书记于西方金融危机恶化前率经贸代表团"下南洋",在东盟掀起"广东旋风",显著提升了广东在东盟国家的知名度,开创了双方合作的新局面。

一、超前眼界为广东经济国际化奠定正确方向

汪洋书记选择与我们资金、技术实力以及管理、开拓能力相适应的东盟作为广东培育国际化能力的首选区域,非常及时和有远见,标志着"广东—东盟"战略的形成,为广东经济国际化奠定了正确方向。

首先,预示着广东开始超越国际贸易阶段而形成并实施新的主动型开放发展战略。

其次,明确了广东国际化是一个考虑自身能力与条件、循序渐进的理性过程。

第三,意味着拓展东盟新兴地区是广东长期的战略而非短期应对全球经济危机的救急措施。危机总爆发后的形势表明,借助全球化、金融自由化掀起的发达国家消费高潮已经过去,专家预言新一轮消费高潮也许五年后才能恢复,因此,中国出口产品结构面临巨大的挑战,有些订单是可以短期内恢复的,不少订单是难以恢复的。保持发展势头的东盟新兴市场订单虽然规模与价格远不能与欧美市场相比,但这一增长中的市场对于广东企业非常重要,可以提高企业生存力并获得国际化经验,所以,东盟是与广东相适应的国际化伙伴区域。

二、"广东—东盟"战略启动以来成果丰硕

(一)贸易逆势增长

广东企业积极开拓东盟市场,去年对东盟出口稳步增长两成,在广东前五个出口市场①中增幅最大,遥遥领先于对香港 3%、美国 4.5%的出口增速,也高于对欧盟出口 18%的增速。2008 年,广东对东盟进出口 626.5 亿美元,比上年同期增长 11.9%,占同期广东进出口总值的 9.2%。其中出口 246.6 亿美元,增长 20.3%,比广东省全年出口增幅高 10.9 个百分点;进口 379.9 亿美元,增长 7%,比全省进口增幅高 1.6 个百分点,贸易逆差 133 亿美元,下降 11.1%。

在国际金融危机冲击下,双方贸易中刚性需求部分,如广东对东盟

---

① 指香港、美国、欧盟、日本、东盟。

出口的劳动密集型商品,广东从东盟进口的资源性商品受危机影响反而较小,部分商品与一些国家还逆势增长。今年一季度,广东与越南双边贸易仍大幅增长 24.5%,高于全省增幅 47.6%。

（二）项目合作不断突破

汪洋书记出访新加坡后,粤新经贸合作进程明显加速。2009 年 2 月,新加坡组织庞大商务考察团访问广东,就加大合作,在广州建设"知识城"达成共识。3 月,广州萝岗区与新加坡吉宝企业正式签署了《关于合作建设"知识城"项目的备忘录》,推动粤新合作进入新阶段。4 月,广州市外经贸局联合新加坡国际企业发展局、经济发展局共同主办"新加坡——广州商贸推介会",为受危机冲击的广州外贸企业开拓新加坡乃至整个东盟市场提供了新的机遇。

（三）对外投资高起点

总投资将达 40 亿美元的"深圳——海防经济贸易合作区"进展顺利,一期计划引进入园企业 170 家以上,园区年总产值估计超过 250 亿元人民币。已经有一批企业签约,首批企业最快年底将入驻,该项目已成为中越合作的典范。越南总理阮晋勇高度评价了汪洋书记 2008 年访越以来双方合作的成果。

三、"广东——东盟"战略的重要特征

广东作为中国经济社会发展最具活力的省份之一,理应在与东盟的合作中发挥引擎作用。当前"广东——东盟"合作秉承"政府搭台　企业唱戏"的方针,表现出以下特征:

（一）从宏观着眼微观入手,从多边着眼双边入手

从全局着眼寻找与东盟的重点合作伙伴,第一阶段选择新加坡、越南、印尼、泰国作为合作突破点,积极筹建双边省部联络机制,已与新加坡商务部建立互联机制,与越南建立协调委员会,及时解决相关问题。

（二）从贸易着眼投资入手,从市场着眼资源入手

在实际经贸合作中,广东根据双方客观的资源优势,选择以制造业转移为主线,以资源开采为重点的投资路向。目前,东盟对中国投资 400 亿美元,但中国对其投资才 40 亿美元,这种不平衡在新的历史阶

段需要改变;而且,中国对东盟拥有贸易顺差,其中对越南就高达200亿人民币,如果转移产业终端组装环节成功,那就可以带动顺差转移。现在,深圳—海防产业园区已启动建设,广东"投资先导"这一策略将会深得东盟各国欢迎,同时,也为广东从国际市场获得能源、矿产、木材等急需资源打开路径。

第二节 新形势下深化"广东—东盟" 战略的方向

广东在即将建成"10＋1"自贸区里有巨大的作为空间,基于东盟在广东经济国际化进程中所处的重要地位,为更大地发挥该战略的作用,需在三个层次展开深化:进一步明确与东盟合作进程中的突破领域;揭示携手东盟与广东区域经济发展的内在促进关系;推进广东国际化战略与国家战略的互动。为此,我们必须了解全球化规律,把握区域化趋势,才能在次区域合作中积极发挥更大作用,进而获取更大的国际产业资源配置收益。

一、全球化背景下次区域合作的必然规律

全球化通过各个区域化进程实现,区域化既是对全球化的响应,也是一定意义上对不平衡全球化的一种修正。当前的全球化是发达国家主导的全球性产业资源重组,由于各个国家和地区经济与社会发展水平存在巨大差距,这实质上是一场在市场机制下貌似公平的不平等市场竞争。于是,各个经济条件接近或文化渊源相近的国家和地区趋于发展更密切的经贸合作关系,一则可以合力增强竞争力,二则可以运用行政机制调节市场机制的失效领域或者加快后发优势的实现。因此,当代世界经济往往表现为全球化下的区域化,而在区域化中次区域合作又是各自国际化的最有效路径。

综观全球各地的次区域合作,区域化初期地方政府与行业协会是合作的有效推动主体,企业是实操主体,并且存在三个必然趋势:

投资活动是次区域合作的主线；

次区域合作必然催生区域强势货币；

区域内合作形成对区域外产业竞争优势。

"中国—东盟"自贸易区是亚洲最大的自贸区，也是世界发展中国家之间最大的自贸区，建成后有利于我们进一步开拓东盟市场，将推动中国东盟关系实现新的历史性跨越，据预测，中国向东盟出口将在现在基础上增加55%，进口将增加48%。毫无疑问，这些经贸活动得益于双边的投资推动，同时也将强烈呼唤着美元之外的区域性强势货币出现。作为省一级经济活动主体如何前瞻性地把握好次区域合作的着力点与方向，处理好区域化进程中可能面临的内在协作矛盾，服务国家的区域合作大战略正是深化"广东—东盟"战略的核心任务。

二、2010 年是广东全面对接东盟的历史机遇期

后 CAFTA① 时代广东将扮演中国与东盟合作之主力省角色。

（一）国际市场新格局与广东的新任务

国际金融危机引发欧美市场难以短期复苏，广东以欧美为主要外贸出口市场的产业结构遭遇严峻考验，在此背景下，如何挖掘东盟新兴市场潜力应当作为一种长期方略，要在"10＋1"大框架下积极寻找广东省的作为空间，促进广东省开放型经济体系建设。金融危机使得西方跨国公司原有的产业布局与供销格局出现断裂，近期无暇顾及东盟市场，并且品牌与资金信誉受到一定程度的打击，市场重新洗牌。毋庸置疑，国际市场新格局正是广东企业抢占东盟市场的最佳时机，要把握好这一历史扩张机遇。预计 2012 年前西方公司还难以恢复元气，而对东盟区域今后五年的经济发展态势基本可以作出保持年均 5% 左右增长的判断，因此，广东企业获得了百年一遇的区域国际化契机。

金融海啸预示着美元作为国际结算货币地位开始动摇，长期看，美元汇率必然走弱，因此，中国在 3 月的 G20 峰会上提出以 IMF 的特别提款权替代美元的国际结算货币角色，以保障各国的国际财产不受美

---

① CAFTA，即 China – ASEAN Free Trade Area(中国-东盟自由贸易区)的缩写。

元滥发而贬值。当然,这一动议自然会受到美英等国的抵触,在相当长时期内还难以实施对美元的可行性替代,但是,保障各国切身利益的诉求对于各出口型发展中国家是一致的,所以,如何推动人民币成为亚洲区重要结算工具已经提上议事日程,作为对国际汇率变动尤为敏感的外经贸大省广东必须积极顺应这一趋势。

广东30年改革发展取得了巨大的进步,也面临了巨大的压力。首先是传统制造业面临能源短缺、市场饱和、价格过度竞争等困境,如何走出去获得新的发展空间,破解资源瓶颈是迫在眉睫的任务。珠三角核心区经过近30年的高速工业化发展,已经出现了土地、资源、环境、人口要素的紧约束,同时,保持环珠三角地区生态优化任务也非常沉重,因此,将制造业生产线转移到存在资源成本优势的东盟相应国家不仅有利于延长产品与设备的生命周期,而且有利于利用东盟对发达国家的出口配额,规避国际贸易壁垒。携手东盟将非常有利于广东利用新兴国家市场和资源,科学利用自身资源和空间向现代产业体系转型。其次,国家《珠三角地区改革发展规划纲要》进一步强调广东要加强与东盟等国际经济区域的合作。所以,广东要进一步解放思想,从建立高层次开放型经济体系出发,携手港澳打造新的具有影响力的国际合作平台,成为中国对东盟开放最重要的经济门户。

国内外形势发展要求广东进一步提高开放型经济水平,提升向国际产业价值链高端攀升的能力,因此,必须意识到深化"广东—东盟战略"正是广东完成当前这两大任务的必由之路。取得与对东盟合作实力、影响力相匹配的平台和发言权是广东国际化实践的客观需要。

(二)后CAFTA呼唤"广东时代"的出现

目前东盟各国商界对广东需求甚殷。东盟对于中国贸易处于逆差状态,其中进口广东的轻工业制成品很大,它们担忧开放市场之后对其产业造成冲击,而广东鼓励产业转移就能缓解这种担忧。中南半岛各国希望广东加大产业转移投资,如越南欢迎造纸、纺织、水泥、机电、电子类产品投资设厂,尤其欢迎设组装厂有利增加就业;新、马、泰等较发达国家希望广东游客不断增长,尤其新加坡希望更多的广东企业将新加坡作为上市地,刺激当地资本市场活动;印尼、菲律宾等国非常希望广东以 BOT① 形式投入当地的基础设施建设。同时,中国市场广大,东盟各国几乎都能在中国寻找开拓机遇,尤其可以在中国的中西部获得商业机会,据东盟秘书长介绍,这是东盟的战略布局,因此,构造与广东合作的平台很重要,有利于它们进入中国中西部市场;在与中国的合作中,广东可成为重要推手。广东一直是东盟大米、橡胶等特产的重要进口地与侨资投资地,在当前世界经济总体低迷,东盟各国出口产业受到严重冲击之际,有了"10 + 1"框架,广东更是东盟不可或缺的合作伙伴。从国际次区域合作规律看,区域内必然需要几个经济增长带动极,广东目前的实力与内在的需求可成为次区域合作的重要发展引擎,而其他兄弟省区受经济实力或地缘局限目前还难以承担这一重任。

"10 + 1"自由贸易区投资便利化协定预期在今年内签署,中国政府还专门设立了 100 亿美元的东盟合作基金用于基础设施投资。诸多因素决定了广东在"10 + 1"框架启动后深化东盟合作适逢其时,2010年的三件会影响历史的大事将广东推向与东盟合作的前台,我们预计2010 年将是"广东时代"的开始。

2010 年零关税政策全面实施,广东企业开拓东盟市场具有重大优势,关税降低后,出口东盟的成本就会随之降低,有利于广东产品形成价格竞争力。东盟国家承认中国的完全市场经济地位的,这利于广东产品规避反倾销风险,自贸区具有政策透明度和机制灵活性,有利于中国产品获得东盟市场的准入和认可,而政府和商会的推动有利于广东产品扩大在东盟的知名度和影响力。2010 年也是中国与印尼建交六十周年,两国将有一系列的交往合作,这对有数百万潮籍华侨华人在印尼的广东来说意味着加深东盟合作的重大历史机遇。

2010 年正值中国—东盟领导人高峰会议十周年,又恰逢亚运会在广州召开,届时东盟领导齐集广州,可以巧妙推出诸多合作措施,还可以利用会议前后时机举办各类商务盛会,这不仅预示着广东将在后CAFTA 时代大有作为,更预示了中国—东盟战略步入新阶段,中国在

---

① 即基础建设项目投资方建设运营项目若干年后将项目转移回所在地产权方的经营模式。

政治色彩浓重的"南宁渠道"之后将推出一个经贸色彩浓重的"广州渠道"。

三、其他省现行东盟战略的启示

前几年,广西、云南等省区积极配合国家的战略意图,大力推动与东盟合作,它们推行的一些战略有其积极意义的一面,但也存在一些难以跨越的瓶颈,对广东很有启发作用。

（一）其他省区对东盟战略的局限

广西力推之"一轴两翼"战略与"泛北部湾战略"缺乏市场动力。广西2004年因承办南宁博览会而建立了"南宁渠道"。但南博会政治色彩浓重而经济成效不足,据会管当局介绍,尽管每届广东参会企业在增加,可重复参会的几乎没有,可见经济成效微薄。为扭转这一困境,广西前两年提出"一轴两翼"战略,即拉近与新加坡的合作,同时推进与越南、缅甸的合作。可是,这一战略并没有获得新加坡的积极回应（主要是经济合作层次有较大落差）,更受到越南、缅甸的冷遇。为此,去年开始又正式推出"泛北部湾战略",首先推动港口合作,并获交通部支持,将四个港口合并为"北部湾港口集团"在青州建保税港区,但广西国际航线与货运量有限,想从物流突破的路径选择存在很大的瓶颈。今年南博会期间将推"金融服务展馆"与金融论坛,但金融合作没有产业基础也很难展开。泛北部湾战略①虽然由广西提出,但是联合专家组会议中广西方面一直没有提出具体方案。

云南利用"昆交会"主推"大湄公河次区域合作"影响力有限。该战略主要促进共同开发湄公河流域的水力与航运资源,受到环境保护与地质条件限制,合作进展缓慢,效益更是远期。而且,该区域属于"10＋1"中的次区域合作,对于东盟整体经济的影响力不大。

（二）各省对东盟战略的启示

现有各省对东盟的合作战略往往局限于抽象出表面的地理概念,

---

① 据参与"泛北部湾战略"酝酿过程的权威人士透露,对该战略只有越南较为主动,新马泰等国并不积极,各内陆国家对此更不感兴趣。泛北推动不易,首先是资金缺乏,而且南中国海疆域问题较敏感。

而忽视了区位优势并不必然意味或不等于经济优势,区域经济合作最本质的内容:产业资源的优化协作配置。资源配置的基础性动力是市场引导为主而非政府行政机制所能"指点江山"的。我们要充分借鉴兄弟省区对东盟战略的成败得失才能更有效地开展广东与东盟的经贸合作,如对南博会可以积极配合,而泛北部湾合作应持审慎乐观态度。所以,"广东—东盟"战略应当避免侧重地理特征的抽象而应当抓住经济合作的本质以及双方的核心诉求,从合作内容上去规划——"以投资促进贸易,以人流带动物流,以整合创造价值"。而且在当今金融危机局势下,广东要侧重投资引智,淡化引资和商品促销,选择东盟重点地区打造次区域经济走廊,全面提升与东盟合作的带动力。

广西壮族自治区领导 2009 年 5 月份赴台湾访问时推出以东盟市场吸引台湾产业赴凭祥投资的构想,以对接东盟市场前景作为承接台湾资源的契机确实很有想象空间,这也提示我们要积极融入海峡西岸经济区建设,在潮州开辟对接东盟的产业园区将非常有利于广东在全国保持吸引台资的优势,使得本战略发挥更深刻意义上的作用。

兄弟省区的战略出台时机并不理想,是在经贸合作以及自贸区框架还没有成熟的情况下以行政驱动的合作,因此受时局限制难以获得市场积极响应。而"广东—东盟"战略经过汪洋书记一年来的预热,若在 2010 年广州亚运会期间的历史舞台全面推出,一定会获得东盟商界的广泛呼应。

四、深化"广东—东盟"战略的方向

广东前 30 年的改革立足于"特殊政策、灵活措施",本质是搭建了全球性的资源配置平台,以开放带动生产而发展;今天,广东经济已经进入到一个历史转折点——要从国际资源配置平台的搭建者转变为国际产业资源的主动配置者,今后 30 年,广东要胸怀全球成为全球资源的主动配置者,以创新促进配置优化而发展。

（一）将地方经济战略融入国家宏观战略

要将广东的东盟战略服务于国家战略目标。从长远看,就是要配合国家的和平崛起战略;从近期看,就是主动在通过投资与贸易活动中

实现国家的人民币国际化战略意图。因此,可广泛对东盟推行人民币报价结算,并积极争取国家资源的配合,紧密关注国家商务部的政策导向,力争国家资金与外交力量的扶持①。

（二）将外经贸战略提升为发展模式转型战略

"广东—东盟"战略虽然直接目标是促进广东外经贸的发展,但在改革开放 30 周年,广东经济已经具备相当基础的背景下,该战略的推出意味着我们要进一步解放思想,超越原有经济发展思路,站在全球产业发展高度,开始培育和实践我们的国际资源配置能力,谋求产业价值的最大化。所有产业的发展都是依靠资源配置劳动与资源生产劳动的综合作用,而且,凭配置劳动才能够获得产业链的高端价值。随着产业不断升级,资源配置劳动的前提性作用与贡献日益重要,尤其经济国际化过程中,资源配置劳动水准决定了一个企业或地区在全球产业链总价值中的份额。我们要由生产型发展转向配置型发展,需提升优化配置劳动能力,要准确判断哪些产业环节适合转移出去,进而配合广东的产业结构升级;哪些产业要大力引进,进而带动广东的发展。地方政府推进国际合作的同时必然要关注今后利益的实现机制,要鼓励制造企业采取产业链整体布局策略,即"核心零部件 + 出口组装厂"模式,将关键技术与零部件生产留在广东,而将下游组装与营销布局在东盟各地,整个配置枢纽仍在广东。

（三）将谋求企业竞争优势演进为合作形成全球产业创新优势

我们不仅要扶持广东企业在这一国际化进程中加速成长,形成企业自身的竞争优势,更要着眼于凝聚区域内产业资源,形成可持续的协作力,要通过产业创新(包括商业模式创新、技术创新、产品创新、消费引领等等)形成全球性的产业竞争力,广东企业要成为区域产业价值创造的领头羊。与东盟各国合作,既有垂直合作(如越南、柬埔寨),也有水平合作(如与新加坡),所以,我们不仅要关注走出去,同样要在更

---

① 如商务部"境外经济合作区办公室"决定对东盟资助五个国家级园区,每个给予 2 亿元经费扶持,一旦审核通过,经费拨交省级外经贸厅监管,广东可以积极争取此类国家资源。

高层次上关注引进来,但要从形成整合力的角度引进来,要从提高全球竞争优势角度引进来。力争在种植、旅游、家电、信息制造等行业通过合作形成对区域外的产业整合优势。

第三节　指导思想与战略深化原则

"10+1"自贸区框架是中国第一个主动参与并积极引导的国际区域合作,广东必须承担历史赋予自身的使命,在中华民族伟大复兴的历程中进一步发挥其不可替代的作用。历史表明,真正的国际化过程绝不会是单纯的市场化过程①。市场机制驱动是国际化的基本动力,但冲破贸易与投资壁垒、解决国际商业纠纷等光靠市场机制是远远不够的,必须借助政府力量的支持。

一、资源配置视野下的指导思想

现阶段广东拓展东盟的实质是将政府配置能力与企业配置能力有机结合,积极配置国际产业资源,服务于广东在更高层次上建设开放型经济体系的目标,本质就是从被动接受国际产业转移阶段转向主动配置全球产业资源阶段。要灵活运用市场和行政机制,形成政府与企业的配置合力,从全球产业价值链高度出发在"10+1"空间内优化布局各产业环节,努力走向产业链高端。

(一)从产业链角度统筹谋划国内外资源

广东与东盟之间资源禀赋存在差异性与互补性,从产业链协调机制切入,从整体产业链角度合理布局产业环节,通过与东盟的合作充分利用海外资源,配合广东产业升级。

(二)从商业模式创新出发提升资源配置能力

广东企业必须提升创新能力才能保证在东盟的竞争优势。不仅要

---

① 美国新任商务部长骆家辉就任华盛顿州长期间,每年数十次地率领州内企业家代表团赴世界各国访问,以政府力量帮助企业增强各类竞争优势。

抓技术创新,更要意识到管理创新和商业模式的创新尤为关键。商业模式是企业资源配置的顶层设计,要适应国际新形势,巧妙利用各种资源创造最大产业价值,核心竞争力就在于资源配置能力,体现为国际营销网络构建与品牌营销能力、产业链资源整合能力。

(三)从整合政府与企业资源形成合力出发创造国际资源配置价值

虽然历经 30 年改革开放,但是广东大多数企业家市场经济的历练还不多,尤其面对比较陌生的国际市场竞争环境,无论在司法协调、产业准入还是在土地征用、资金授信等等领域都需要政府给予扶持。政府可以在对外拓展平台、品牌树立、园区开发等方面给予积极的配合,促进广东企业家国际资源配置力的提升,可见,国际化既是对企业也是对政府配置能力的考验。

二、深化"广东—东盟"战略的原则

这次全球经济危机突显了广东原有产业结构的脆弱性。重塑广东产业新竞争力的重要路径之一在于国际化能力的培育,因此,深化"广东—东盟"战略的原则在于有效利用多种渠道积极推动国际资源与广东现有资源的整合,创造更大的产业价值。

(一)将携手东盟与推进《珠江三角洲地区改革发展规划纲要》相结合

《纲要》大力促进珠三角产业结构转型升级,意味着广东开始构建主动的开放型经济体系,东盟无论从历史、区位,还是比较优势角度都是广东产业转型的首选国际协作区域,通过推动发展粤港澳大都会圈,有利于形成次区域合作中强势增长极,更利于发挥对东盟影的响力。

(二)将携手东盟与促进东西两翼发展相结合

如何在东西两翼打破传统工业化路径依赖,积极利用东盟因素促进广东产业升级、实现人均 GDP 跨越式发展与广东整体的协调发展是本战略重要目标之一。粤东以及客家地区有近千万华侨在东盟各地,如何发挥粤东人缘优势对接东盟市场资源促进自身飞跃是本战略考量的要旨之一。要充分发挥好国际潮人资源,汕头、湛江等市可学习潮州与曼谷结为友好城市的做法,分别寻找结交合适的东盟各国合作城市,展开与自身资源相适应的产业园区协作建设。湛江、茂名可发展为临港高度工业化的滨海城市,推动湛江打造资源型物流体系,成为环北部湾地区的区域性物流中心,培育广东下一个经济增长点。

(三)将合作东盟与加速广东中小企业发展相结合

广东经济要取得长远发展就必须依靠中小企业的成长,过去尽管重视中小企业的发展,但受各种原因制约,一直没有大的突破。如何利用东盟机遇促进它们取得长足进步也是本战略的重要目标之一,要鼓励广大具有相对优势的中小企业积极拓展东盟市场,在对外合作中不断创新,利用海外资源培育出一批广东的区域性跨国公司。

(四)将国际胸怀与风险控制相结合

在看到东盟市场良好前景的同时,必须重视金融危机对高度外向型的东盟经济的影响,并及时进行全面调研分析和风险评估。东盟除新加坡之外各地普遍存在政局波动、汇率不稳、收款困难、罢工频繁、社会环境不规范、劳动力技能与勤奋度相比国内有差距、外来投资壁垒等不少的风险。广东企业要更好地"走出去",特别需防范南海疆域因素潜在的风险,投资地选择要认真研判。政府要前瞻认识国际市场风险,必要时还要展开协调与约束,协助企业提前制定风险应对措施。

第四节 深化战略核心内容

战略深化的核心就在于把握携手东盟的价值实现路径,因此,从资源配置视野出发,创新思路,统筹政府与企业资源形成对外合作合力,认真选择突破点,在重点领域推动企业积极"出海"再创新优势。

一、战略定位

在积极配置国际产业资源的进程中率先成为中国经济增长模式全新转型的排头兵,打造中国对东盟合作的最重要经济平台,成为对东盟合作的主力省,为中国和平崛起战略作出最佳诠释。

东盟是与广东当前的资源配置能力相适应的合作区域,与东盟合作是主动型国际化的第一步。国际化舞台历来是政治与经济的综合角力，对于发展中国家企业而言，国际化之初政府资源支撑必不可少，尤其在保护投资权益领域更需要政府作后盾。这意味着广东政府与企业已开始进入科学运用行政资源与市场机制配置国际资源的阶段了。

二、合作区域布局

区域布局是战略的核心内容之一。东盟十国政治体制、发展水平各不相同，在这种情况下必须因地制宜，通盘考虑，对东盟各国作出科学分类才能正确选择合作路径与模式。广东对东盟合作并非一定要与十个国家同步推动，而是抓住印尼①、新加坡、越南三国为重点，立足"以点带面梯度推进"。印尼、马来西亚、泰国与文莱等国自然资源丰富，可成为广东的能源资源合作伙伴；中南半岛各国劳动力成本较低，越南有可能成为未来全球劳动密集型产品出口的重要加工基地，可将广东部分优势产业，如纺织服装、家具、彩电等转移到越南投资办厂，可使其示范效应带动正处于工业化初始阶段的柬埔寨、老挝和缅甸，具有吸收广东劳动密集型产业的巨大潜力，还能化解广东资源严重匮乏的矛盾；新加坡教育水平较高，可成为广东产业优化升级的智力伙伴。防范非经济风险，国别选择非常重要。美、日、英等国有史以来在东盟有巨大的经济利益，当国际形势出现巨大波动之际，不排除可能出现它们幕后支持的政治与经贸冲突。因此，投资地的选择中必须充分考虑非市场风险，以海疆矛盾不存在或可控制的国家为投资重点，而矛盾显现化的国家以贸易为主。

三、协作产业定位

与东盟合作产业选择至关重要，要根据当前东盟各国的客观需求制定产业合作策略。与经济水平比较高国家进行产业合作可促进广东

---

① 印尼是东南亚国家中 2008 年唯一一个正增长的国家，这个国家值得广东及早关注，现在美国、日本、韩国甚至印度在这里都加大了介入的力度。2010 年是中印建交六十周年，可推进一系列的交往合作。有一千多万侨胞生活在印尼，但目前对于印尼的认识仍处于初级阶段，应及早关注与布局。

产业结构升级,如新马泰等国,在机电设备、汽车、电子工业、石油化工等行业拥有相对富余的资金,国内市场狭小,需努力向外发展,广东可以吸引其来粤投资,加强自身制造业水平和竞争力。与经济水平比较落后国家进行产业合作可疏导广东劳动密集型产业转移,如对越南、老挝、柬埔寨和缅甸可转移劳动密集型产业与劳动密集型生产环节,发展投资加工、装配和生产性的小型项目,特别是资源型产品加工业和建立加工基地。开展产业双向投资可促广东与东盟共赢,既可以承接有优势的东盟国家的产业投资,又可以向较为落后的东盟国家转移低端制造业,具体可以分为四类:

(一)制造业展开园区式转移

根据我们与东盟不少国家存在的产业梯度差,有序进行有关产业制造与终端组装环节的转移,从国际市场出发延长自身生命周期,如柬埔寨纺织服装业就具有极高的发展潜力,因为在柬埔寨生产服装的最大优势是出口欧美市场不受配额限制以及可享受欧洲国家的优惠关税。目前,越南所需要的建材、五金、电器、农用车、农药等农资产品都由广东客户提供,可以适当转移到我方统一建设的产业园内,但核心零部件或研发部门仍留在省内。

(二)资源业控股合作开发

积极深化与东盟各国在能源、资源领域的合作与开发,如煤炭、橡胶、木材、远洋渔业捕捞等等。为此,政府应积极鼓励和引导企业到东盟投资办厂,以投资带动原材料、零配件、成套设备的出口和技术、劳务的输出。可通过长期贸易协议与参股开发相结合等多种方式,积极开发东盟国家储量丰富而广东又相对短缺的能源、矿产资源。通过合作开发东盟国家的优势农业资源,建立面向国内和东盟市场的生产基地,带动农、林、水海产品的生产、加工和综合开发。资源型项目投资往往需要当地机构的配合,因此,可在我方掌握经营权前提下资助企业控股。科技农业合作也是一个重点,在水稻种植,水果培育方面可以深度合作。

(三)服务业携手香港创新拓展

扶持旅游业、物流业、金融业、商业、教育与文化传媒等建立覆盖

"10＋1"的市场网络,这既是一个等待产业发展逐步增加服务的过程,更是一个人脉加深与商业模式创新的过程。尤其要逐步增加与东南亚互派留学生,今后这些学生就是推动合作发展的重要力量。

（四）在新能源研发等高科技产业领域积极与新加坡合作

广东拥有丰富的可再生能源资源(风力资源、生物资源、太阳能资源、地热和海洋能资源),要鼓励广东有实力的相关企业积极开展与新加坡企业或科研机构在太阳能、生物质能资源领域合作,培育广东经济未来发展的新亮点产业。

四、合作机制建设

中国与东盟多年来的合作经验是:前期让利,后期互利双赢,但是,作为省一级合作主体更多应站在平等互利的层面才能可持续展开合作,从宏观看,发展与东盟的合作最终必须通过企业获得经济利益回报。政府不能揠苗助长,也不能放任自流,而是引导、扶持、约束三者并行不悖。因此,要考虑三个层面的机制,包括:

（一）推进合作交流机制

建设企业与商会层面的合作访问机制、扩大点对点友好城市(如省对省或市对市)合作机制,包括地方领导人定期会晤机制。积极打造多类次区域合作平台扩大对东盟交流,梅州、潮汕地区东接海峡西岸经济区(台湾),依靠世界客都和侨博会平台,充分利用东盟举办的世界性华人华侨社团活动平台,开展经贸推介工作,经贸发展后劲很大。珠三角地区依靠广交会、高交会平台,贯彻落实《珠江三角洲地区改革发展规划纲要》,联手港澳打造面向东盟的会展及融资协作平台。要注意充分利用兄弟省区现有对东盟合作平台,如提升广东参展"南博会"的优势企业规模;还应利用云南的"昆交会",发展与老挝、缅甸、柬埔寨三国的陆上贸易合作。

（二）企业利益维护机制

对东盟合作潜在诸多问题,政府不可掉以轻心,保护经贸合作,推进商业纠纷处理共同准则特别重要。尽早建立政府层面的问题处理机制,要务实可行,今年与越南成立"合作协调委员会",今后要进一步深化这种机制,在坚持法制的前提下,逐步推行共同认同的商务纠纷处理法则,形成"10＋1"层面的共同仲裁机制。

（三）政府调控机制

广东企业首次大规模走出国门,为避免"自相残杀"、避免被欺诈、避免可能出现的贸易保护损害,保障广东自身长远利益,必须提高政府资源配置能力,构建多级合作推进与风险防范机制。既要大力推进合作,又要未雨绸缪及时解决合作中的利益纠纷,对于同类企业间的转移投资与产品出口定价都要支持行业协会加大协调力度。重点完善广东与东盟的省部级洽谈合作机制,适当时候与形式下要积极运用国家商务部、外交部的力量推动广东省东盟战略的重大布局与进程。

五、合作阶段预期

东盟经济一体化过程是贸易、投资、劳动力自由流动的渐进过程,因此,广东对东盟合作也需要逐步推进。与《珠江三角洲改革发展规划纲要》进程一致,广东与东盟合作可分为三个阶段。

第一阶段:投资引领、双边突破、品牌树立(2009～2012)

初期以投资为主线,采取分头合作的策略,充分利用东盟内部竞争的有利形势选择首批合作伙伴,便于在东盟内部建立稳固的合作伙伴关系。如以越南为家电业组装集散地,可以辐射中南半岛各国;以新加坡为引智与科研合作据点;以印尼为重点信息制造业加工园区,辐射马六甲区域;以马来西亚为能源投资基地。此阶段要着重注意宣传广东企业品牌以及塑造广东企业形象,避免负面事件的出现,侧重依法行事。推动广东企业以《广东省人民政府与东南亚国家联盟秘书处合作备忘录》确定的合作领域为重点,协同作战,鼓励大型企业集团利用品牌、技术和规模优势,进行适度兼并重组,加强与中小企业分工合作,在"走进"东盟中发挥核心作用。

第二阶段:创新整合、标准拓展、配置领先(2013～2016)

随着经济合作深化,必须创新资源整合模式,注重品牌效应才能保持影响力。可通过文化互动培育品牌忠诚度、鼓励与东盟的科技研究合作,还可以前瞻性推进电子报关及产业技术标准推广联盟,如在基础设施大项目建设、信息制造技术规范等领域,把我们的技术标准扩展到东盟,这有利于珠三角成为影响东盟的资源配置枢纽。

第三阶段:要素流动、网络完善、全面推进(2017~2020)

打好前两个阶段的基础后,针对东盟各国存在之投资障碍,推动自贸区体制创新,促进各类要素充分流动。可加大力度为东盟展开学生、妇女、干部等文化培训,派出更多交流学生,推进人才就业流动,在此过程中加强营销网络建设,将合作伙伴扩展到更多国家。

六、战略目标预期

引领广东成为中国东盟战略主力军,推动广东经济发展模式成功转型,实现国际资源配置收益的跨越式增长。

(1)扶持1000家拓展东盟的中小企业加快成长,五年后涌现100家营业额达50亿到100亿元人民币,具有相当实力的区域性跨国公司。

(2)携手新加坡等地华人资本进入广东两翼建立相关协作园区。

(3)携手东盟形成家电、建筑、电子标签等领域的产业标准联盟。

第五节 战略演绎的政策与措施

广东要充分发挥投资和产业转移优势,走出自己的合作特色,与各省错位竞争。基于国际经济活动中最丰厚的价值来源于资源配置劳动①,应当围绕提高资源配置能力制定相应针对性强的政策措施。

一、保障政策

(一)制定"广东—东盟"合作规划(2010~2020)

后CAFTA时代,广东在东盟市场面临更多机遇,也会面对更多竞

---

① 这是经济学新名词,即配置资源的劳动,意指在市场状况、体制状况、价值取向、资源状况与技术状况既定的前提下,为获得更大的价值而优化资源运用的劳动,包括整合资源、优化某一资源运用,以及以提高社会资源配置效率为目标的体制创新。

争,要关注东盟地方保护主义以及政局状态、产业准入政策趋势等情况,也要客观判断广东自身资源优势的特征。应对今后十年东盟经贸形势有个判断并据此作出全面合作规划,在"10 + 1"总体框架下更紧密、更全面、更深入地交流与合作。为避免一哄而上打乱整体布局,避免对东盟市场资源的恶性竞争开发,广东省一定要密切关注国家策略的演进,找准自身优势和切入点来谋划错位发展,在吸纳各个行业企业家考察意见之后,研究制定系统前瞻的拓展规划。为未来合作考虑,需要规划合作,保障投资安全,创新投资方式。

(二)多角度资助民间协作渠道

在鼓励广东企业积极利用现有各类次区域合作平台(如"南博会"、"昆交会"等等)扩大对东盟交流的基础上,资助广东民间商会发展与东盟各国商会间的交流活动,包括诸多民间文化团体的互动访问。凡是有利于广东企业树立品牌的交流,政府应给予多种资源扶持。

(三)完善政府层面问题磋商机制

东盟宪章签署后东盟秘书处有较大权力,在三大理事会中经济体理事会最为关键。广东要与东盟秘书处建立密切的协调机制,同时,也要与各国商务部门和政府投资管理部门建立磋商机制,未雨绸缪地议定问题处理准则和防范措施。

(四)鼓励中小企业协作拓展东盟

通过提供投融资支持和投资担保支持、扩大企业相关培训和信息服务、促进上下游企业群展开供应链协作、加强行业民间组织中介协调功能等举措,提升广大中小企业拓展东盟市场的力度。引导中小企业通过参与大型企业产业链合作、与各类专业外贸公司加强分工、积极参与"广东—东盟"产业合作园等多种方式,扩大开拓东盟市场的广度和深度。鼓励上下游产业协作企业群抱团外出,协助商会出面组织与当地政府洽谈开发统一的大型园区,统筹协调土地、用电、税收等问题。对于供产销规模进入良性循环的企业给予流动资金贷款贴息扶持。

(五)推出广东与东盟便利化签证

与东盟秘书处协商颁发10万份三年期多次往返商务签注,促进广东商界人士赴东盟考察经商。

（六）设立"走向东盟贷款贴息基金"

设立 10 亿人民币规模的贷款贴息基金,对于广东企业中标的大型基础设施项目或者实施的重大能源开采项目给予贷款贴息,由此,可以支持 100 亿以上的投资活动。

二、重要措施

贯彻汪洋书记解放思想的精神,本专项研究小组运用创新的经济学理论,即资源配置价值论①有关方法,在分析合作现状基础上,大胆提出以下建设性方案。

（一）2010 年亚运会前后在广州举办响应"10 + 1"全面实施的系列活动

2010 年是自贸区的新起点,也预示中国对东盟合作将从政治协商转入全面经济合作阶段,作为经济大省和外经贸大省的广东应当扮演更具影响力的角色。恰逢亚运会在广州举办,可利用这一历史契机,积极联合各国各类商会在广州举办系列双边或多变商务交流活动,相信这会广受东盟各国首脑的欢迎,将会为广东拓展东盟市场创造良好氛围。

（二）构建内外各三个产业协作战略支点园区

从广东现有产业优势出发选择三大产业(IT 制造业、建筑陶瓷业、家电业,包括原料进口加工业等其他相关行业)在东盟物色拥有相应资源的国家建立转移园区;每个产业园区可以吸纳数以千计的行业相关企业,企业立足该园区可以将产品辐射东盟各地市场并出口欧美。同时,也要积极引进东盟资源促进广东经济发展,除了广州的科学城项目外,还可以在两翼的潮州、湛江等地建立与当地资源与需求相一致的产业协作园区,高层次地推动当地经济开放。

（三）面向东盟推出"广州价格"风向标

根据国家允许广州、深圳、东莞、珠海试行人民币对外报价与结算的精神,充分利用现有广交会、高交会平台展开人民币报价与贸易结

① 详见刘伟著:《资源配置的价值探究》,广东经济出版社 2008 年 12 月第 2 版。

算,大力推动对东盟展开人民币结算。同时,对于采纳人民币结算的出口国家供应商可以提供出口信贷及贴现优惠;涉及东盟的旅游协作同样采取鼓励人民币结算以及对冲成本的结算体系;广交会对于进口大米、水果等东盟大宗产品,可以逐步形成人民币报价惯例。

（四）推动并承办中国—东盟产业投资与协作高峰论坛

中国政府成立了100亿美元的东盟基础建设投资基金,许多互动商业投资也将全面展开。10个国家产业发展水平不一样,中国各地发展水准也不同,双方无论在低端还是高端产业链都能选择合作伙伴。商务部关注2010年后CAFTA实施的障碍,尤其是产业对接过程中存在的问题,因为东盟产业保障条款规定如果国计民生受影响可以启动该条款,如泰国的汽车零部件厂商协会就非常关注统一市场后的就业冲击。所以,为促进双方投资互动与谅解,有必要开设中国—东盟产业投资与协作高峰论坛。鉴于东盟对广东产业转移投资的迫切需求以及粤港合作的投资优势,针对各阶段出现的不同投资动向、困难与机遇等问题,完全可以在广州举办两年一届的产业投资与协作高峰论坛,由各国顶级商会协作筹备,吸引各国商界深度介入。

（五）实施"走向东盟商务旅游、文化交流、品牌营销联动工程"

遵循商务进展与商务链演进规律,将各环节资源有机整合,形成按产业类别系列推进的扶持工程。启动面向东盟的文化商务旅游互动计划（各类商务旅行方案,为企业的私人商务考察搭建平台）,进而带动文化交流与传媒业合作（充分利用华人、华侨资源,比如商会对接,同乡联谊,学术交流等）,在扩大文化产业对外交流过程中,许多宣传可以通过政府活动平台展开（要重视会展的外部性）,巧妙服务于企业品牌战略,积极树立广东企业与产品品牌,扩大市场影响力。要融合生产力促进中心、经贸委、外经贸厅、旅游局、文化厅、传媒集团的资源,打造广东对东盟合作的立体外经贸活动网络体系,展开统筹性的商务旅游、传媒报道、会展等系列活动,展开对东盟重点国家的品牌立体战。

（六）建立覆盖东盟的广东赴海外中小企业支持系统

为增强中小企业国际资源配置能力,避免广东中小企业在投资东盟过程中受骗,有必要为它们提供拟投资地的经贸投资政策信息与相关市场规则培训①（如原产地申报表格的填报培训、建立东盟标准数据库为企业进入东盟提供信息）。在此宗旨下，省中小企业局可筹建一个半官方驻外经贸信息服务机构——中小企业海外发展协会，可系统地谋划广东企业在东盟各国的商贸考察，在与东盟政府、商会交流中发挥桥梁作用，这将标志着广东战略性开拓国际市场的起步。

今天，我们凭资源生产劳动优势成功参与了国际化。

明天，我们要凭资源配置劳动优势成为参与国际化的成功者！

---

① 要借鉴日本的海外技术者研修协会架构，建立国际商业信息网络极为必要。

附：“广东—东盟”战略深化
建议研究报告①

进一步深化“广东—东盟”战略是广东进一步提高开放型经济水平、提升向国际产业价值链高端攀升的能力,成为提高中国国际竞争力主力省的必由之路。广东要从建立高层次开放型经济体系出发,携手港澳打造具影响力的国际合作网络,取得与对东盟合作实力、影响力相匹配的平台和发言权,成为中国对东盟开放最重要的经济门户。广东要不断创新与东盟合作的举措,探索新的合作形式和方法。

一、“汪洋旋风”为广东经济国际化奠定了正确方向

2008 年 9 月,汪洋书记于西方金融危机深度恶化前,率经贸代表团“下南洋”,在东盟掀起广东热②,显著提升了广东在东盟国家的知名度,开创了双方合作的新局面。首选东盟作为广东培育国际化能力的伙伴,非常及时和富有远见,标志着“广东—东盟”战略的形成,为广东经济国际化奠定了正确方向。

首先,预示着广东开始超越一般性的国际贸易模式,形成并实施新的主动型开放发展战略。

其次,明确了广东经济国际化是一个考虑自身能力与条件而循序渐进的理性过程。

第三,意味着拓展东盟新兴地区是广东长期的战略而不是全球经

---

① 这是广东省社会科学院呈给省政府的政策建议。
② 被外电誉为“汪洋旋风”。

济危机下的短期应急措施。

当前广东与东盟合作秉承"政府搭台企业唱戏"的方针,表现出两大特征:(1)从宏观着眼,微观入手;从多边着眼,双边入手。(2)从贸易着眼,投资入手;从市场着眼,资源入手。这是非常明智和务实的。战略启动以来,与东盟各领域合作与交流得到迅速推动,成果丰硕。

二、国际市场新格局与广东区域国际竞争力构建

国际金融危机将改写世界经济版图。亚洲庞大的内需市场为世界所瞩目,中国最大的机遇就是要在美欧自顾不暇之际,巩固和发展自己在亚洲的利益。珠三角是亚洲的地理中心,广东要勇于担当大任,成为亚洲产业的整合平台,成为中国产业链向亚洲延伸的主力军,要"以投资促进贸易,以人流带动物流,以整合创造价值"。

(一)国际市场新格局正是广东提升区域国际竞争力的最佳时机

首先,金融危机使得西方跨国公司原有的产业布局与供销格局出现断裂,近期无暇顾及东盟市场,并且品牌与资金信誉受到一定程度的打击,市场重新洗牌。预计在2012年前,西方公司还难以恢复元气,而东盟区域今后五年有望保持年均5%左右的增长。保持发展势头的东盟新兴市场订单虽然在规模与价格方面远不能与欧美市场相比,但对于广东非常重要,它可以提高企业生存力并获得国际化经验。所以,东盟是与我们资金、技术实力以及管理、开拓能力相适应的国际化伙伴,广东企业获得了百年一遇的区域国际化契机。金融危机局势下,广东要侧重投资引智,选择重点地区投资,带动广东与东盟合作全面提升。

其次,金融危机预示着美元作为国际结算货币地位开始动摇,长期看,美元汇率必然走弱。所以,如何推动人民币成为亚洲区重要结算工具已是必然趋势。国家已允许广州、深圳、东莞、珠海试行人民币对外报价与结算,广东作为对国际汇率变动尤为敏感的外经贸大省,将有望在金融领域有所作为。

第三,现阶段东盟各国对广东有迫切需求。越南等国希望广东加大产业转移投资,改善贸易逆差状态;东盟秘书处寄望广东在东盟与中国其他省区的合作中成为重要推手。广东要科学把握经济全球化的趋

势,及时从被动接受国际产业分工转向自主参与国际分工,要将产业版图扩展到东南亚,加速与东盟新兴市场国际产业链重构。针对广东传统制造业面临能源短缺、市场饱和、过度竞争等困境,积极走向东盟,破解资源瓶颈,获得产业转型升级的国际发展空间,形成立足亚洲面向全球的制造业整合新优势。要积极提高我们的资源配置劳动能力,从全球产业价值链高度出发,在"10+1"空间内优化布局各产业环节,鼓励制造企业采取"核心零部件+出口组装厂"模式,将关键技术研发与零部件生产留在广东,而将下游组装与营销布局在东盟各地,整个配置枢纽仍在广东,努力走向产业链高端。

(二)2010 年是广东全面对接东盟的历史机遇期

尽管其他省区在前几年对东盟合作中扮演了先锋的角色,但历史注定广东在后 CAFTA 时代将扮演中国与东盟合作之主力省的角色。从国际次区域合作规律看,有三个必然趋势:投资活动是次区域合作的主线、次区域合作必然催生区域强势货币、区域内合作形成对区域外优势竞争产业。区域合作需要经济增长带动极。目前,唯广东的实力与内在需求能够成为"10+1"合作中的重要发展引擎,而其他兄弟省区受经济实力或地缘局限还难以担此重任。广东在"10+1"框架启动后深化东盟合作适逢其时,2010 年的三件历史大事将广东推向与东盟合作的前台。预计 2010 年将是"广东时代"的开始。

其一,2010 年零关税政策全面实施,广东企业出口东盟的成本大幅降低,有利于形成价格竞争力。东盟国家承认中国完全市场经济地位,这利于广东产品规避反倾销风险。

其二,2010 年也是中国与印尼建交六十周年,两国将有一系列活动,政府和商会的推动有利于广东企业扩大在东盟的知名度和影响力,对有数百万潮籍华侨华人在印尼的广东来说意味着重大的机遇。

其三,2010 年正值亚运会在广州召开,又恰逢中国—东盟领导人高峰会议十周年,届时东盟领导齐集广州,可以巧妙利用会议前后时机承办各类盛会。这不仅预示着广东将在后 CAFTA 时代大有作为,更预言了中国—东盟战略步入新阶段,中国在政治色彩浓重的"南宁渠道"之后将推出一个经贸色彩浓重的"广州渠道"。

"广东—东盟"战略经过汪洋书记一年来的预热，若在 2010 年广州亚运会期间的历史舞台全面推出，一定会获得东盟商界的广泛呼应，也会获得东盟各国首脑的欢迎，并为广东拓展东盟创造良好氛围。后CAFTA 时代呼唤一个广东时代的到来！

三、深化"广东—东盟"战略的方向

广东前 30 年的改革立足于"特殊政策、灵活措施"，本质是搭建了全球性的资源配置平台，以开放带动生产而发展。今天，广东经济已经进入到一个历史转折点——要从国际资源配置平台的搭建者转变为国际资源的主动配置者。今后 30 年，广东要成为全球资源的主动配置者，以创新促进配置优化而发展。

（一）将地方经济战略融入国家宏观战略

要将广东的东盟战略服务于国家目标。从长远看，就是要配合国家的和平崛起战略；从近期看，就是主动在通过投资与贸易活动中实现国家的人民币国际化战略意图。在对东盟推行人民币报价结算过程中，争取国家资源与外交力量的扶持。

（二）将外经贸战略提升为发展模式转型战略

"广东—东盟"战略的直接目标虽然是促进外经贸发展，但要进一步解放思想，超越原有经济发展思路，站在全球产业发展高度，谋求产业价值最大化。所有产业发展都依靠资源配置劳动与资源生产劳动的综合作用。随着产业不断升级，配置劳动的前提性作用与贡献日益重要，尤其在经济国际化过程中，配置劳动水准决定了一个企业或地区在全球产业链总价值中的份额，只有提升配置能力才能走向产业链高端。

（三）将谋求企业竞争优势演进为合作形成全球产业创新优势

广东企业要着眼于凝聚区域内产业资源，形成可持续的协作力，通过产业创新（包括商业模式创新、技术创新、产品创新、消费引领等等）形成全球性的产业竞争力，成为区域产业价值创造的领头羊。我们关注走出去，同样要关注引进来，要从形成整合力的角度引进来，要从提高全球竞争优势的角度引进来。争取在能源开发、旅游、家电、信息制造等行业通过合作形成对区域外的产业整合优势。

四、指导思想与战略深化原则

（一）资源配置视野下的指导思想

我们要从产业链角度统筹谋划国内外资源，灵活运用行政与市场机制，服务于广东建设更高层次开放型经济体系的目标，从国际资源的引进阶段转向主动配置全球产业资源阶段。广东拓展东盟的实质是将政府配置能力与企业配置能力有机结合，从整合政府与企业资源并形成合力出发，实现国际资源配置价值。

（二）深化"广东—东盟"战略的原则

1. 将与东盟的合作与推进《珠三角改革发展规划纲要》相结合

无论从历史和区位，还是从比较优势角度来看，东盟都是广东产业转型的首选国际协作区域，而珠三角通过携手港澳，推动发展粤港澳大都会圈，将成为次区域合作中的强势增长极，更利于发挥对东盟的影响力。

2. 将与东盟的合作与促进广东东西两翼发展相结合

可发挥粤东近千万华侨在东盟各地的优势对接东盟市场。除了推广潮州与曼谷结为友好城市的做法，还应以对接东盟市场前景作为承接台商资源的契机，在潮州开辟与自身资源相适应的对接东盟的产业园区，既有利于广东在全国保持吸引台资的优势，也使得本战略在更深刻意义上发挥积极融会海峡西岸经济区建设的作用。

3. 将与东盟的合作与加速广东中小企业发展相结合

要鼓励具有相对优势的中小企业积极拓展东盟市场，在对外合作中不断创新，利用海外资源培育出一批广东的区域性跨国公司。

4. 将国际胸怀与风险控制相结合

必须充分认识到除新加坡之外东盟各地普遍存在的风险①，尤其要重视金融危机对高度外向型的东盟经济的影响，并及时对其进行全面调研分析和风险评估，特别南海因素潜在的风险必须防范。

---

① 政局波动、汇率不稳、收款困难、罢工容易、社会环境不规范、劳动力技能与勤奋度相比国内有差距、外来投资壁垒不少……

五、深化战略核心内容

（一）战略定位

在积极配置国际产业资源的进程中，率先成为中国经济增长模式全新转型的排头兵，并打造中国对东盟合作的最重要平台，成为对东盟合作的主力省，为中国和平崛起战略作出最佳诠释。

（二）合作区域布局

广东对东盟合作并非 10 个国家同步推动，应抓住印尼、新加坡、越南三国为重点，"以点带面，梯度推进"。注意以海疆矛盾不存在或可控制的国家为投资重点，对矛盾显现化的国家则以贸易为主。

（三）协作产业定位

走出去与引进来并重，产业双向投资可促广东与东盟共赢。与经济水平比较高的国家进行产业合作可促进广东产业结构升级。可考虑吸引新、马、泰等国的机电、汽车、电子、石化等行业资本来粤投资；与中南半岛经济水平比较落后国家进行产业合作可疏导广东劳动密集型产业转移。对其可考虑发展投资加工，特别是资源型产品加工业和建立加工基地。

（四）合作机制建设

要考虑三个层面的机制，包括：

1. 推进合作交流机制

建设商会层面访问机制，扩大点对点友好城市（或省对省）结对机制。积极打造与利用多类合作平台，包括世界客都和侨博会、广交会、高交会及广西南博会、云南昆交会等已有平台。

2. 企业利益维护机制

对东盟合作潜在诸多问题，保护经贸交流，推进商业纠纷共同处理准则特别重要。应当在坚持法制的前提下，逐步推行共同认可的商务纠纷处理法则，形成"10＋1"层面的共同法庭。

3. 政府调控机制

广东企业首次大规模走出国门，为避免"自相残杀"，既要大力推进合作，又要未雨绸缪及时解决合作中的利益纠纷，对于同类企业间的技术输出以及定价问题,要通过扶持行业协会来加大协调力度,适当时候可以运用国家层面如商务部、外交部的力量。

(五)战略目标预期

预期广东与东盟合作将经历三个阶段①,最终成为中国东盟战略的主力军,以及促进人民币成为区域性国际货币的策源地。

1. 通过拓展东盟市场,扶持 1000 家中小企业成长,5 年后有 100 家营业额达 50 亿元到 100 亿元人民币并具有相当实力的区域性跨国公司。

2. 携手新加坡和马来西亚等地资本进入广东两翼,并在潮州建立东盟产业协作园。

3. 推进与东盟形成家电、电子标签领域的产业标准联盟。

六、战略演绎的政策与措施

广东要充分发挥投资和产业转移优势,与各省错位竞争。

(一)保障政策

1. 制定"广东—东盟"合作规划(2010~2020)

后 CAFTA 时代,广东在东盟市场面临更多机遇,也会面对更多的竞争。要对今后 10 年东盟经贸形势有个基本判断,并据此作出合作规划,保障投资安全,创新投资方式。

2. 多角度资助民间协作渠道

资助广东民间商会发展与东盟各国商会之间的交流活动,包括诸多民间文化团体的互动访问。

3. 推出广东与东盟便利化签证

与东盟秘书处协商颁发三年期多次往返商务签注,促进广东商界人士赴东盟考察营商。

4. 设立"走向东盟贷款贴息基金"

---

① 第一阶段 2009 年至 2012 年:投资引领、双边突破、品牌树立;第二阶段 2013 年至 2016 年:创新整合、标准拓展、配置领先;第三阶段 2017 年至 2020 年:要素流动、网络完善、全面推进。

设立 10 亿人民币规模的贷款贴息基金,对于广东企业中标的大型基础设施项目,或已经实施的重大能源开采项目给予贷款贴息。

(二)重要措施

在运用创新的经济学理论①分析后,课题组提出以下建设性方案:

1. 2010 年亚运会前后在广州举办"10 + 1"系列商务峰会

"10 + 1"全面实施标志着自贸区新的起点与新的任务,也预示中国对东盟合作将从政治协商转入全面经济合作阶段。作为经济和外经贸大省,广东应当扮演更具影响力的角色。利用亚运会在广州举办契机,努力联合各国商会在广州举办双边与多边商务峰会。

2. 构建内外各三个产业协作战略支点园区

从广东现有产业优势出发,选择 IT 制造业、建筑陶瓷业、家电业在东盟资源合适的国家建立转移园区。企业立足该园区可以将产品辐射东盟各地市场并出口欧美。同时,要积极引进东盟资源,促进广东经济发展,在全省布局三个与当地资源与需求相一致的东盟产业协作园区(包括原料进口加工业等),高层次地推动当地经济开放。

3. 面向东盟推出"广州价格"风向标

充分利用现有广交会、高交会平台,开展人民币报价与贸易结算;对于采纳人民币结算的出口国家供应商,可以提供出口信贷及贴现优惠;对于旅游协作同样采取鼓励人民币结算以及对冲成本的结算体系;对于进口大米、水果等东盟大宗产品,逐步形成人民币报价惯例。

4. 推动并承办中国—东盟产业投资与协作高峰论坛

中国政府成立了 100 亿美元的东盟基础建设投资基金,商务部关注 2010 年后 CAFTA 实施的障碍,尤其是产业对接过程中存在的问题,为推动双方投资互动与谅解,有必要在广州举办两年一届的"中国—东盟产业投资与协作高峰论坛",由各国主流商会协作筹备。

5. 实施"走向东盟商务旅游、文化交流、品牌营销联动工程"

启动面向东盟的文化商务旅游互动计划,带动文化交流与传媒业

---

① 资源配置价值论,见《资源配置的价值探究》刘伟著,广东经济出版社 2008 年 12 月第二版。

合作。在扩大文化产业对外交流过程中,许多宣传可以通过政府活动平台展开,巧妙服务于广东企业品牌战略。融合生产力促进中心、中小企业局、外经贸厅、旅游局、文化厅、传媒集团的资源,打造广东对东盟合作的立体外经贸活动网络体系,统筹商务旅游、传媒报道、会展等系列活动,打造立体对东盟重点国家的品牌战。

6. 建立覆盖东盟主要国家的广东赴海外发展中小企业支持系统

建立一个半官方驻外经贸信息服务机构——中小企业海外发展协会,为广东中小企业在东盟与政府、商会的交流发挥桥梁作用,并提供拟投资地的经贸投资政策信息与相关市场规则培训。推动上下游产业协作企业群抱团外出,出面协助企业商会组织与当地政府洽谈统一开发大型园区,统一协调土地、用电、税收等问题。

今天,我们凭资源生产劳动优势成功参与了国际化。

明天,我们要凭资源配置劳动优势成为参与国际化的成功者!

第二章 广东与东盟贸易、投资 合作条件与环境

我国与东盟地理位置临近,发展贸易投资合作具有得天独厚的地缘优势,目前中国与东盟已顺利实施《货物贸易协议》和《服务贸易协议》,《投资协议》也已结束谈判并于 2009 年 8 月签署。这意味着拥有 19 亿人口、接近 6 万亿美元 GDP 的中国—东盟自由贸易区将于 2010 年如期全面建成,这不仅能使各方局部资源变成区域资源,局部市场变成区域大市场,使资源得到更高效的整合和配置,也有利于共同吸纳和合理利用国际资本和外部资源,实现优势互补共同发展。

广东加强与东盟的贸易投资合作,不仅有助于双方扩大经济规模,也有助于双方联合抵御和化解经济风险。广东企业应抓住机遇,在贸易投资方面与东盟国家开展广泛合作,使广东和东盟的互利共赢合作不断迈上新的台阶。

第一节 广东与东盟的贸易投资概况

尽管 2008 年世界金融风暴席卷全球,各国经济放缓,但广东企业积极开拓东盟市场,2008 年对东盟出口稳步增长两成,在广东前五个出口市场中增幅最大,遥遥领先于对香港 3%、美国 4.5% 的出口增速,也高于对欧盟出口 18% 的增速。2008 年东盟已经超越日本,成为广东省继香港、美国和欧盟之后的第四大贸易伙伴,并继续保持第四大出口市场的地位。

多年以来,东盟资本对广东进行了大量直接投资,截至2008年底,新加坡在广东累计投资项目1952个,实际投资54.6亿美元,名列东盟各国首位。然而,与此明显不相称的是,广东对东盟的投资规模非常小,对东盟投资企业多为贸易型企业,生产性企业很少,在东盟的境外投资项目数占全国比重不到10%,广东制造业优势尚未很好发挥。

一、广东与东盟的贸易稳定增长

2008年,广东对东盟进出口626.49亿美元,比上年同期增长11.9%,占同期广东进出口总值的9.2%。其中出口246.55亿美元,增长20.3%,比广东全年出口增幅高10.9个百分点;进口379.94亿美元,增长7%,比全省进口增幅高1.6个百分点,贸易逆差133.39亿美元,下降11.1%(见表1)。

表1 广东同东盟主要国家贸易进出口额(2007~2008)

单位:亿美元

国别	2007			2008		
	进出口	出口	进口	进出口	出口	进口
东盟(10国)	559.60	204.99	354.61	626.49	246.55	379.94
新加坡	137.07	79.54	57.53	147.96	82.94	65.02
马来西亚	144.79	33.88	110.91	161.51	45.48	116.03
泰国	111.64	29.72	81.92	131.81	37.11	94.70
菲律宾	85.15	15.50	69.65	84.41	20.52	63.89
印度尼西亚	51.90	25.31	26.59	62.20	32.78	29.42

资料来源:2009年广东统计年鉴。

自2008年下半年以来,世界金融危机给世界和中国经济造成很大冲击。美国、欧盟和日本三大经济体均陷入衰退,失业人数增加,外部需求急剧减弱,这也给广东对以上三地的出口产生了较大影响。据海关统计,2009年1月至7月,广东对美国、欧盟和日本分别出口366.6亿美元、281.2亿美元和91.2亿美元,与去年同期(下同)相比的降幅分别达到14.4%、22.9%和15.4%。但广东充分利用近几年中国与东盟加强合作的有利时机,积极主动地将物美价廉的"广东制造"产品推向东盟市场,并取得了良好的成效。2009年1月至7月广东对东盟累计出口高达 135.2 亿美元。广东对东盟出口主要呈现以下特点：

（一）一般贸易出口率先实现增长，对外承包工程快速发展

广东对东盟出口以一般贸易为主，1 月至 7 月以一般贸易方式对东盟出口 71.2 亿美元，实现 3.1% 的增长，占同期广东对东盟出口值的 52.7%；而同期以加工贸易方式对东盟出口 53.3 亿美元，下降 7.7%。与此同时，广东积极拓展在东盟的对外承包工程项目，1 月至 7 月对东盟出口对外承包工程出口货物 2960 万美元，而去年同期该项下仅对东盟出口 4.6 万美元

（二）私营企业对东盟出口增势良好，外商投资企业对东盟出口则有所下降

2009 年 1 月至 7 月，广东私营企业对东盟出口 44.1 亿美元，大幅增长 19.2%，成为今年广东对东盟出口最大的亮点，占同期广东对东盟出口值的比重已达 32.6%；此外，集体企业对东盟出口 8.1 亿美元，增长 3.8%；而外商投资企业和国有企业分别对东盟出口 63.6 亿美元和 18.2 亿美元，分别下降 6.4% 和 13.8%。

（三）对新加坡、马来西亚、越南等国出口实现增长，对泰国、印尼、菲律宾等国家出口则有所下降

2009 年 1 月至 7 月，广东对新加坡、马来西亚、越南分别出口 47.1 亿美元、27.4 亿美元和 15.9 亿美元，分别增长 5.3%、22.4% 和 22.8%。对泰国、印尼和菲律宾分别出口 17.2 亿美元、13.8 亿美元和 11.2 亿美元，分别下降 21%、29.2% 和 2.3%。

（四）高新技术产品出口实现增长，部分传统大宗商品对东盟出口大幅增长

2009 年 1 月至 7 月，广东对东盟出口高新技术产品 52 亿美元，增长 3.9%，所占同期广东对东盟出口值的比重达到 33.9%。其中硬盘驱动器、集成电路、存储器、移动通信基站分别对东盟出口 7.4 亿美元、5 亿美元、3.9 亿美元和 2.6 亿美元，分别增长 59.6%、15.9%、9.6% 和 8.3%。在传统大宗商品方面，广东的产品在东盟市场仍具有较大的竞争优势，其中纺织纱线制品及织物、鞋和塑料制品分别对东盟出口 6.5 亿美元、3.8 亿美元和 2 亿美元，分别增长 14.5%、63.2% 和 18.8%；家

具、箱包和玩具分别出口 5.1 亿美元、1.9 亿美元和 1.3 亿美元,增幅更是高达 1 倍、90% 和 98.5%。此外,蔬菜、水果分别对东盟出口 3145 万美元和 2863 万美元,分别增长 7.8% 和 9.6%;水海产品对东盟出口 2442 万美元,高速增长 15.5 倍。

二、广东与东盟的投资不断扩大

(一)东盟对广东进行大量直接投资

截止到 2008 年底,东盟国家来粤投资项目达 3988 个,协议投资金额 129.36 亿美元,实际投入金额 74.42 亿美元,仅占广东实际使用外资总额的 3.48%。

表 2　1979 年至 2008 年东盟对广东的直接投资

国别	1979 年至 2008 年签订协议数(个)	1979 年至 2008 年协议利用外资额(亿美元)	1979 年至 2008 年实际利用外资额(亿美元)
东盟(6 国)	3988	129.36	74.42
新加坡	1952	88.11	54.59
泰国	616	13.61	5.47
马来西亚	617	12.52	5.92
印度尼西亚	165	5.69	3.61
文莱	546	8.35	4.02
菲律宾	92	1.08	0.81

资料来源:2009 年广东统计年鉴。

1. 投资来源集中在五个老成员国,新加坡高居首位

截止到 2008 年底,东盟对华直接投资几乎全部来源于新、泰、马、印尼、文莱五个国家,仅新加坡一国就占了 73.4%。考虑到东盟各国的经济发展水平、技术水平和对外投资能力的相对稳定性,这一特点将在今后相当长一段时期继续存在。中国应继续将五个老成员国,尤其是新加坡,作为主要引资对象。

2. 东盟对广东的投资主体是华人资本

在新加坡、泰国、马来西亚、印尼等东盟国家,华人资本实力雄厚,在生产技术、经营管理、资金运营等方面积累了丰富的经验,在很多行

业占绝对优势地位,他们最有能力到中国大陆进行投资。另外,由于民族同宗性,语言相通、风俗习惯相近,东盟华人与中国人更易沟通,因此,东盟华人比驻在国其他族群更有兴趣和信心来中国投资。

3. 投资领域集中在制造业、酒店业和房地产业

东盟六个老成员国对外开放早于中国。20 世纪 60 年代中期,新加坡抓住西方发达国家进行战后第一次产业结构调整的机会,积极引进外资,建立劳动密集型工业生产基地,发展出口工业,东盟其他五国于 70 年代初,也相继走上外向型经济发展道路。进入 80 年代之后,这一产业调整与转移发生在东盟国家与中国之间,鉴于劳动力成本水平不断提高,为了节约成本、提高产品在国际市场上的竞争力,东盟国家逐渐将许多劳动密集型产品的制造和组装转移到中国大陆。纺织服装、鞋类、电子电器组装、家具、石化产品、饲料加工等是东盟资本投资比较集中的部门。新加坡等国还将大量资本投向饭店餐饮业和房地产业。

(二)广东对东盟的投资还处于起步阶段

在过去相当长一段时间内,广东与东盟国家的投资基本上是单方面的,主要是东盟资本流向广东。随着广东经济实力的不断加强,广东在东盟的投资已呈现出稳步增加的趋势。但投资规模还非常小,至 2007 年底止,广东在东盟设立企业 131 家,协议投资额达 3.48 亿美元,累计投资额还不到东盟年吸收外资总额的 1%。

1. 投资领域和形式逐步拓宽

20 世纪 90 年代以前,广东在东盟国家的投资主要是加工、装配和生产性的小型项目。此后,广东企业已涉及东盟国家的能源开发、金融、建筑、化工、纺织、电气、医药和运输等行业,投资领域非常广泛。而且投资形式也从直接投资发展到包括技术投资、BOT① 等多种形式。

2. 投资分布极不均衡

广东对东盟的投资主要集中在泰国、印尼、柬埔寨、新加坡和越南五国,占投资总额的 85%。这当然与这几个国家本身的经济和投资环

---

① BOT 是英文 Build – Operate – Transfer 的缩写,通常直译为"建设-经营-转让。"

境以及与广东多年的经贸往来密不可分。

总之,广东与东盟的经贸合作无论是广度上还是深度上都与广东的地理优势、先发优势、经济优势、人缘优势地位不相称:一是吸收东盟的投资总量和规模都还比较小,二是粤企走进东盟的总量和规模还比较小,三是"广东制造"在东盟还没有形成规模性的销售批发中心。广东在与东盟的经贸合作中,广东华商优势还没有得到充分发挥,特别是华商众多的资源优势还没有转化为发展优势。

在当前国内国际经济形势下,广东应抓住契机尽快改变这一失衡局面,顺应广东产业结构调整的需要以及东盟国家对广东资本的期盼,稳步增加对东盟国家的直接投资。

第二节　广东参与东盟自由贸易的
合作条件与环境

中国—东盟自由贸易区进程快速发展,给广东企业走出去带来了机遇。广东企业要更好地实施"走出去"战略,就需要全面地了解和掌握东盟各国的贸易和投资政策、相关制度及具体做法,熟悉当地的市场环境。这样广东企业才能在东盟各国寻找到巨大的商机。

一、新加坡

新加坡是中国国别贸易统计中仅次于美国、日本、韩国和德国之后的第五大贸易伙伴,中国是新加坡第五大出口国和第三大进口国。而在东盟地区的十国中,新加坡则是中国第一大贸易对手国。中新两国经贸合作的快速发展表明,两国经济上互补性强,经贸合作空间广阔,发展潜力巨大。

(一)中新经贸关系

1. 中新贸易高速增长

自东盟宣布建立自贸区以来,中新两国贸易增长很快。2008 年全年双边贸易额 524. 4 亿美元(786. 6 亿新元),同比增长 10. 5%。目前中国是新加坡第三大贸易伙伴,新加坡是中国第八大贸易伙伴。2008年新加坡对华实际投资44.3亿美元,同比增长39.27%。

几年来,中国对新加坡出口主要是五大类商品,即机电音像设备及部件、纺织原料及制品、矿产品、贱金属及制品、车辆船舶及运输设备。

中国从新加坡进口也主要集中在五大类商品上,即机电音像设备及部件、矿产品、塑料橡胶及制品、化工产品、光学医疗等仪器,近几年,中国从新加坡的进口商品结构更加优化,特别是机电音像设备及部件的进口增长更快。

中新两国贸易呈现均衡扩大的发展态势。在两国贸易的快速扩大中,逆差不仅未随之增加,反而减少。两国贸易逆差高峰时的2003年也只有16亿美元,之后逐步缩小,2004年减至13.1亿美元,2005年逆差额只有1.1亿美元,说明两国在扩大出口的同时也注重增加从对方的进口。

2. 新加坡对中国投资日趋活跃

新加坡是仅次于日本、美国和韩国,为中国第四大投资来源国。新加坡企业对中国投资的特点是:政府控股企业对中国投资活跃,如苏州新加坡工业园区、无锡工业园区和大连港集装箱码头等都是新加坡企业投资的重点地区;对中国投资结构不断优化,从早期的房地产开发、餐饮、饭店到近年来的基础设施、医药卫生、农产品生产加工、机械制造、电力、海运以及金融等行业;对中国投资的80%以上集中在江苏、上海、广东、山东以及浙江等中国东南部沿海地区;投资规模趋于大型化,2002年平均每个项目金额不到300万美元,2005年增加到428.5万美元,表明新加坡大企业和跨国公司对中国投资增加。

3. 中新扩大工程承包和劳务合作

新加坡已经连续几年成为中国最大的海外劳务市场和第二大工程承包市场。2008年,中国在新加坡承包工程新签合同额22.18亿美元,同比增长46%;完成营业额13.2亿美元,同比增长51.7%。承包工程主要是房屋建筑、地铁工程、海港工程、道路和机场建设等。劳务合作主要在建筑、电子加工和制造业等领域。2008年劳务合作新签合同金额6.19亿美元,同比增长47%;完成营业额5.27亿美元,同比增长 17%。12 月末,中国在新加坡劳务人员共 8.8 万人。

截至 2008 年 6 月份,经商务部批准在新设立的中资机构 275 家,对新非金融类累计投资 16.4 亿美元。截至 12 月份,中国大陆共有 151 家企业在新交所上市,占新交所上市公司总数的 19.87%,占新交所总市值的 5%。

（二）中新经贸合作进入一个新的历史阶段

在当前全球经济陷入衰退、前景不明朗、各国普遍面对巨大压力的形势下,中新正式签署和实施 FTA①。中新签署 FTA 是两国经贸合作历史上的一个重大事件,标志着中新经贸合作进入一个新的历史阶段,将对推动中新经贸关系向更高层次、更深领域发展起到重要作用。

1. 中新签署和实施 FTA

《中华人民共和国政府和新加坡政府自由贸易协定》(以下简称《协定》)是在 WTO 相关规则规范下,并在中国—东盟自由贸易区的基础上,双方进一步相互开放市场、深化合作的法律文件。

《协定》涵盖了货物贸易、服务贸易、人员流动、海关程序等诸多领域,是一份内容全面的自由贸易协定。双方在中国—东盟自贸区的基础上,进一步加快了贸易自由化进程,拓展了双边自由贸易关系与经贸合作的深度与广度。根据《协定》,新方承诺将在 2009 年 1 月 1 日取消全部自华进口产品关税;中方承诺将在 2012 年 1 月 1 日前对 97.1% 的自新进口产品实现零关税。双方还在医疗、教育、会计等服务贸易领域作出了高于 WTO 的承诺。

2. FTA 将全面推进双边经贸关系的发展

《协定》是一项全面的自由贸易协定,在货物贸易方面,双方将在中国—东盟自贸区《货物贸易协议》的基础上,加快货物贸易自由化进程。在服务贸易方面,双方在 WTO 服务贸易承诺表和中国—东盟自贸区《服务贸易协议》市场准入承诺清单的基础上,进一步相互扩大市场准入范围。在商务人员入境方面,双方将进一步便利两国人员往来,为自然人临时入境建立透明的标准和简化的程序。此外,《协议》还强

---

① FTA 是英文 Free Trade Agreement 的缩写,直译为"自由贸易协定。"

调,双方将在贸易投资促进、旅游合作、促进中国区域经济协调发展、人力资源开发和中国企业"走出去"等方面加强合作。

《协定》的签署是中新双边关系发展历程中新的里程碑,将进一步全面推进中新双边经贸关系的发展,也将对东亚经济一体化进程产生积极影响。同时,在全球共同应对金融动荡的时刻,《协定》的签署有利于维护两国经济与贸易的稳定和增长,为维持世界经济稳定和促进贸易自由化作出积极贡献。

(三)鼓励和限制性的投资领域

1. 鼓励投资领域

新加坡政府公布的至2010年的长期策略性产业发展政策基本方针中,把电子、石化、生命科学、工程、物流等九个产业部门列为奖励投资的产业。另外,信息通信21世纪计划及基因工程计划将信息通信、遗传因子相关产业也列为鼓励投资对象。

新加坡决定大力发展生化医疗科学产业,希望该产业能够继续电子、工程和化学之后,成为新加坡经济第四个重要产业。

新加坡对先进产业、既设企业的产能扩张投资等提供租税减免优惠,对营运总部(OHQ)、制造中心(MHQ)、研究开发投资提供投资抵减优惠,对新生产设备也有投资抵减的优惠,对经核准的经营电子商务业者、国际贸易业者、石油交易业者等也提供所得抵减的优惠等。

2. 限制投资领域

限制进入或禁止进入产业类别:武器、兵器制造,公共事业(水电、煤气等)新闻、广播业,金融及部分制造业必须先取得主管机关投资许可,如金融须经金融管理局(MAS)许可,部分制造业(爆竹、钢材、啤酒、光盘、香烟等)须经经济发展局(EDB)的许可。

新加坡《制造业限制投资法》规定了限制外资进入的产业,但数量较少,主要包括纤维纺织制品(雇用职工人数在100人以上者)、啤酒、海上运输、薄木板、三合板、木料制材、水泥、洗衣粉、肥皂、烟花、铸铁、铁制品、锌、钛、汽车、电池、电视机、飞机、冷藏车、空调机、日光灯、半导体制品、香烟、光学透镜、照相用品、安全救生用具、火柴。上述这些产业都是属于关系国计民生的行业,法律对外资限制的目的在于保护这些行业的民族工业,促进新加坡经济的健康发展。

3. 外资投资比例

关于外资投资比例的限制,除限制新闻业不得超 3%、广播业不得超过 49% 的出资比例,以及公共事业属禁止投资产业外,无外资出资比例限制。外国投资人均可拥 100% 的股权。在东南亚各国条件最为宽松。

关于土地持有限制:新加坡民间部门仅拥有全国土地所有权 13%,其余均为国家所有,必须以承租方式拥有土地使用权。因此,工业用地系基于租赁契约取得到 30 年到 60 年的租赁权。投资方可向工业区租赁或租地自建工厂。

(四)鼓励投资的税收优惠政策

1. 减免公司所得税

凡享有先锋工业称号的企业,其资金投资于经批准的有利于创新科技及提高生产力的先进科研项目(本国境内尚无从事相同行业的公司),可减免 20% 的公司所得税。

凡享有先锋科技成果的企业,在获得出口奖励后,在原有基础上增加投资以扩大再生产,仍可在 5 年内减免至少 10% ~ 15% 的公司所得税。

2. 避免双重课税

外商在新加坡任何银行汇出利息、利润、分红、提成费以及从投资所得的其他经常性收入没有限制。所得利息予以免税。避免双重课税,凡与新加坡政府签署"避免双重课税"协定的国家和地区均享受此优惠。

3. 无资本利得税

新加坡政府不实行资本利得税,免征财产税。若是经政府核准的发展行业,则在新加坡地区给予 12% 的优惠产业税。新加坡还对投资生产设备的国外贷款利息免征所得税。

4. 税务优惠

目前新加坡的公司税率已调低至 20%,而最高个人所得税税率为 21%。政府将继续把有关税率调低,以便激发投资者和经营者的企业精神,从而在不断变化的市场中保持优势。自 2003 年 6 月 1 日起,所有海外股息、分行盈利和服务收入均可免税。个人的普通国内储蓄、来往户口与定期存款等所得的利息也属于免税范围。

5. 总部计划

新加坡提供各方面的亲商服务及设施,以鼓励外商在本地设立总部,积极扩大国际市场。在政府实行总部计划下,有以下有关优惠:获颁区域总部荣衔的企业将享有 15% 的税务优惠;获颁国际区域总部荣衔的企业除享有区域总部荣衔的以上优惠外,还可获得额外优惠。

6. 全球贸易商计划

全球贸易商计划(Global Trading Programme)目前对所有合同的贸易收入提供 10% 的优惠税率。在现有计划下,获准的全球贸易企业也将能获得 5% 的优惠税率和 10% 的合同岸外贸易收入税率。这项计划利于贸易公司开展业务。

(五)关税制度

新加坡实行开放的进口政策,大约 95% 的货物可以自由进入新加坡。对酒类、烟草(含卷烟)、糖制品和冰箱实行特别关税率政策。关税率一般较低,货物的从价税关税率为 5%,只有汽车例外,其税率为 45%。自 1994 年以来,新加坡采用了简化贸易分类法,用 2600 项品目来代替过去使用的 5700 项品目。新加坡没有海关附加费用,但要征收 3% 的货物与服务的进口税,该税是按纳税价值(例如:生产成本、保险费、运费和关税之和)而征收的。

(六)贸易限制

1. 存在少量的贸易壁垒

新加坡是一个贸易自由港口,一直都实行开放的经济政策,是全球贸易最自由的地区之一。尽管在一些部门,如广播、新闻媒体、法律服务、某些金融和银行服务及不动产方面,还存在着为数不多的贸易壁垒。但是其通信、能源、金融和法律服务等部门正慢慢趋向于自由化。而且政府正给予经济以更多的市场自由,如私人经营通信与公共事业已被列入计划。新加坡政府还将放宽关于专业工程的规则。在知识产权领域,新加坡政府制定了法规以保护专利权和版权不受侵犯,总的来讲,新加坡在国际市场有着最自由的贸易规则。

2. 实行进口许可制度

公司必须申报所有进口到新加坡的货物。大多数货物是不需要许可证就可自由进口的。少数商品,如可以喷火的玩具枪、玩具钞票、玩具硬币和爆竹,被列入禁止进口的范围之列。总的来讲,被限制进口的是那些有碍健康、治安、安全和社会礼仪的产品。药品、有害化学产品、胶卷、军火的进口需要许可证。公司如想向新加坡进口限制商品,必须向新政府有关机构申请许可证。

二、文莱

中国和文莱隔海遥望,经贸关系源远流长。文莱的国语为马来语,用英语,但华语使用较广泛。目前居住在文莱的华侨华人约有 5 万人。文莱各主要市镇的百货、商场、进出口贸易、批发零售等,不少由华侨华人经营。随着都市人口的不断增加,各种服务行业如餐馆、旅游业、建筑业、航运、运输业等也大部分由华商投资经营。华侨华人在商业活动中既得到了利益,也为文莱的经济贸易发展作出了贡献。

(一)中文经贸关系

2007 年,中文双边贸易额达 3.55 亿美元,比 1991 年两国建交时增长 27 倍多。双向投资不断扩大,互利经济合作初见成效,双方人员往来日益密切。

在一般贸易方面,中国大量优质产品正在更多地走进文莱家庭。由于文莱人民生活富裕,消费能力较高,对中国的丝绸、服装、轻工、家电、家具、电子及建材产品有较大的需求。上述这些方面,都蕴藏着商机。

在文莱近几年的六大进口行业中,我国除了在纺织和服装行业约占 1/3 左右,有一定市场优势外,其余五大进口行业的市场,我国的出口所占该产品进口的份额很小,应该说市场开发的潜力很大。而且,我国在机械和电器设备行业(例如各种家用电子电器产品)、交通工具(例如摩托车)行业,已经具有打开文莱市场的竞争能力,就其本身而言,文莱市场对这些产品的需求也很大。

当前,中文两国友好关系的迅速发展,为我国企业在文莱寻求商机提供了较好的外部条件。文莱工业不发达、政府积极推动非石油天然气工业发展的现状,有利于我国企业走进文莱发挥优势。文莱缺少劳工和技术工人,这有利于我国企业前往承揽工程、劳务输出。

（二）优越的投资环境

文莱有"和平之邦"之称,为外国投资者提供了优惠和适宜的投资环境。在东盟十国中,文莱政局稳定,人民富裕;地理位置优越,无台风、地震和洪灾;空、海交通便捷,从亚洲各地都可以很方便地到达文莱。目前,文莱已开通到上海和中国香港的直航,每周三四班。文莱拥有深水良港摩拉海港,文莱政府拟将其打造成地区航运中心。

文莱基础设施较为完善交通、通信发展水平处于东盟前列;文莱金融体系完善,资金信誉好;文莱参加了东盟自由贸易区,区内最高关税为5%;文莱也是参加东盟东部增长区的国家,对该增长区的菲律宾南部、马来西亚东部和印度尼西亚东部有辐射作用。

文莱吸引境外投资还具有不少有利条件:文莱免征个人收入所得税、销售税、薪金税、制造或出口税。经批准成立的外国投资公司可享受最长为8年的公司税收的优惠政策;涉及外资资产的法规也相当灵活,在许多情况下,外商可以设立100%外商全资企业;对外籍劳工或外籍经理,无任何担保批准的要求。尽管本地市场相对较小,但赢利十分可观,因为大多数投资者将几乎或根本不会面对来自文莱当地的竞争。文莱的生活条件是在本区域中最优越和最安全的。

（三）鼓励投资领域

文莱作为依赖石油与天然气的资源型国家,工业基础不发达,其政府积极推动非石油天然气行业发展的现状,有利于我国企业走进文莱发挥比较优势。对于我国有实力的企业来说,如家用电器、电子产品和零配件、化工设备和产品、电力设备、机械设备、农机、农药、建筑材料、药品、棉纺织品和针织品、服装原料等生产企业,从投资规模、投资成本、文莱政府所给予的相应投资优惠措施以及文莱的市场容量及市场辐射能力上考虑,在文莱投资兴办实业,可以说还是有很大的市场发展空间的。

文莱农业欠发达,大量农产品需要从国外进口,目前,其来源地主要为东盟各国。中国企业可进一步深化与文莱在农业领域的合作,扩大中国农产品和农业技术的出口。

由于受人口规模的限制,文莱缺少劳工和技术工人,一些劳动密集型产业的发展形成了客观需要。近几年,文莱的建筑行业和纺织与服装行业快速发展,形成了劳动力供求缺口。据我国商务部提供的最新信息,文莱已经考虑从孟加拉国引进更多孟加拉普通劳工和专业技术人才,包括医生、工程师、IT专家、护士、药剂师、会计师及教师等。而劳动力资源充足与相对廉价正是我国的比较优势,将有利于我国企业前往承揽工程和劳务输出。

文莱与东盟中的新加坡、马来西亚、泰国、印度尼西亚、菲律宾已实行了自由贸易政策,这有利于我国企业与较为富裕的文莱企业家合作在文莱办公司,将产品销往上述国家,尤其是文莱在地理位置上紧靠马来西亚东部和印度尼西亚东部的广大地区,市场纵深度大,前景广阔。

只要我国企业紧紧抓住自身比较优势,就可以在文莱的市场有所作为。如今,随着中国与文莱两国经贸关系的迅速发展,中国已经成为文莱重要的贸易伙伴,这为我国企业在文莱寻求商机提供了较好的外部条件。

(四)吸引投资的税收优惠政策

1. 税务优惠

文莱工业及主要资源部更进一步列出十大项工业,以及这些工业所生产的产品都属于先进工业和先进产品而得到税务优惠,包括如下:食品制造(飞机上的各类食品及各种罐头、饮料);药品制造(各种药品,维生素丸,糖浆等);建筑材料(水泥);钢铁材料(制造用各种钢铁、钢条等);化学工业(防锈剂、杀菌剂、净化剂以及各种清洁剂等);造船(船的修理及保养);造纸(薄纸、餐巾纸);纺织(各种服装)。文莱政府为鼓励在工业产品方面的投资,规定从生产日起享有以下的税务优惠:第一,投资额在25万文莱元以下者,享有2年优惠;第二,投资额为25万至50万文莱元者,享有3年优惠;第三,投资额为50万至100万文莱元者,享有4年优惠;第四,投资额在100万文莱元以上者,享有5

年优惠。

2. 豁免缴税

除此之外,投资先进工业产品的公司进口建厂的材料、机械,以及生产原料(只要文莱没有的),也可豁免缴税。

3. 税的管理

(1)个人所得税:不征收个人所得税,不征收个人赢利税,也不征收个人从资本、资产销售中获得的利润税。在文莱的非居民也不征收个人所得税。

(2)公司税:在文莱注册的外国或当地的股份有限公司或注册的分公司,都须缴纳 30% 的公司所得税。

(3)自然资源税:石油资源开采税是由所得法特殊条款规定的。此法仿效中东大多数石油生产国的模式。

(4)印花税:所有的法律文件征收印花税。对某种文件征收从价税,但随文件的性质而有别。印花税率在印花税法中规定。

(5)预扣税:国内公司向非常驻公司借贷,国内公司必须预扣 20% 的利息税。

(6)国外收入:在文莱注册的公司在文莱收到的国外收入要征税。

(7)土地和财产税:地方当局征收财产税(根据财产多少),租赁土地根据租金多少征税。

文莱不征收销售税,不征收工资税,出口也不征税。

总体看来,文莱税种少,税率低,税赋公平,有利于外资的流入。

(五)贸易限制政策

文莱的对外贸易政策,总体上讲是自由贸易政策,但是也有部分限制投资产业和贸易限制政策。其主要要求有:

1. 禁止进口物品

文莱禁止进口鸦片、海洛因、吗啡、淫秽品、印有钞票式样的印刷品、烟花爆竹等。对某些商品实行临时禁止进口,如水泥、镴皮瓦片等。

2. 进口许可制度

出于环境、健康、安全和宗教方面的考虑,文莱海关对少数进口商品实行进口许可制度,植物、农作物和牲畜须由农业局签发进口许可证

（植物不能带土），军火由皇家警察局发证，印刷品由皇家警察局、宗教部和内务部发证，木材由森林局发证，大米、食糖、盐由信息技术和国家仓库局发证，二手车由皇家海关发证，电话装置、无线电由通讯局发证，药品和毒药由卫生部发证，鲜、冷冻的鸡肉、牛肉由宗教部、卫生部和农业局发证。除以上有关部门发放进口许可证外，机动车、农产品、药品及与药品相关的产品进口还需提供相关的原产地证书和检查证明。

3. 贸易中的技术性要求

文莱公共卫生（食品）条例规定所有的食品，无论是进口货还是本地产品，都要安全可靠，具有良好的品质，符合伊斯兰教清真食品的要求。

该食品卫生条例分五个部分，对食品添加剂、包装以及肉类产品、鱼类品、调味品、动物脂肪和油、奶产品、冰淇淋、糖与干果、水果、茶、咖啡、无酒饮料、香料、粮食等，都有相应的技术标准。

该技术标准对食品的生产日期、有效期、食品容器、散装容器食品以及农药最大残留量、稳定剂、氧化剂、防腐剂等都有明确的规定。

4. 政府工程项目的投标规定

文莱对政府工程项目规定如下：金额在 50 万文莱元以下的项目，一般而言仅限于文莱本国公司有投标资格；对于 50 万文莱元以上的项目，外国公司与当地公司合资注册的公司可投标，外国公司不可以单独投标。

5. 出口限制

文莱政府除了对石油天然气出口控制以外，对动物、植物、木材、大米、食糖、食盐、文物、军火等少数物品实行出口许可证管理，其他商品出口管制很少。

6. 贸易补贴

文莱政府对水稻等农作物的本国生产者在土地、化肥、信贷和农业基础设施方面给予一定的支持和补贴。

三、马来西亚

马来西亚是个美丽富饶的热带国家，丰富的矿产资源和肥沃的土地使她常被称为"幸福之国",又有"锡和橡胶的王国"的美称,位居世界贸易20强国之列。马来西亚确立把对农业和原产品的依赖改变成为一个由高科技、以知识为本及资金密集工业带动的出口经济。而今马来西亚已疾步迈进一个资讯科技和电子商务的时代。今天,越来越多的中国企业把眼光投向了马来西亚各个极具投资潜力的领域。

（一）中马经贸关系

目前中国已成为马第四大贸易伙伴。双方贸易的主要产品是机电产品,马已成为中国在东盟最大的贸易伙伴。

2005年中国和马来西亚双边贸易总额为307.1亿美元,同比增长16.9%。其中,中国对马来西亚出口106.1亿美元,同比增长31.2%,自马来西亚进口201.0亿美元,同比增长10.6%,中方逆差94.9亿美元,中国对马来西亚出口的主要产品为谷物、机电产品、纺织纱线、织物及制品、服装及衣着附件、钢材、原油、鞋、蔬菜等。自马来西亚进口的主要产品为机电产品、棕榈。

中国企业走进马来西亚面临着历史以来最好的时机,审慎而又大胆地走进马来西亚,中资企业迎来的将是又一个春天。

（二）进出口管理

1. 进口管理

根据《海关法》和《海关进口管制条例》,马来西亚对大部分产品实行自由进口政策,仅有小部分产品禁止进口或实行进口许可管理。其中,禁止进口产品涉及14类;实行进口许可的产品涉及40类411个海关税号,如机动车辆、彩色复印机、食糖、大米、面粉等,此类商品的进口须获得海关关长或其指定的其他政府部门或法定机构出具的进口许可证;受自动许可管理的进口产品,主要由发放自动许可证的机构实施总量监控。

2. 出口管理

根据《海关法》和《海关出口管制条例》,马来西亚对出口产品的管理分为三类:禁止出口、实行出口许可管理和自由出口。其中,禁止出口产品包括:珊瑚、藤条、海龟蛋、青石棉,多溴化联苯和三磷酸盐等有毒化学制品;实行出口许可管理的产品主要包括一些出于健康、卫生、动植物保护、安全和保证国内需求稳定等原因需加强管理的商品和实行被动配额管理的纺织品等,此类产品在出口前须获得海关关长或其指定的其他政府部门或法定机构出具的出口许可证、特别许可或批文。

(三)鼓励和限制的投资领域

1. 鼓励投资领域

马来西亚鼓励吸收外资,发展出口导向性产业,给予外资企业优惠政策。马来西亚鼓励外商投资电子、生物等高新科技产业和农业品种改良、旅游宾馆服务业、环境保护、科技研究开发、技术培训及转让等,相应给予有关税收优惠政策。马来西亚的投资税收鼓励措施主要有:"先锋者身份"、投资税收补贴和基础设施补贴等。

2. 限制投资领域

马来西亚政府投资项目基本不对外国公司开放。马来西亚禁止外国投资者在马来西亚从事武器、毒品制造和经营,限制外国投资者在马来西亚从事烈性酒和烟草的生产。

3. 投资比例

马来西亚鼓励外国直接投资,特别是对外向型制造业和高科技产业的投资,并允许外资制造业独资经营。但规定在纸包装、塑料包装、金属冲压、金属成型和电镀、电线束装、印刷及钢铁等行业的外资股权不得超过 70% 。同时,马来西亚对境外个人投资者对马投资限制较多,个案处理范围宽泛,任意性大。另外,马来西亚有关法律规定,部分行业禁止外商独资以及必须有 2 名以上马籍股东。上述规定客观上对外资进入造成一定障碍。

(四)关税制度

1. 进口关税

马来西亚对直接用于生产出口产品的原材料、零部件的进口,可减免进口税。对需进口的机械、设备,如直接用于生产、制造过程和用于控制环境、品质管理等目的,可获减免其进口税和营业税。对进口制造供应国内市场产品所需的原材料、零部件,如该原材料、零部件在国内没有生产制造,通常免征全额进口税。

从 2003 年 9 月开始,凡是申请在沙巴、沙捞越及马来半岛"东部走廊"投资创业可以获得"先锋者身份",在 5 年免税期内享受法定收入 100% 的免税待遇,凡进口在国内无生产的原材料、零部件,无论其产品供应国内或国外市场,均可全额免征进口税。同时,获得"多媒体超级走廊资格"的企业可享受进口多媒体设备免征关税的优惠。

马来西亚已经与日本、泰国、菲律宾 3 国的纺织业界达成协议,自 2004 年 7 月 3 日起进口纺织品互免关税。此外,马来西亚对从越南进口的 170 种产品实施关税优惠,实行税率下调或零关税。

2. 出口关税

马来西亚除对一些资源性产品的出口征收出口税外,通常对制成品的出口免征出口税。马来西亚征收出口税的应税产品包括原油、原木、锯材和棕榈油等资源性商品。

3. 出口退税

马来西亚《国产税法》的规定,若制造商出口成品,则该制造商可申请退还其制造产品所用的零部件或包装材料已缴纳的国产税。一切用于制造外销产品所采用的原材料、零配件、包装材料,在经海关核准后均可全额退还其已缴纳的进口税。

(五)贸易壁垒

1. 关税壁垒

马来西亚的平均关税水平在 9.29% 左右。从 2004 年 1 月起,马来西亚降低汽车进口关税。对完全在东南亚地区组装的汽车的进口关税由 42% ~ 300% 调整至 70% ~ 190%;对在马来西亚组装且使用进口部件的散件组装轿车的进口关税由 42% ~ 80% 降至 25%;对从东南亚地区以外进口的散件组装汽车的进口关税降至 35%,对东南亚地区以外的整车进口关税降至 80% ~ 200%。但在事实上,25% ~ 200% 的高关税仍然对外国汽车进入马来西亚市场构成极大的障碍。

马来西亚的原材料关税税率较低,而高附加值产品的关税水平则相对较高,形成了一定程度的关税升级。关税升级的存在削弱了部分进口产品的竞争力,不利于贸易自由化的实现。

2. 进口限制

在马来西亚,占海关税号总量 17% 的产品受非自动进口许可管理,如建筑设备、农产品、矿产品和汽车等。这对中国同类产品进入马来西亚市场造成一定程度的阻碍。

马来西亚仅授权一家政府公司进口大米,并赋予其较大的进口调控权。马来西亚规定,特定钢材的进口商申请进口许可证,须自行从马来西亚本地钢厂取得书面证明,证明所进口的钢材马来西亚本地无生产后,马贸工部才会颁发进口许可证。对马本地可生产的产品或政府鼓励本国企业发展的领域,马政府对进口许可证和营业执照的发放控制严格。这些在法律上没有明文规定的隐性保护措施,给外国产品和外资公司进入马市场造成很大困难。

3. 对进口产品征收歧视性税费

自 2004 年 1 月,马来西亚在降低汽车进口关税的同时,对所有进口汽车征收 60% ~ 100% 的货物税。这种税收安排,对外国汽车进入马来西亚造成新的阻碍。

4. 技术性贸易壁垒

马来西亚法律规定,在马市场上销售的药品、保健品必须取得马来西亚卫生部药品监督局注册许可。

马来西亚对于中药及保健品的进口实施特别的限制措施,主要包括:1. 禁止进口川乌、草乌、附子、穿山甲等药;中成药不允许掺入抗生素、激素、安眠药等西药成分。2. 限制在药品包装及广告中提及一些功效,如抗癌、避孕、壮阳补肾、治疗糖尿病、风湿等。3. 进口药品生产企业必须持有"良好品质操作规范"证书。传统中医药生产企业多数未开展"良好品质操作规范"认证工作,其产品无法获得马来西亚的进口许可证,作为保健品的药酒也存在同样问题。4. 马来西亚药品注册程序比较复杂。中医药产品要进入马市场,首先需委托马当地注册公司向马卫生部药监局提出注册申请,并向其公开配方,得到"MAL"①许可证后方可进口及销售。注册时间一般为 1 ~ 2 年,也可长达 3 年。这一规定增加了中国中医药企业的生产成本,同时,公开药物配方不利于药品知识产权的保护,对企业利益存在潜在的损害。

---

① MAL 是马来西亚药监局许可的意思。

5. 卫生与植物卫生措施

马来西亚对进口动物产品的原产地生产商实施注册检查制度。中国的所有动物产品出口企业,均需通过马农业部和宗教事务局的联合检查注册后才能向马来西亚出口。

2004年2月,马来西亚发布公告,禁止从日本、韩国和中国等9个国家或单独关税区进口家养及野生禽鸟、蛋、肉及其他产品(羽毛和肥料等)。中方对此表示关注。

2004年8月,马来西亚对进口用于人类消费的牛、猪、绵羊、山羊、家禽的畜体、肉和可食用内脏及其产品,以及鱼类和渔业产品中的禁用药物及药物残留进行监控。进口上述产品必须随附出口国主管机构出具的卫生证书,证明无以下禁用药物及药物残留:牛、猪、绵羊、山羊的畜体、肉和可食用内脏及其产品内的 p 收缩剂①;家禽的畜体、肉和可食用内脏及其产品,鱼类及渔业产品内的硝基呋喃和氯霉素。

6. 政府采购

马来西亚不是 WTO《政府采购协定》的签字方。马政府采购一般用于鼓励本国马来族公民参与商业活动、引进外国技术、减少外汇流出、为本国服务业创造机会及提升马出口能力等。在政府采购领域,外国公司和马公司成为合作伙伴后才能参加投标,很难取得与马公司同等竞争的机会。中方对马方的这一做法深表关注,并敦促马方为政府采购创造公平贸易环境。

7. 服务贸易壁垒

(1)外资银行

马来西亚规定,外资银行中30%的管理者必须是马来西亚公民。外资银行在马境内对外资企业和外国机构的贷款,至多占贷款总额的40%。外资银行不允许在本地开设新的分支机构或配置自动提款机。马来西亚不再批准新的外资银行到马设立分行。外资至多参股本地银行30%。外资银行在马设立的代表处只能有2名外籍人。

---

① p 收缩剂是一种家禽的禁用药物。

（2）外资保险

作为1997年WTO《金融服务协定》的成员方，马来西亚承诺允许合资保险公司中已有的外资股权由49%提高到51%。但新进入外资的股权累计不得超过30%。

（3）外资证券

马来西亚规定，外资在证券、信托公司所占股权分别不得超过49%和30%。尽管早在2001年1月，马来西亚证券委员会就宣布在2003年前逐步实行外资准入自由化，允许外资购买现有的证券经纪从业执照，并可在信托公司中获得控股地位。但实际上，至今对外资的上述限制仍然存在。中方敦促马方尽快严格履行承诺，实现外资准入自由化。

马来西亚允许仅对外籍人提供服务的基金管理公司可由外资100%独资经营；如同时对马居民提供服务，外资持股不得超过70%。

（4）外资建筑

外资建筑公司只能以合营企业合营方身份参与某些特定的项目，不可作为记名股东。外国建筑师可成为马建筑公司的管理者、股东或雇员，但不能获得马来西亚执业资格，不能进行建筑设计。

（5）外商投资工程

马来西亚政府规定，在一般情况下，外商投资工程企业中，至少30%股权必须由马来人或其他土著人持有。在一些由马来西亚工程公司承包的特定项目中，外国工程师可获得临时职业证书项目结束即失效。外国工程师不能成为马工程咨询公司的股东或担任董事。

（6）外资基础电信

根据WTO《基础电信协定》，马来西亚在大多数基础电信服务行业作出了有限的承诺，且部分承诺是以参考文件的方式加以适用。马保证给予某些符合其承诺的外资基础电信服务企业，如公共基础电信经营商、基础电信设备供应商、基础电信增值服务供应商，以市场准入和国民待遇，但外资股权限制在30%以内。这些限制措施，有利于占支配地位的、由政府控制的马本国基础电信服务供应商，阻碍了外资同业的平等进入。

（7）外籍法律服务

马来西亚规定,外籍律师不得以任何名义在马执业。外籍律师的服务范围限于与其母国法和国际法的相关问题提出建议。外资在合资律师事务所中的股份不得超过30%。

（8）外籍劳务

马来西亚尚未完全对中国开放劳务市场。中国属马来西亚的非传统劳务输出国,马方仅允许中方专业技术人员申请赴马工作。根据2003年9月《中马两国劳务合作备忘录》马来西亚有条件的允许引进古建筑维修、陶瓷、家具等专业的中国技术劳工。中马两国政府有关部门正在就有关具体的执行程序和条件等技术问题进行协商。

马来西亚不允许外籍劳工参加工会,限制了外籍劳工的合法权益。中方对此表示关注。

四、泰国

泰国是传统的农业国,主要生产稻米、玉米、木薯、橡胶、甘蔗等,大米出口是泰国外汇收入的主要来源之一,其出口额约占世界市场稻米交易额的1/3。同时,泰国也是一个自然资源十分丰富的国家。泰国实行自由经济政策,属外向型经济,较依赖美、日、欧等外部市场。

泰国是中国—东盟自贸区建设的积极参与者和推动者,中泰两国在中国—东盟自贸区谈判和实施中进行了很好的合作,有力推动了自贸区的实施进程。同时,中国—东盟自贸区的实施也促进了中泰两国间的货物贸易和服务贸易合作,为深化中泰双边经贸合作提供了新的动力和广阔空间。

（一）中泰经贸关系

随着中国加入世贸组织和中国—东盟自贸区的建设,两国经贸领域的合作得到不断拓宽和深化,并取得了显著成果。

1. 双边贸易

2007年中泰贸易额达346.3亿美元,增长24.9%,其中中方出口119.7亿美元,进口226.6亿美元,分别增长22.6%和26.2%。泰国是中国的第十四大贸易伙伴,中国是泰国的第三大贸易伙伴。

2. 双向投资

截至 2007 年底,我国批准泰国来华投资项目共 3871 个,实际使用外资金额 30.6 亿美元,其中 2007 年新批投资项目 79 个,实际使用外资金额 8948 万美元。与此同时,我国对泰国的投资也出现较大增长,截止 2007 年底,我企业对泰非金融类直接投资金额共计 3.1 亿美元,其中 2007 年投资额 7335 万美元。

3. 承包工程与劳务合作

截至 2007 年底,我国的公司在泰国签订承包工程、劳务合作和设计咨询合同金额 56 亿美元,完成营业额 31.1 亿美元。其中 2007 年新签合同额 8.2 亿美元,完成营业额 5.3 亿美元。从已承揽项目看,国内传统国有大型建筑企业仍是开展业务的中坚力量,同时我民营、股份制企业也逐渐成为当地市场新生力量。

4. 中泰果蔬贸易

自 2003 年 10 月 1 日起,中泰间的蔬菜和水果贸易在中国—东盟自贸区框架下提前实现了零关税。该项贸易自由化措施共涉及 188 项产品,其中蔬菜产品 108 项,水果产品 80 项。中泰果蔬零关税安排实施以来,中泰果蔬贸易增长势头迅猛,取得了互利双赢的可喜成绩。中国对泰国出口蔬菜的主要品种为香菇、萝卜、胡萝卜、大蒜、大葱、洋葱、土豆等,出口水果和干果类主要品种为苹果、梨、砂糖橘、水蜜桃、柿子、白果、红枣和板栗等;从泰国进口的蔬菜基本上都是木薯类产品,进口水果主要品种为榴莲、山竹、火龙果和鲜龙眼、龙眼干等。

(二)投资贸易管理

1. 进口管理

泰国实行自由进口政策,大部分产品可以自由进口到泰国,任何可开具信用证的进口商均可从事进口业务。泰国对部分产品实施禁止进口、关税配额和进口许可管理。

泰国禁止进口涉及公共健康、国家安全等方面的产品,包括二手摩托车及其零部件,使用氯氟碳化合物的家用电冰箱,整修过的医用设备和赌博机。

关税配额产品包括桂圆等 23 种农产品,并对动物饲料用玉米征收最惠国配额外进口附加费,但关税配额措施不适用于从东盟成员国的进口。

进口许可包括 26 类项目,如原材料、石油、工业原料、纺织品、医药品和农产品等。进口食品、医药产品、矿产品、武器弹药、艺术品等,需要相关政府部门的特别许可。

2. 出口管理

泰国是出口导向型经济,大部分产品可以自由出口到国外。出口管理措施主要包括:出口登记、出口配额、许可证、出口税、出口禁令或其他限制措施。其中征收出口税的产品为:大米、皮毛皮革、柚木与其他木材、橡胶、钢渣或铁渣、动物皮革等。

3. 外汇管理

泰国对汇款汇入没有限制,但外汇必须存放在一个外汇账户中,或汇入泰国 7 天内在一个授权银行兑换。外国人在泰国停留不超过三个月,大使及其随员和国际组织不必遵守这一要求。超过 5 万泰铢(1.29 万美元)的出口收益在出口日 120 天内一旦收到必须马上汇出或在收到 7 天内存入授权银行。

商业银行经授权承担大部分日常外汇业务,无须泰国银行事先批准。

(三)鼓励和限制的投资领域

1. 鼓励投资的领域

根据泰国投资促进委员会(BOI)的规定,以下项目将作为特别重视的项目。

(1)优惠投资业务的种类中的第一类:农业及农产品生产加工。

(2)与科学技术发展和开发人才资源有直接关系的项目。包括研究及开发、科学实验服务、检验标准服务、发展人才资源等。

(3)基础服务业及公共事业。包括基础服务业、公共事业、公共运输业、大型货运业等。

(4)保护环境和处理环境污染。包括保护环境的工业区行业,污水处理,有害化学物、工业废渣和垃圾的搬运和处理等。

(5)其他工业。包括生产铸铁配件(用感应式熔炉)、生产钢铁锻造配件、生产机器及配件、生产金属分铸压模配件、生产或修理飞机（包括飞机设备配件）、生产运输工具配件、金属加硬、生产用于微型电子的片状物或有关物质、电子方面的设计、软件业务、软件工业区、先进的国际商业发货中心。

2. 限制投资的领域

（1）禁止外国人投资的行业

该行业主要有稻米生产、制盐、国产农产品的国内贸易、不动产交易、会计事务、法律事务、建筑设计、广告业、中介人和代理人、推销业务、理发美容店、大楼建筑等 12 个行业。

（2）不允许外国人投资的行业

除了投资委员会鼓励投资的行业，政府规定 39 个行业和职业不允许外国人投资。它们是：体力劳动，农林牧渔，烧砖，建筑工、木工，汽车驾驶员、运输、搬运机械操作（除国际航线飞机驾驶员）、店员、推销业务、会计（包括监督员）宝石切磨、理发、美容、编织，以藤、竹、麻为原料的制品业，手工纸制品、漆器、泰国乐器、象嵌、牙雕、金银贵重制品、石工、泰国玩具、床垫、外套罩衫、托钵、丝织手工艺品、佛像生产、刀具、布纸伞生产、制鞋、制帽、代理店、与建筑有关的计划、计算、组织、分析、检查，建筑设计、制图、成本核算、陶瓷生产、服装、手工卷烟、旅游导游、摊贩、行商、泰文打字员、丝织手帕、公务员、秘书、法律、诉讼。

（3）外国人可以投资但受投资限制的行业

外国人可以投资、经营的行业有批发业，出口贸易，机器、机械和工具的零售业务，旅游食品、饮料销售，饲料生产，植物油制品、纺织和纺织品、玻璃容器（包括灯泡）生产，口缸、茶杯、器皿生产，印刷纸，岩盐生产、矿业，在前两类中未明确规定的服务业、建筑业（生产基建业务）等 14 个行业。对这些行业进行投资，必须经商业注册登记局许可。

（四）关税制度

泰国平均关税为 12.7。根据 2005 年 7 月实施的《中国—东盟全面经济合作框架协议货物贸易协议》，泰国对源自中国的产品进行关税削减。其中，税率高于 20% 的产品 2005 年税率降到 20%；税率为 15% 的产品税率不变；税率为 10% ～15% 的产品降至 10%；税率 5% ～

10%的产品降为5%;税率低于5%的产品税率不变。

（五）贸易壁垒

1. 关税壁垒

（1）关税升级

泰国存在关税升级现象,未完成产品和中间产品的关税比相关的成品高。泰国对初级和资本货物大部分征收5%的关税;对中间产品一般征收10%的关税;对成品一般征收20%的关税;对需要保护的特殊商品征收30%的关税。

（2）关税配额

泰国对23种农产品实行关税配额管理,分别是桂圆、椰肉、牛奶、奶油、土豆、洋葱、大蒜、椰子、咖啡、茶、干辣椒、玉米、大米、大豆、洋葱籽、豆油、豆饼、甘蔗、椰子油、棕榈油、速溶咖啡、土烟丝、生丝等。在配额内实行低关税,在配额外实行高关税。如玉米进口配额是544.4万吨,配额内关税为20%,配额外关税则高达73.8%。

2. 进口限制

泰国要求在食品进口登记中提供关于食品生产工艺及组成成分的详细信息,这个要求公开产品成分和产品生产方法的要求被许多国家视为进口障碍。

泰国卫生部食品和药品管理局规定所有食品、药品及部分医疗设备的进口均需进口许可证。食品进口许可证每三年更换一次,每次均需要重新认证,并要求到中国驻泰国使馆经商处加以签章,文件送达管理局后还需要重新收费;药品进口许可证每年更换一次,同样需要缴纳有关费用。上述规定给中国出口企业造成很大负担。

3. 技术性贸易壁垒

（1）认证制度

泰国政府要求对十个领域的60种产品进行强制性认证,这些产品包括:农产品、建筑原料、消费品、电气设备及附件、PVC管、医疗设备、LPG气体容器、表层涂料及交通工具等。

（2）技术标准

2005年8月25日,泰国工业部工业标准研究院发布关于家用冰箱安全要求的标准,并建议将该标准作为强制性标准执行,该标准规定了家用冰箱的安全要求和测试方法。产品适用范围为单相设备的额定电压不超过250V,其他设备的额定电压不超过480V,该标准涉及设备中使用的电动压缩机带给家中成员或周围人员的通常危害。

4. 卫生与植物卫生措施

(1)食品化学添加剂的检测

对于食品安全、食品和药品管理局还提出了新的检测规定,从2005年4月1日开始执行,要求许多进口食品接受化学添加剂的检测和证明。这些新规定使进口商的负担相当繁重,而且缺乏风险评估。

(2)食品残留毒物

关于食品内的残留毒物,必须符合以下标准:(1)适用最大残留限量的农业毒物经官方注册且制定了最大残留限制的;(2)根据农业合作部通报正式禁止的农业毒物,不允许存在残留,但规定的外来最大残留限量除外。

除了上述两条之外,残留毒物必须符合食品法典委员会,世界粮农组织和世界卫生组织联合食品标准计划规定的最大残留限量。

5. 政府采购

泰国不是WTO《政府采购协议》的签署国。泰国在政府采购招标中对外国投标企业设置一系列限制。例如,泰国企业在招标首轮价格评估中,与外国投标人相比拥有优先待遇,自动得到15%的价格优势。政府采购部门经常随意更改投标资格,有权在任何时候接受或拒绝部分或所有投标,甚至可以在招标过程中修改技术要求,在很大程度上控制着招标结果,投标者对招标结论没有申诉的权利等。中国企业抱怨上述做法导致中国企业在投标中处于不公平地位。

此外,根据泰国《对销贸易法》,对金额超过3亿泰铢的政府采购合同,外国中标企业必须易货回购价值不低于合同金额50%的泰国产品。作为对销贸易交易的一部分,泰国政府也会指定禁止销售产品的市场,这些市场通常是泰国商品已经进入的地方。这些规定提高了中标外国企业的经营成本。

6. 服务贸易壁垒

（1）银行

泰国政府规定,外商最多可以拥有泰资银行资产的25%。在由泰国银行起草并由国会通过的《金融部门管理计划》中,规定这一比例在泰国央行认为合适的时候可能会提高到49%。该《计划》涉及到外资银行将得到允许在曼谷以外地区开设3至5个分支机构,但是没有说明时间表,目前外资银行只能开设一个分支机构。外国银行还必须至少投资1.25亿泰铢(约310万美元)购买泰国政府或国有企业的证券或直接将其存于泰国银行。

（2）建筑

建筑业不在泰国鼓励投资目录之列。外国企业要在当地注册经营一般要求其与当地企业合资,外方占股不高于49%。泰方对外国承包商输入经营管理类人员也有严格限制,一般规定,企业注册资金在1亿泰铢以上者,每输入1名外国人员需雇用4名当地劳工;企业注册资金在1亿泰铢以下者,每申请1名外籍人员则需雇用5名当地劳工;输入一般工种劳务严格受限。

泰国政府部门对投标具体工程项目的承包公司都有相应的资质和业绩要求。除国际招标工程外,泰国并不承认外国公司在泰国以外的工程业绩,因而不少大型承包企业无法依托在国际上的声誉和取得的骄人业绩,市场准入受到各种限制。

（3）电信服务

泰国政府允许外资通过合资的形式参与电信市场,但开放程度有限。根据规定,提供基础服务公司的外资比例不得超过50%,提供增值服务的外资比例不得超过40%。泰国承诺根据WTO协议在2006年1月全面放开包括基础电信业务和增值电信业务在内的电信服务业市场,允许外资经营。中方关注这一承诺的落实情况。

（4）法律

现行泰国法律规定,外资股权在律师事务所中不得超过49%,不允许外籍律师在泰国执业,只能在一定条件下作为代理人从事咨询业务。

（5）劳务

泰国是世界劳务输出大国,因此,泰国严格控制外来劳务人员,外来普通劳务人员无法取得工作许可证。有 39 类工种限制进入泰国从业:普通劳工;农、林、牧、渔业（农产管理人员除外）工人;制砖、木匠或其他建筑工种;木雕工;驾驶员（航空器材飞行员、机械师除外）等。这使得中国对泰国输出劳务的规模受限。

（6）医疗

泰国政府严格限制医疗服务领域（如医院、门诊、体检服务）的市场准入,而且制度缺少透明度。

（7）价格评审

目前,泰国政府仍然保留了对 20 种产品与服务限定价格上限的行政权力,其中包括:药品、录音磁带、牛奶、糖、燃油、化肥等,且其价格评审机制不透明,往往在包括汇率在内的过时数据的假设基础上作出价格控制的决定,即使一些受影响的企业多次提出要求,也往往很难获得重新评审。

7. 投资壁垒

（1）投资准入壁垒

根据泰国《外商经营企业法》的规定,泰国的外资准入领域分成了三类,其中外籍法人必须符合以下两个条件,才可以从事第二类中规定的行业:①泰籍人或按照该法规定的非外国法人所持的股份不少于外商经营企业法人公司资本的 40%（除非有适当原因,商业部长根据内阁的决议可以放宽上述持股比例,但最低不得低于 25%）;②泰国人在外商经营企业中所占的董事职位不少于 2/5。

在持股比例限制上,农业、畜牧业、渔业、勘探与开采矿业和 1999 年颁布的《外商经营企业法》中的服务行业,泰籍投资者的持股量必须不低于 51%。凡是《外商经营企业法》规定需经过许可才能投资的行业,外籍法人在泰国开始商业经营的最低投资额不得少于 300 万泰铢,其他行业最低不少于 200 万泰铢。

（2）投资经营壁垒

除从事泰国投资促进委员会鼓励的行业以外,泰国禁止外国人拥有土地。

泰国为与国际贸易和投资协定相一致,取消了投资措施中对出口额的限制以及使用国内配件/原料比例的规定,但是奶制品的生产、汽车发动机以及摩托车装配仍然受泰国本地制造含量的限制。

五、菲律宾

菲律宾是一个以农业为主的国家,椰子、糖、蕉麻和烟草四大传统出口产品在国民经济中和国际市场上占有很重要的地位,同时,自然资源也很丰富。

尽管治安问题、行政手续繁杂、贪污腐败及政治不稳定等因素在一定程度上影响了投资者的步伐,但菲律宾得天独厚的自然条件,出色的劳动力,众多的投资机会使其还是受到外国投资者的青睐。

（一）中菲经贸关系

近年来中菲贸易发展迅速,2002 年至 2007 年间连续 6 年增幅超过 30%,并在 2007 年提前实现两国领导人制定的在 2010 年前双边贸易额达到 300 亿美元的目标。目前,中国为菲律宾第三大贸易伙伴,菲律宾为中国在东盟的第五大贸易伙伴。

受全球金融危机影响,2008 年中国与菲律宾的双边贸易额同比下降 6.7%。这是中菲贸易在经历连续 6 年超过 30% 的增幅后首次出现负增长。

（二）投资贸易管理

1. 进口管理

菲律宾将进口商品分为三类:自由进口产品、限制进口产品和禁止进口产品,绝大多数商品为自由进口产品。禁止进口的产品主要涉及国家安全的枪支弹药,含金、银或其他重金属或其含金制成的物品,玩具枪、破旧衣服、伪劣药品以及菲律宾有关法律规定禁止进口的其他物品和配件。限制进口产品必须经过菲律宾政府机构如农业部、食品药品局核实发放的进口许可证才能进口,主要涉及汽车、拖拉机、小汽车、柴油机、汽油机、摩托车、耐用消费品、新闻出版和印刷设备、水泥、与健康有关和与公共安全有关的产品等 130 多种。

2. 出口管理

菲律宾政府对出口贸易采取鼓励政策,主要包括简化出口手续并免征出口附加税,进口商品再出口可享受增值税退税、外汇资助等多种鼓励措施。

菲律宾也对少数出口产品实施出口限制或出口禁止。限制出口的产品必须事先获得菲律宾农业部、环境和自然资源部等国家主管单位的许可,主要包括水泥、石油及石油产品、军火及部分植物原材料,禁止出口的商品主要是苎麻种子及幼苗,部分野生动物及活鱼等。

3. 投资管理

菲律宾政府将所有投资领域分为三类,即优先投资领域、限制投资领域和禁止投资领域。对于优先投资领域,菲律宾政府每年制定一个《投资优先计划》,列出政府鼓励投资的领域和享受的优惠条件,引导内外资向国家指定行业投资。在这些投资领域,外资可以享有100%的股权,并对那些高度优先项目提供广泛的优惠条件,包括减免所得税、免除进口设备及零部件的进口关税、免除进口码头税,免除出口税费等财政优惠,以及无限制使用托运设备、简化进出口通关程序等非财政优惠。

菲律宾国家经济开发局通常会公布限制外资项目清单,该清单每两年更新一次。在清单上会详细列明禁止外资投资的领域及外资在限制投资领域中的最高持股比例。

(三)鼓励和限制的投资领域

1. 鼓励投资领域

(1)先锋领域

在先锋领域,外国投资企业可拥有100%的股权。但BOI①特别规定了一条:"外资先锋企业应在30年之内或BOI决定之更长的期限内,使该企业过渡为菲律宾人所有,即菲律宾人持股达到60%。"但如该企业产品出口达100%,则不受此规定限制。

(2)优先领域(又称非先锋领域)

---

① BOI 是英文"Board Of Inventment"的缩写,直译为"(菲律宾国家)投资署"。

在 IPP① 领域内,不满足上述先锋领域条件的所有行业均为优先领域。在优先领域,外国投资企业所持股权限于 40%,但如出口达 70%,外资持股比例可放宽。

（3）出口导向企业

外资可持多数股权(40% 以上),但产品出口必须达 70% 以上;如为菲律宾人所有,产品出口只须达 50%。出口企业包括从事出口的生产、贸易和服务企业(公司)。

（4）扶贫投资导向

投资于经济不发达地区及偏远农业省份,给予外国企业的优惠幅度超过上述任何领域,且辅有额外的地方优惠政策。

2. 限制投资领域

（1）大众传媒(音像录制除外);

（2）执照专业服务(法律特许的除外);

（3）注册资本低于 250 万美元的商业零售;

（4）供电所;

（5）私人保安机构和小型矿业开采;

（6）海洋资源开发与利用;

（7）斗鸡业的所有、经营和管理;

（8）核武器及生化、放射性武器的生产、维修、仓储及分销和烟花炮仗及烟火器材;

（9）"过分密集的行业",其中包括:非连续生产的造纸厂、铅印、缝纫机、油漆、清漆、印刷油墨、鞣革、灯泡、大型建筑物等。

3. 投资比例

菲律宾对外资股权的限制最为具体、详尽。这些产业领域包括:

（1）外资股权最高限于 25% 的行业

①私营对外劳务输出公司。

②菲律宾地方政府出资的公共设施和维修合同(外国贷款或援助的招标项目除外)。

---

① IPP 是英文 "Inventment Priorities Plan" 的缩写,直译为"优先投资领域。"

（2）外资股权最高限于30%的行业

广告业。

（3）外资股权最高限于40%的行业

①自然资源勘探、开发和利用（如与菲律宾政府签有资金和技术援助协议，外资可拥有100%的股权）。

②私人土地所有权（仅限以公司股权形式拥有）。

③公用事业（水、电）管理和运行。

④教育机构的所有、设立和管理。

⑤从事水稻、玉米的种植和加工。

⑥SEC① 管理的金融公司。

⑦为菲律宾政府所有或控制的企业、公司、代理机构提供物资和商品的供货合同。

⑧深海商业捕捞。

⑨公寓所有权。

⑩各类资产、信誉及财产评估公司。

（4）经菲律宾国家特别部批准，外资可在如下领域拥有40%的股权

①经菲律宾国家警察署批准，可从事火器、黑色火药、甘油炸药、爆破器材、望远镜及其他类似器材的生产、维修、仓储或生产过程中所需产品及配料的分销。

②经菲律宾国防部批准，外国投资可从事枪支弹药、军舰和军用船只以及类似设备和训练器材、配件的生产、维修、仓储或生产过程中所需产品及配料的分销。

（5）危险药品的生产

（6）桑拿、蒸汽浴、按摩诊所等类似行业

（7）赛马等非赌博形式的博彩业

（四）关税制度

菲律宾对大部分产品征收从价关税，税率范围为0～65%，但对酒

---

① SEC 是英文"Securities and Exchange Commission"的缩写，直译为"证券管理委员会。"

精饮料、烟花爆竹、烟草制品、手表、矿物燃料、卡通、糖精、扑克等产品征收从量关税。

根据《税收法》,海关对汽车、烟草、汽油、酒精以及其他非必要商品征收进口消费税。

根据菲律宾增值税体制,进口产品应向菲律宾海关当局缴纳12%的增值税。征税基础为海关估价价值加上所征关税和消费税。

菲律宾还对进口货物征收文件印花税。该税一般用于提货单、接货单、汇票、其他交易单、保险单、抵押契据、委托书及其他文件。进口发票价值多于5000比索的进口货物要交250比索的进口手续费。

(五)贸易壁垒

1. 关税障碍

(1)提高关税税率

菲律宾政府通过所谓的"关税税率重估"有选择地提高部分产品的关税税率,使许多原先税收率已降低的产品进口税率再次提高,尤其是2003年以来,菲律宾简单平均税率由5.8%提高到2005年的7.4%。2005年4月,根据菲律宾第418号和第419号行政令。菲律宾政府将部分进口汽车的关税从原来的20%提高到25%,并对部分旧汽车的进口征收每辆50万比索(大约7.8万人民币)的附加关税。2005年7月,菲律宾政府还将混合果汁的进口关税从3%提高到47%,将韭菜、甘蓝菜、莴苣、卷心菜、胡萝卜、萝卜、黄瓜、豆菜、豌豆、豆类、菠菜和姜等进口蔬菜的关税统一提高到25%。菲律宾不断提高关税税率,对中国进口产品构成了实质性障碍,这种随意变动关税税率的管理措施也给进口产品带来了很大的不确定性。

(2)实施关税配额

菲律宾继续对部分产品实施关税配额管理,主要包括大米、牲畜及其肉制品、土豆、玉米、咖啡、糖等农产品。而大米的进口配额远远低于菲律宾每年对大米的实际进口需求量。中方希望菲方能够继续降低大米的关税税率。

(3)通关环节壁垒

尽管菲律宾根据进口货物风险的不同分别设立了通关程序,以提高进口货物的通关税率,但是菲律宾仍然以打击走私等多种理由把80%以上的进口货物列入所谓"红色通道",对于从"红色通道"通关的产品,不仅需要经过严格的单据审核,还要对货物进行实体检验,烦琐的单据检查和货物检验延长了进口货物的通关时间,对货物进口带来了不利影响。

（4）对进口产品征收歧视税费

菲律宾政府对进口和国产烈性酒采取不同的消费税税率。对于采用当地原料生产的烈性酒,菲律宾统一按照每公升8.96比索征收消费税,但对于采用进口原料生产的同类烈性酒,根据每瓶750毫升的零售价征收每公升84比索到336比索不等的消费税。菲律宾对进口烈性酒的消费税征收方式,对中国酒类产品出口造成了不利影响。

2. 技术性贸易壁垒

菲律宾贸工部产品标准局规定,自2006年1月起,所有的14英寸到29英寸的彩色或黑白电视都必须通过产品标准局的测试中心和内湖SOLID①公司的检测认证,没有指定的认证标志,将不得投放市场。菲方指定内湖SOLID公司为唯一第三方检验机构的做法,会给进口产品造成不便,增加进口产品的成本。

2006年9月,菲律宾贸工部产品标准局修改并颁布了有关瓷制餐具的第（PNS）154:2005号国家标准。新标准详细说明了瓷制餐具的原料、设计性能及生产要求,并大幅度提高了检验标准,中方关注新标准对中国瓷制餐具出口企业造成的影响。

3. 贸易救济措施

菲律宾共对中国产品实施多起贸易救济措施。目前仍然维持的贸易救济措施包括1999年发起、2004年复审的三磷酸钠反倾销措施,2004年对印花玻璃、浮法玻璃和玻璃的保障措施。2004年对进口瓷砖的保障措施以及2004年对原产于中国的进口洋葱的特殊保障措施,中方希望菲方克制采取贸易救济措施,以维持正常的双边贸易。

---

① 内湖SOLID公司是菲律宾政府指定的唯一一家第三方检验机构。

4. 政府采购

菲律宾未签署 WTO《政府采购协议》。根据菲律宾政府规定,政府机构、属于政府或受政府控制的公司进行政府采购时,如果采购金额总计在 100 万美元以上,被采购方必须进行回购。根据菲律宾贸易工部的规定,外国供货商在供货时有义务向菲律宾国际贸易公司回购价值在其出口总价值一半以上的货物,否则将会受到罚款。此外,菲律宾在水、电、电信、运输等基础设施工程的政府采购中,还对投标企业的资格作出了规定,要求投标企业必须有菲籍人士控股 60% 以上。这些规定对中国企业参与菲律宾政府投标构成了障碍,中方对此表示关注。

5. 出口补贴

菲律宾通过国产汽车出口促进计划对菲律宾出口汽车的生产商提供出口补贴。在第一年和第二年每出口一辆汽车可得 400 美元的补贴,第三年为 300 美元,第五年为 100 美元。2005 年,菲律宾扩大了该项目的补贴范围,将汽车零部件也列入补贴之列,中方对其出口补贴政策与 WTO 相关规则的一致性表示关注。

6. 服务贸易壁垒

(1)银行

菲律宾规定,外资控制的银行资产不得超过菲银行业资产的 30%,资金总和不得超过 50%,外资银行分行拆借的资金净额不能超过其永久性资本金的 4 倍。

(2)保险

菲律宾允许外国保险公司在菲律宾国内成立全资保险机构,但是对外国保险公司的最低资本金要求却不断提高。菲律宾还禁止外资保险公司承担政府投资项目以及公用和私营的 BOT① 工程的保险。

(3)证券及其他金融服务

菲律宾允许外国证券公司进入其国内证券市场,但是证券公司的外资比例不能超过 60%,外资共同基金的董事会必须由菲律宾公民组成。

---

① BOT 是英文 Build - Operate - Transfer 的缩写,通常直译为"建设-经营-转让"。

（4）基础电信

菲律宾不允许外资进入菲国内的卫星通信服务，同时规定基础电信企业中的外资股份限制在40%以内。

（5）公用事业

菲律宾政府规定，从事水、电、通信、运输等公用事业的企业中的外资比例不得超过40%，并且企业的经营管理者必须是菲律宾公民。

（6）专业服务

菲律宾政府规定，不允许外资或外国公民在菲国内从事工程设计、律师、医药、会计等专业服务。

（7）航运

菲律宾禁止外国船只从事菲律宾国内运输业务。菲律宾《光船租赁法》还规定，菲律宾船只除临时工外，只能雇佣菲籍员工和管理人员。

菲律宾对中国等社会主义国家的船只在菲上岸后的活动进行24小时监控，并限定人员的活动范围。中方希望菲方尽快取消上述不合理措施。

7. 投资壁垒

菲律宾现行《公司法》允许外国投资者在菲设立合资公司、分公司和代表机构。菲律宾法律规定，合资公司中的菲律宾籍股东不得少于5人，多数股东应该是菲律宾常驻居民，合资公司秘书必须是菲律宾公民。菲律宾证券交易委员会还要求，合资公司的财务人员必须是菲律宾常住居民。根据菲律宾法律，分公司在菲律宾开业前，外国母公司必须在菲律宾证券交易委员会注册。《公司法》还要求，分公司至少在证券交易委员会储蓄实际市值10万比索的有价证券。在每一财政年度开始后的6个月内，分公司必须储蓄实际市值相当总收入2%（不低于500万比索）的有价证券。另外，代表机构必须在菲律宾证券交易委员会注册，并汇入菲律宾3万美元。菲律宾对外国投资者设立合资公司、分公司和代表机构的上述规定增加了企业投资成本，提高了外资企业的进入门槛，对外国投资构成了实质性障碍。

六、印度尼西亚

印尼是拥有东盟市场 40% 消费者的国家,这是一个充满商机的市场。在当今全球经济的浪潮中,随着印尼投资环境的日趋好转,部分独具慧眼的中国企业早已将目光投向华裔众多的印尼。

(一)中印经贸关系

2008 年 1 月至 7 月,印尼与中国双边货物贸易额为 158.5 亿美元,增长 55.1%。其中,印尼对中国出口 73.7 亿美元,增长 34.7%,占印尼出口总额的 8.9%,提高 0.3 个百分点;印尼自中国进口 84.9 亿美元,增长 78.5%,占印尼进口总额的 10.9%,降低 1 个百分点。印尼与中国的贸易逆差为 11.2 亿美元,而上年同期 7.1 亿美元的贸易顺差。

截止到 7 月,中国是印尼第三大贸易伙伴,仅次于日本与新加坡;同时也是印尼第四大出口市场和第三大进口来源地。

(二)投资贸易管理

1. 进口管理

印尼政府对某些产品实行进口许可管理制度,该制度分为自动许可和非自动许可。印尼政府对氟氯化碳、溴化甲烷、危险物品、酒精饮料及包含酒精的直接原材料、工业用盐、乙烯和丙烯、爆炸物及其直接原材料、废物废品、旧衣服 9 类进口产品实行自动许可管理;对丁香、纺织品、钢铁、合成润滑油、糖类、农用手工工具 6 类产品实行非自动许可管理。

同时,印尼政府通过配额和许可证两种形式实施自动许可和非自动许可管理,只有酒精饮料及包含酒精的直接原材料这一类产品采用配额形式,进口配额只发放给经批准的国内企业。

2. 出口管理

印尼主要采取"出口指导"和"出口控制"两种出口限制形式。出口指导产品须符合印尼的出口审批要求,这类出口指导产品涉及活牛、活鱼、棕榈、果仁、含铅铝的铁矿石、石油、尿素化肥、鳄鱼皮、未受保护的野生动植物、未加工的金银品、各种金属材料的废品等产品。此外,印尼对出口控制产品采取出口许可证和配额两种方式,这类出口控制产品涉及咖啡、纺织品服装、橡胶、胶合板或类似的复合木板、柚木、混合藤条和藤条半成品。

3. 投资管理

印尼禁止本国和外国投资企业对以下 11 类行业进行投资:大麻等毒品的种植加工、海绵体的收集和利用、有害化学品、化学武器、武器及其零部件、糖类、酒精饮料、赌博及赌博设施、航空服务提供和船舶证明等级检验、广播频率和卫星轨道监控站、放射性物质的开采。

印尼禁止外商对以下 8 类行业进行投资:基因的培植,天然森林的特许,木材业承包,出租车、公共汽车运输服务,小规模航海;贸易和支持贸易的服务,传媒服务,动态影像生产业。

印尼有条件地开放外商合资公司对以下 8 类行业的投资:港口建设和运营,电力的生产、传输、分配,海运,处理和供应公用饮用水,原子能工厂,医疗服务,基础电信,定期或非定期的航线。

(三)鼓励和限制性的投资领域

1. 鼓励外资投资领域

政府在制定中长期发展计划时决定优先领域,并将其列为鼓励外商投资的行业,其中将出口为主的项目列为鼓励领域。优先行业经特殊批准可享受最长为 10 年的免税期,企业可以加速折旧,亏损可在 5 年至 8 年内进行抵扣。

2. 限制外商投资的领域

港口建设和经营、公共电力的生产和输送、通信、航运、空运、饮用水、铁路运输、原子能电站等。印尼政府限制外商在上述领域投资的主要手段是:①外商不得在上述领域内投资设立独资企业;②对某些项目,设立了投资需满足的必要条件;③较严的审批程序。

3. 禁止外商投资的领域

出租车和公共汽车、内海航运、贸易零售业、国内贸易服务业、私营电台和电视台、电影院等;无论国内、国外投资者均被禁止投资的领域包括:森林采伐和承包、赌场等。

(四)关税制度

印尼对大部分进口产品征收从价税,但对大米和糖类等产品征收从量税。

印尼将进口产品的关税分为最惠国税率和优惠税率两种。2004年11月,根据《中国—东盟全面经济合作框架协议货物贸易协议》,印尼将从2005年起对中国进口产品开始降低税率。最惠国税率为20%以上的产品2005年税率降为20%;最惠国税率为15%的产品2005年不降税,2007年降至8%;最惠国税率为10%的产品2005年不降税,2007年降至8%;最惠国税率为5%的产品2005年及2007年都不降税,2009年降为零。中国与印尼将在2010年前对绝大多数产品的关税削减至零。

(五)贸易壁垒

1. 进口限制

(1)关于印尼禁止从中国进口虾产品的问题

印尼海洋渔业部2004年底突然宣布停止进口原产于中国、巴西、厄瓜多尔、印度、泰国和越南六国的虾产品,理由仅仅是上述六国出口的虾类产品被美国裁定为倾销。中方希望印尼方能够按照WTO的规定在制定和实施相关贸易措施前提供合理的理由并提前通报,并应在不对正常贸易造成不必要障碍的基础上制定适当的贸易措施。

(2)关于汽车及其零部件进口许可问题

2005年4月18日,印尼工业与贸易部颁布第06/M–DAG/PER/4/2005号条例,规定只有经批准的进口商才可进口公共汽车离合器、速度控制带、车辆轴承、变速装置和汽缸座身等5种汽车零部件,以及公共汽车底盘和原装或组装汽车。同时,每次进口均须向工贸部提出申请,申请时必须提供进口货物的数量和型号,以及进口货物的分配情况。

(3)关于糖类进口许可问题

2004年9月,印尼工贸部颁布两项糖类进口的法令,规定只有经批准的糖类生产进口商才可进口原糖和精糖,其所进口的原糖和精糖只得自用于糖类生产,不得转手交易。糖类生产进口商所拥有的由进口原糖生产的工业用精糖,只得向糖类产业进行销售和分销,不得在国内市场销售。

印尼政府的糖类进口程序和要求缺乏稳定性和可预计性,加大了中国糖类出口商的经营风险。

(4)关于光盘及光盘生产设备等产品限制进口问题

2005年4月,印尼工贸部出台两项关于光盘及光盘生产设备等产品限制进口的法令,规定进口此类产品的进口商须经相关部门批准,批准条件包括需要多个印尼政府部门的推荐,同时,每次进口光盘及光盘生产设备等产品都须在装载国由印尼政府指定的第三方检验机构进行检验或技术追溯。印尼政府的这一规定增加了中国企业的出口成本。

2. 对进口产品征收歧视性税费

目前,印尼政府仍对冷冻器、加热器、电视机、钓鱼用具等运动用品、空调系统、录音或录像机、收音机、照相摄影器征收10%的奢侈品税;对洗衣机、洗碗机、烘干机、乐器及香水等征收20%的奢侈品税;对轮船、其他水上交通工具、木舟、小船(国家用或公共交通用者除外)、某些运动用品征收30%的奢侈品税;对含酒精15%以下之饮料、皮革及人造皮制品、羊毛地毯、水晶制品、鞋类、陶瓷制品等征收40%奢侈品税;对动物细毛制成的毛毯征收50%的奢侈品税;对含酒精15%以上之饮料、宝石或其混合品及游艇等征收75%的奢侈品税。上述进口产品在印尼市场中占较大比例,征收奢侈品税实质是针对进口产品。由于上述进口产品中,近一半产品涉及中国企业向印尼出口的产品,这一税收措施对中国企业向印尼出口造成了不利影响。

3. 技术性贸易壁垒

在印尼所有的进口药品都要在食品药物监督局进行注册后方可生产或在市场上销售,药品注册分为传统药品注册和化学药品注册,二者注册的程序和要求不同。

化学药品注册申请人应为药品出口国生产商指定的印尼销售代理商或批发商,如果要在印尼进行生产,则由指定的印尼制药工厂提出申请,药品出口国生产商无权申请药品注册,这一规定使出口国生产商丧失了药品注册的权利,不利于保护出口企业的利益。

4. 贸易救济措施

截至2005年,印尼对中国产品发起四起反倾销调查和两起保障措施调查,主要涉及硅锰铁、钢管、碳化钙、扑热息痛、小麦面粉、陶瓷餐具等产品,其中对中国出口的碳化钙、扑热息痛和小麦面粉采取了反倾销措施。2005 年 8 月 17 日,印尼对打火机发起保障措施调查。

2005 年 11 月 11 日起,印尼政府开始对原产于中国的小麦面粉征收9.5%的最终反倾销税,但在此案中,印尼的裁决缺乏事实依据,对中国涉案企业造成伤害。此外,印尼已将面粉进口关税从 5% 提高到了 30%。

2006 年 1 月,印尼政府对陶瓷餐具保障措施案作出最终裁决,决定自 2006 年起,对上述进口产品实施为期 3 年的保障措施。

此外,据部分企业反映,自 2005 年 1 月 1 日起,印尼政府将把被调查产品的进口关税从 5% 提高到 30%,印尼方这种在提高关税的同时又采取贸易救济措施的做法是对其国内产业的不合理的双重保护措施,不利于双边贸易的正常发展。

5. 出口限制措施

2005 年 6 月和 7 月,印尼政府颁布两项法令,限制其国内的混合藤和半成品藤产品从 2005 年 7 月至 2006 年 6 的具体出口数量,同时,印尼政府规定,出口藤须为 4mm 至 16mm 直径,须由经批准的出口商出口上述藤产品,出口商须每三个月申请一次出口数量分配,同时须提供下三个月的出口和国内销售计划,每次出口前须获得独立第三方检验机构出具的技术监督证书,检验费由出口商承担。

上述限制措施不仅加大了中国企业的进口风险,而且还因频繁地出口前检验,增加了中国企业的进口成本。中方对此表示关注。

6. 未充分保护知识产权

中国“同仁堂”、“片仔癀”、“云南白药”、“凤凰自行车”等知名产品商标在印尼屡遭恶意抢注,印尼商标抢注人在取得商标所有权后,经常向印尼当地司法部门或警察部门投诉中国厂家在印尼的合法代理商侵犯其商标权,印尼警察执法时随意逮捕或多次罚款,致使中国许多名优产品退出印尼市场,同时导致印尼国内出现假冒商品,甚至专门从中国进口特制的假冒产品,严重损害中国产品形象和声誉。

(六)投资壁垒

印尼的政府机构办理一家企业开业需要 151 天,虽然苏西洛总统上台后曾允诺要把期限减至30天,但到目前为止收效甚微。

在印尼登记一项财产需要42天,比以前的33天已经有所退步,然而其登记的费用却要占财产额的10.95%,在东南亚地区是最高的。

在印尼若通过司法程序强制执行一项合同过于缓慢,需要570天,缓慢程度在东南亚地区仅次于东帝汶,而执行合同所需要的成本非常高,高达所需执行款项额的126.5%。

另外,外商在投资经营过程中经常要支付许多额外的费用来与印尼政府打交,印尼政府机关办事效率较低,服务意识薄弱,缺乏为外商投资提供服务的意识和便利措施,印尼法制比较混乱,许多领域都缺乏规范,政策透明度不高,司法体系存在腐败现象,通过司法救济方式化解外商投资经营过程中遇到的风险或者纠纷的可能性很小,而且耗费时间、精力与财力。

七、越南

越南是一个以农业为主、工业逐渐发展的东南亚国家,拥有丰富的农作物及矿产资源,越南是连接中国与东南亚的贸易桥梁。在中越两国领导人确定的"长期稳定,面向未来,睦邻友好,全面合作"的方针指引下,两国的经贸交流合作进程如火如荼。

(一)中越经贸关系

2005年中国与越南双边贸易总额为81.9亿美元,同比增长21.6%;其中,中国对越南出口56.4亿美元,同比增长32.5%;自越南进口25.5亿美元,同比增长2.8%;中方顺差30.9亿美元。中国对越南出口的主要产品为矿物燃料、矿物油及其产品,各类机械设备,钢铁及其制品,化肥,棉花,纺织品、服装及辅料,各类车辆等;自越南进口的主要产品为矿物、矿物油及其产品,橡胶及其制品,电机电气、音像设备及其零附件,木及木制品,水果,锅炉、机械器具及零件等。

(二)投资贸易管理

1. 对进出口产品实施分类管理

越南对进出口产品实施分类管理,包括禁止进出口产品、贸易部按照许可证管理的进出口产品和由专业机构管理的进出口产品。

2005 年 10 月 10 日,越南贸易部下文禁止以暂进再出、转口形式经营武器、弹药、爆炸物(除法律特别规定的工业用爆炸物)、军用技术装备、木制品、各类麻醉品(除特别规定外)、野生动物和珍稀动物、有毒化学品、属保护国家机密的各类专用密码和软件、废弃物品(除经批准进口用做国内生产原料外)。

2. 进一步放松对外资的管制

2003 年 3 月 19 日,越南颁布了修订后的《越南外国投资法实施细则》,进一步放松了对外资的管制,内容主要包括:在越外国独资企业可互相进行合作或与外商合作在越南设立新的外资企业;对从事机械、电力、电子零配件生产的外资企业,自投产之日起,5 年免征生产原料、物资、零件进口税;外商以技术转让作价投资的比例由合作各方商定;外资企业可直接招聘越南劳务人员而不再要求通过越南劳务机构推荐等。此外,该细则对特别鼓励、限制、禁止投资领域也作了相应调整。该《实施细则》对限制投资和禁止投资领域规定如下:

(三)限制和禁止性投资领域

1. 只许以合作经营合同方式投资的领域:

合作各方设立公共通信网,提供电信业务服务;

从事国内国际邮件收发业务经营;

新闻出版、广播电视经营。

2. 只许以合作经营合同或合资方式投资的领域:

油气、稀贵矿产开采、加工;

空运、铁路、海运;公共客车运输;

港口、机场建设(BOT,BTO,BT① 等投资项目不在此限),海运、空运业务经营;

文化(科技材料印刷,包装品、货物商标印制,纺织服装、皮革印制,使用微机三维技术加工制作动画片;体育娱乐休闲区投资项目不在

---

① BOT 是英文 Build – Operate – Transfer 的缩写,通常直译为"建设-经营-转让"。

BTO 是英文 Build To Order 的缩写,直译"按单定制"。

BT 是英文 Build Transfer 的缩写,直译"建设—移交"。

此限)；

造林(外国投资者用间接方式以资金、种子、技术、化肥形式出资，通过越南的单位和个人获政府批准交付、出租的生产林和防护林地并按合同包销产品的投资项目不在此限)；

工业炸药生产；

旅游,咨询服务(技术咨询不在此限)。

3. 加工与原料开发捆绑投资的领域：

乳制品生产与加工；

植物油、蔗糖生产；

木材加工(使用进口木材的项目不在此限)。

4. 政府总理特批办理的领域

从事进出口业务、国内营销业务及远海海产品捕捞、开发的投资项目,由政府总理特批办理。

5. 禁止投资领域

对国家安全、国防及公共利益有害的投资项目；

损害越南历史古迹、文化、传统、风俗的投资项目；

损害生态环境的投资项目,处理从国外输入有毒废料投资项目；

生产有毒化学品投资项目,或使用国际条约禁止的毒素之投资项目。

(四)关税制度

2005年6月14日越南国会通过的《越南进出口税法》规定,越南实行三种税率:一是最惠国关税税率,适用于与越南签订双边贸易协议国家的进口产品；二是特惠关税税率,适用于来自与越南实行特惠关税国家的进口产品；三是普通关税税率,比最惠国关税税率高出70%,适用于未与越建立正常贸易关系国家的进口产品。

(五)贸易壁垒

1. 关税高峰

越南财政部2005年10月13日公布的优惠进口税率表修改补充商品目录中不少商品仍保持高关税,如部分瓷砖30%、油漆30%、各种盐50%、教学用品40%、办公用品40%、酒类65%、部分纸40%~

50%、水泥40%、部分空调机50%、手套40%、雨衣40%、皮带40%、部分服装辅料40%。

2. 进口限制

目前,越南部分产品施行数量限制,如糖、水泥与溶渣、烟草,特别是对国内能够生产的普通化学品、化肥、油漆、轮胎、纸、丝绸、陶瓷制品、建筑玻璃、建筑钢材、某些发动机、某些汽车、摩托车、自行车及其部件和船舶等。

3. 出口限制

越南对多数自然资源及其产品征收出口税,其中出口废旧金属的税率高达45%。越南贸易部对全国粮食、大米出口企业实行统一措施。2005年大米出口控制在380万吨,所有大米经营企业必须向越南粮食协会登记大米出口合同。2005年1月25日,越南财政部海关总局颁布文件,暂不受理初级矿产品出口通关手续。2005年8月2日越南工业部下发通知,只允许出口经过加工并达到一定标准的矿石。

4. 对进口产品征收歧视性税费

越南分别于2004年4月29日和2004年8月20日颁布了《反倾销法》和《反补贴法》。《越南进出口税法》规定,对已构成倾销损害的进口商品、有补贴的进口商品和来自对越南商品采取歧视性行为国家的商品,越南将按照法律的有关规定,除征收进口税外,还分别对这些商品增收反倾销税、反补贴税和反歧视税。

5. 政府采购

越南政府在工程招标中规定,投标的外国公司必须同当地企业联合或承诺让当地公司分包;中标的外国公司必须优先选用当地技术人员和工人,外国中标商只能选派少量管理人员和技术工人进行项目管理和指导,并承诺培训当地人员;施工中使用的建材物资和机械须优先在当地购买等。

在越政府采购招标过程中,有关工作极不规范,而且招标后可能随意毁标,决标后签订合同、投标金额也经常不算数。

6. 服务贸易壁垒

(1)证券

外资可以在证券公司购买上市债券,但持有单个股票、基金和债券的最高比例为49%,在外资证券公司和基金管理公司中出资比例也不得超过49%。

(2)法律服务

外国律所提供有关越南法律的咨询,必须雇佣越南律师,或者该律所的外国律师必须获得越南颁发的法律执业证书、越南大学的法学学位以及越南颁发的从事越南法律咨询的合格证书。

此外,越南规定,外国律师以及外国律所雇佣的越南律师不能在越南当地法院参与诉讼程序。

(3)建筑

越南不允许外商跨境提供建筑服务,也不准许外国建筑公司在越南设立分支机构。

在工程承包招标中,越南政府规定:外国公司必须同当地企业联合投标,或承诺分包给当地公司,才允许参加投标;中标的外国公司必须优先选用越南技术人员和工人,外方只能选派少数技术和管理人员参与项目管理;施工中使用的原材料和机械必须优先在当地市场购买等。

(4)通信

外国通信公司不能在越南提供网络基础建设服务。基础电信服务的跨境提供和外资商业存在目前只限于与授权的越南门户运营商签订商业合作合同这一种形式。外资提供增值电信服务目前也只限于与授权的越南合作伙伴签订商业合作合同。

(5)海洋运输

根据规定,越南虽然取消了外国海运公司所属船舶出入境许可证要求,但仍然规定外籍船舶入境时需通过越南的代理商,这样对于进口商而言运费成本仍然很高。此外,外国船舶与国内船舶在靠泊、仓储、引水以及货物装卸等方面的收费仍然存在差别待遇。

7. 未充分保护知识产权

越南知识产权保护力度仍然不够。由于在越南商标注册相对简单,商标侵权事件时有发生,2004年曾发生重庆隆鑫摩托车的商标在越南被恶意抢注事件。

在越南存在侵犯著作权现象,尽管越南在逐步完善著作权保护的相关法律体系,但具体执行环节仍存在很多问题。越南侵犯著作权现象主要集中在计算机软件和音像制品(包括 CD、VCD 以及 DVD 产品)。

8. 投资壁垒

(1)关税调整

越南的进口关税政策经常会随着其产业政策的调整或为保护其国内利益出发而变动,尤其是机电产品散件进口关税变动过于频繁,关税调整增幅过高。

(2)投资准入壁垒

目前,越南政府已将部分投资项目由审批制改为登记制,对审批程序进行了改革,推出了诸如"一个窗口"等简化加速许可程序的措施。但是,这些措施并没有达到很好的效果,许可程序仍然是一个严格、费时的过程。

在矿产资源开采加工领域,实行更为严格的矿产活动许可管理。越南对外商投资一些重要和大型矿产开采项目,如中方正在与越南商谈的多农铝矿和贵沙铁矿项目,只允许以合资方式进行合作,且必须由越方控股。

在汽车和摩托车工业领域,越南政府规定,除产品全部外销的投资项目外,暂停批准外商设立新的汽车和摩托车组装生产项目,而越南内资企业则不受此限制。

在钢铁、水泥、煤炭工业领域,越南规定只允许外商以合资或合作经营方式投资。

越南各级政府对各类投资项目的受理审批时限均有明文规定,一般为 5 到 30 个工作日,但外商抱怨,办理投资项目申请手续烦琐,审批周期长,有的项目申请领照时间长达几个月,甚至半年或更长。

(3)投资经营壁垒

在越南,企业生产和组装的摩托车产量一般由政府核定。2005 年 4 月,越南政府办厅发布第 1854/VPCP—HTQT 号通知,决定取消摩托车整车组装生产企业的整车产量限制,改由市场和企业决定产量。但越南政府仍直接干预企业的生产,规定整车组装厂必须生产车架等20%以上的摩托车零部件,发动机厂必须生产 8 个发动机部件中的1 个。

此外,对电子、汽车、蔗糖、乳品、职业、木材等产业的加工生产仍然规定了国产化比例要求。

根据规定,越南企业(包括国有企业和外商投资企业)聘用外国劳务比例不得超过企业现有总人数的 3%,最多不能超过 50 人。对外国代表处和分支机构无此类人数限制,但是雇用外国劳务需获得人民委员会主席批准。

八、柬埔寨

柬埔寨是传统农业国,农业在国民经济中占主要地位,工业基础薄弱,属世界上最不发达国家之一,生活在贫困线以下的人口 28%。矿藏主要有金、磷酸盐、宝石和石油,还有少量铁、煤、铅、锰、石灰石、银、钨、铜、锌、锡。林业、渔业、畜牧业资源丰富。柬埔寨洞里萨湖是世界上著名的天然淡水渔场,也是东南亚最大的渔场,素有“鱼湖”之称。西南沿海也是重要渔场,多产鱼虾。

(一)中柬经贸关系

我国近年对柬主要出口的商品有:纺织品、机电产品、钢材、服装、电视机、纺织机械、家用陶瓷器皿、医药品、摩托车及自行车零件等;从柬进口的主要商品是:胶合板、天然橡胶、板材等。现在,春兰集团、中国电力技术进出口公司、中国农垦(集团)总公司等一些大企业在柬有投资项目。

近年来,中国政府积极推行和实施“走出去”战略,推动有实力的企业开展以“境外加工贸易”为主要方式的对外投资,发展至今,柬埔寨已成为我国对外开展境外加工贸易投资的重点国别之一。我国企业在柬投资主要集中在森林开采及木材加工、电力、纺织、制衣、建筑材料、工程承包和农业开发等领域。

(二)投资贸易管理

所有商品出口到柬埔寨,都必须取得进口许可证。一般情况下,由国家核准的对外贸易公司负责进口业务。为方便进口商取得进口许可证,出口方不仅需出示形式发票,而且必须递交有关出口商品的样品、目录、说明、计划或图片。形式发票必须包括详细的商品名称和税则编号。许可证有效期限一般为 6 个月。不容许误差。

柬无专门的外商投资法,其吸收外资的法规政策主要体现在《投资法》及其《实施条例》等相关法规和文件中,主要有:

1. 对外资与内资基本给予同等待遇。除柬宪法中有关土地所有权(只允许柬籍公民和法人购买)的规定外,所有的投资者,不分国籍和种族,在法律面前一律平等(基本实现国民待遇)。

2. 柬政府不实行损害投资者财产的国有化政策。

3. 已获批准的投资项目,柬政府不对其产品价格和服务价格进行管制。

4. 不实行外汇管制,允许投资者从银行系统购买外汇转往国外,用以清算其与投资活动有关的财政债务。

(三)鼓励投资领域

柬埔寨王国政府鼓励在如下重点领域投资:先锋产业或高科技工业;能创造就业机会的产业;增加出口的产业;旅游工业;农用工业产品的生产加工工业;基础设施建设及能源生产;发展各省和农村及环保产业以及在依法建立的特别开发区投资。

(四)关税制度

柬埔寨实行开放的自由市场经济政策,经济活动高度自由化。柬埔寨进出口关税较低,在 7% ~ 35% 之间。

由于柬埔寨属于落后国家,美、欧、日等 28 个国家给予柬埔寨普惠制待遇(GSP);对于自柬进口纺织服装产品,美国给予较宽松的配额和减免征收进口关税,欧盟不设限,加拿大给予免征进口关税等优惠措施。

柬埔寨给予投资国普惠制待遇(GSP)。就纺织服装产品而言,给予出口国较宽松的配额、减免增收进口关税、不设限等针对不同国家的具体情况的优惠措施,这吸引了以中国为首的纺织服装出口受限国家和地区来柬投资。在柬的 200 余家纺织服装企业中,80% 以上来自中国。

（五）整体投资软环境较差

1. 对"外国资本家"有抵触情绪

社会普遍存在"外资是来挣柬人钱"的片面认识，人民对"外国资本家"有较大的抵触情绪，工会组织繁多且罢工、示威等活动十分频繁，时常威胁企业正常经营甚至人身、财产安全。

2. "重外援而轻投资"

柬经济发展主要依赖外援和外资，但柬在二者发生冲突时则常会"重援而轻资"，造成在许多投资政策的制定和执行过程中受到"外援"的左右。如：柬政府迫于来自国际援助机构和非政府组织关于保护环境的压力，单方面终止原与所有投资商签订的森林开发和木材加工的长期合作协议，造成在此领域投资的企业经营活动全面停滞；再如：柬政府迫于美国和国际劳工组织对劳工权力问题的压力，其制定的劳工政策和在处理劳资纠纷的过程中，往往重劳工权益的保护而轻资方合法权益的保护。

3. 法律、司法对外资保护不力

"无法可依"、"有法不依"、"执法不严"、"违法不究"甚至"钱大于法"的现象比较普遍。

柬现行的法律因历史原因适用不同时代不同法系的法律且刑、商法混用，十分不利外商掌握和使用，人身安全也因此面临威胁，广大投资者迫切要求柬国家尽快建立商业法庭，以摆脱刑事制裁对商人的威胁。

柬法院法官素质不高，时有贪赃枉法的现象出现，投资者和广大人民都不信任法院，认为"权大于法、钱大于法"。

尽管柬埔寨是关于国际仲裁的《纽约公约》的成员国，国际仲裁从公约条文上可要求柬法院给予执行，但实际操作中此类要求将会面临各种各样的困难和问题。因此，在柬最好不要发生纠纷，尤其是外国投资者更不要发生纠纷。

九、老挝

老挝地处中南半岛北部，森林资源丰富，盛产珍贵木材。中老两国是山水相连的友好邻邦,近年来两国友好合作关系全面深入发展,进入历史最好的发展时期。老挝正在建立国家宏观调控下的市场经济体制,允许和鼓励多种经济成分的存在和发展,加快经济机制转换,这为中国企业投资老挝提供了政策上的保证。

（一）老中经贸关系

近年来,老中两国经贸合作关系取得了突出进展,合作前景十分广阔。特别是在诸如大湄公河次区域经济合作框架等地区性多边合作机制下,老中合作将更加高效和务实。

今后几年,随着中国对老挝援助、投资合作的发展,中老经贸将继续保持健康、协调增长的趋势。

（二）投资贸易管理

外国在老挝投资须通过投资管理局"一站式"的审批,投资局有义务负责审查与投资相关的可行性研究报告及其他文件,向投资委提出项目意见,并按政府的计划和法定程序直接代表政府和外国投资者签订合同;所有相关申请投资文件的收发、审批及向有关部门申请各种执照等须通过投资局办理;投资委有权召集其他政府各部门及有关省市来共同商议、审批投资项目。

（三）老挝优先发展的领域

目前,老挝政府在下列领域鼓励外商投资:

1. 农业

在老挝,农业领域的投资机会最大。老挝只有 550 万人口,却拥有 23 万多平方千米的国土面积,而且土地肥沃,自然资源丰富,森林面积占国土面积的 47%。关于农业,老挝希望在农产品加工、茶叶、甘蔗制糖、养殖等方面与国外企业加强合作,既吸纳资金,又引进技术。

2. 电力

老挝政府非常鼓励外商在老挝投资兴建水电站。目前,老挝正在着手建立一个大型水力发电站,估计总投资额在 10 亿美元以上。

3. 矿产

老挝有多种矿产资源,如蓝宝石、煤矿、铁矿、铅矿、石膏等。目前,老挝正在对南部的石油和天然气进行勘察。

4. 通信

从 1993 年以来,老挝就已经拥有与外界联系的先进电话网络系统,卫星信号地面发射站的成功建立使老挝可直接与美国、法国、澳大利亚等国直接接通信号。

(四)关税政策

老挝进口关税最高为 40%,主要为农产品、高档消费品和小汽车等,最低为 5%,外国投资企业进口原材料和设备优惠关税为 1%(现已取消)。

(五)投资环境有待进一步改善

老挝自然资源丰富,中国有资金、技术、市场、产品,双方可利用各自优势,加强在农业、林业、矿产、水利、电力等方面的互利合作。只要中国投资者擦亮眼睛,在老挝就能找到闪亮的金子。

从目前来说,老挝投资环境中还存在很多问题,有待进一步改善。

1. 基础设施比较薄弱

目前,老挝的基础设施还比较薄弱,满足不了其社会经济发展的需求。老挝的运输主要以陆路运输为主,空运和航运还受限制,尚无铁路,致使运费偏高,增大了生产成本。

2. 市场体系不完善

由于老挝人口少,市场小,全国尚未建立完善的市场体系,且市场主要集中在城市,农村主要是自给自足的农业生产,商品、货币几乎都在经济体系外流通。另外,老挝的金融市场、劳务市场也仅在城市地区刚刚起步。

3. 外债逐年增加

老挝每年 GDP 的约 90% 被用于消费开支,因而积累较少。其国民经济发展必须依赖大量的外援(包括贷款、无偿援助)以及外国直接投资(FID),政府预算赤字较大,外债逐年增加,这是制约老挝发展的根本障碍。

4. 外汇奇缺

老挝的外汇来源十分有限,商品出口还未占进口的一半,外贸逆差巨大。由于外汇流出大于流入,致使老挝每年外汇奇缺,每年偿还具有较高风险的外债,无疑影响了经济的稳定。

5. 缺乏高素质的劳务人员

老挝与周边国家相比,还缺乏高水平、高素质的劳务人员,全国有知识、有技术、守纪律的员工约 8 万人。在老挝,近80%的劳务人员主要集中在农业部门工作,3.8%的人员在工业部门就业,其余的在服务业就业。高水平、高素质的劳务人员的匮乏严重制约了老挝经济的发展。

6. 缺乏各种研究机构

老挝与区域内其他发展中国家相比,还缺乏各种研究机构。新兴工业国家的经验表明:经济社会的发展是基于采用了世界的先进技术,这其中大部分是来源于各个科研所、各大学研究院的科研成果。老挝的科研所长期以来一直未得到重视,具体表现在用于研究开发部门的预算费用非常少。

十、缅甸

缅甸位于亚洲中南部半岛西北部,是东南亚大陆面积最大的国家。农业是缅甸国民经济的基础。缅甸是世界上柚木产量最大的国家,缅甸将柚木视为国树,被称为"树木之王"、"缅甸之宝",同时,缅甸盛产的玉石和宝石在世界上也享有盛誉。因有着丰富的自然资源,世界银行将缅甸称作"亚洲最为丰富的生物资源库"。

(一)中缅经贸关系

近年来,中国和缅甸双边经贸合作出现了较快增长,2007 年又取得了新的进展。据缅甸官方不完全统计,中国今年至少能成为缅甸第二大贸易伙伴。

中国对缅甸出口的商品以加工制成品为主,主要有纺织品、钢材、成品油等;中国从缅甸进口的商品以初级产品为主,主要有原木、天然橡胶和纸浆等。

中国与缅甸历来在经济上有着高度互补性,缅甸有丰富的资源,中国有先进的技术和完备的产业;在双方共同努力下,近年来中缅睦邻友好合作关系不断发展,两国经贸合作也不断取得新的进展。

（二）投资贸易管理

缅甸联邦投资委员会（MIC）是缅外资管理机构。该委员会由 18 位部长组成，主席由副总理担任。《缅甸联邦外国投资法》和《缅甸公民投资法》有关条款均由 MIC 批准实施或执行。联合秘书负责投资和公司管理指导委员会（DICA）的日常事务。

（三）鼓励和限制的投资领域

1. 鼓励投资的领域

缅甸欢迎外国在 8 个领域投资，即农业、畜牧水产业、加工制造业、能源、矿业、服务业、交通运输和房地产业。缅甸鼓励综合开发、一条龙开发和加工出口。

2. 禁止投资的领域

缅甸不许外资进入珠宝玉石的开采、加工等行业。1996 年缅甸政府放开投资政策，允许私人开采玉石，但玉石场由政府控制招标，中标者和当地政府签订开采合同，享有 3 年的开采权。

3. 禁止贸易领域

缅甸是东盟各国中较为封闭，经济发展较为缓慢的国家之一。因此，缅甸对外贸易政策中关于禁止性贸易的规定在东盟后发经济国家中是较典型的。目前缅甸禁止性贸易商品包括禁止通过边贸口岸进口的 15 种商品，禁止通过边贸口岸出口的 32 种商品，禁止通过正常贸易渠道出口的 31 种商品。

（四）关税制度

缅甸关税分为进口税、特许税和出口税。其中进口税由 24 个税率组成，税率范围为 0 ~ 40%；出大米及其制品，豆类及其他作物、油籽饼、生皮和皮、竹等商品外，一般商品出口不计税；边境出口税为 0 ~ 15%。

（五）整体投资环境比较差

缅甸为吸引外资制定了一系列的优惠政策，但是要看到缅甸整体投资环境仍然比较差，存在较大的风险，我国企业如果考虑到缅甸投资，需要十分慎重。

1. 基础设施落后

缅甸交通设施落后,电力短缺严重,仅有15%的人口能用上电;因经常停电,使工厂大多开工不足。全国通讯设施落后,每200人只有一部电话,大部分农村地区连一部可供与外界联系的电话都没有。

2. 政局动荡

军政府管理下的政局稳定性不足,军人集团内部存在矛盾,民盟等反政府力量又难以妥协,缅甸向民主宪政过渡的路途遥远,有可能出现新的政治动荡;民族矛盾由来已久且错综复杂,实现民族和解任重道远,加上缺少宪政体制来保障各方利益,政府与其他派别军事力量在局部地区存在发生军事冲突的可能性;近年来,仰光等地爆炸事件经常发生。

3. 政策多变

缅甸有关贸易投资法令延续性不足,常随着行政调整而改变,且不能及时通知外商或给予其缓冲时间。

4. 汇兑限制

现行通过外汇券兑换缅元的手续相当不便,且外汇券价值较美元低,企业必须承担汇兑损失。

5. 政府腐败

2007年位于德国的"透明国际"组织发布了一年一度的各国清廉程度排名。缅甸被排列在倒数第一位。这个组织邀请一批社会学家和经济界专家对180个国家的经济活动行为人的清廉度进行了综合打分,满分为10分,排列倒数第一的缅甸只得到了1.4分。

另外,缅甸的法律法规不健全,对外资不能实行国民待遇;金融服务落后,银行融资困难;官方汇率和自由市场汇率严重背离等问题都会给投资者带来很大的风险,有投资意向的我国企业应谨慎小心。

第三章 广东与东盟产业合作

第一节 广东与东盟各成员国产业
结构现状及特点

一、广东产业结构现状及特点

经过30年的发展,广东依靠毗邻港澳的区位优势,实现了区域经济的较快增长,成为世界上最大的工业制造中心之一。目前,广东工业门类较齐全,基础工业力量较雄厚,尤其在科技领域,已形成全国最大的高新技术产业带,成为世界级电子、电器产品的制造基地。近年来,以建立现代产业体系为主攻方向,尤其珠三角地区已形成了较为完备的现代产业体系和较强的辐射带动能力,电子信息、电器机械、石油化工等产业具有较高的竞争优势。

但是,广东正面临着经济结构不够合理,自主创新能力不强,能源资源约束趋紧,环境保护压力增大,发展成本持续上升,区域发展不平衡等等发展难题。现在的广东正处于产业结构升级转型的关键时期,广东必须解决劳动密集型制造业过多的问题,尽快将发达地区珠三角过剩的劳动密集型产业转移出去,向先进制造业和现代服务业转型,实现经济增长方式转变。

劳工成本、土地成本不断上升,原材料价格高涨,资源能源匮乏,环境污染加大等问题,日本在20世纪60年代、中国台湾和中国香港在20世纪80年代都经历过。出现这些问题的原因,是因为制造业的初、中级阶段,是对能源消耗最多、也是对环境压力最大的阶段。广东目前就处于这种状况。这些问题，只有通过产业升级来解决。其中的一种方式就是把现有产业中不符合低污染、低能耗、高附加值、高技术等标准的产业外迁，通过外迁之后，才能把本地的生产空间腾出来，让符合上述标准的产业生长起来。

近年来，为转变经济增长方式，广东调整了产业发展政策，以适度发展重化工业，提高技术密集产业比重为主导，并把信息产业作为经济、科技规划中重点发展的支柱产业和优势产业。为加快建设现代产业体系，提出构建以现代服务业和先进制造业为核心的包括高新技术产业、优势传统产业、现代农业、基础产业等 6 大产业，力图使广东走上可持续发展和科学发展道路。

二、东盟各成员国产业结构现状及特点

伴随着国内工业化的迅速发展，印尼、马来西亚、菲律宾、新加坡和泰国五个老东盟国家农业的地位不断下降，均已成为各国最小的产业部门；工业（尤其是制造业）在国民经济中的产值和就业比重均迅速提高。尽管各国的工业内部结构不尽相同，但制造业在各国国民经济中的地位不断提高。在制造业内部，传统制造业行业的地位总体日益下降，新兴制造业行业迅速发展。近年来，老东盟各国的电子信息工业、石油化学工业、汽车工业等部门行业发展较快，并成为其中一些国家制造业的主导或支柱行业。

由于这些国家拥有丰富的农业资源、森林资源和矿产资源，各国根据资源禀赋程度的不同采取了不同的资源加工型产业发展方式，如泰国、马来西亚和印尼的农产品加工业、橡胶工业、造纸工业等行业发展较快。

这些国家的劳动力资源十分丰富，工资成本较低，教育程度相对较高，使得这些国家成为跨国公司的国际产业转移的重要地区之一。跨国公司利用当地的劳动力资源优势，将成熟的生产技术和工艺流程转移到这些国家，建立起了大量劳动密集型产业，也建立起了部分技术密集型产业。

伴随着老东盟五国工业化和城市化的进程，服务业在各国国民经

济中的产值和就业比重趋于上升。由于历史因素,各国的服务业部门发展不平衡。如新加坡经济高度依赖转口贸易,服务业部门一直占较高比重。马来西亚、泰国的服务业部门也相对较发达。在各国的服务业内部,传统服务业的比重逐步下降,现代服务业的比重日益提高。它主要表现在:由于各国放宽了对金融业的管制,实施国内金融制度改革,大力发展国内金融市场,并采用了先进技术设备,大大提高了金融效率,使得金融部门的产值在服务业部门中的比重不断上升;各国旅游业的持续发展,成为服务业部门发展最快的行业,为这些国家带来了可观的外汇收入;近年来,各国的国际服务贸易也迅速发展,菲律宾、泰国是亚洲重要的劳务输出国,每年汇回巨额的外汇收入。但从总体看,东盟老五国的现代服务业比重仍偏低。目前,除新加坡外,其他国家现代服务业部门发展仍较为缓慢,现代化的信息、物流、科技和文化等部门并未真正形成。①

文莱是东南亚第三大石油生产国和世界第四大液化天然气生产国。其经济主要依靠天然气和石油的生产和出口,两大产业约占国内生产总值的近六成和出口总收入的九成多;其次是建筑业、服装业和旅游业。文莱正在进行经济结构调整,把实现经济多样化作为其可持续发展战略的核心,重点发展建筑业、旅游业、纺织业、信息业和工业,加强交通与通信基础设施建设,增加研究领域和国家发展的投资,以推动经济可持续发展。

越南、老挝、柬埔寨和缅甸四个新东盟国家均属于传统农业国,工业水平落后,工业体系不健全。除越南外,其他三国工业基础都十分薄弱。

越南正处于快速工业化的初级阶段,是目前东盟国家中唯一可以跟中国大陆相抗衡的国家。其经济增长率已经连续几年保持在8%左右的高水平,是东南亚地区增长最快的一个。自1986年推行革新开放政策以来,越南一直被外国投资者所关注,中国的台湾、新加坡、韩国、

---

① 王勤:《东盟五国产业结构的演变及其国际比较》,《东南亚研究》2006年第6期。

泰国、马来西亚、美国和欧洲的资本掀起一波波的投资热潮。尤其近年来,随着中国劳动力成本的大幅度提升,环境和自然资源等瓶颈日益突出,使许多原本在中国投资的外国企业将眼光转向越南,中国资本也开始加快在越南的投资步伐。在大量外资的带动下,越南经济已经步入快车道,有可能成为未来全球劳动密集型产品出口的主要加工基地。

老挝是东盟地区唯一的内陆国家,也是东盟地区最为贫穷落后的两个农业国之一。一个典型传统农业国,综合国力弱。自然经济、半自然经济约占国内生产总值的八成。农业在国民经济中占据主导地位,工业基础薄弱,服务业发展缓慢。其工业是以手工业为主,服务业则以个体商贩和餐饮为主,现代意义上的工业和服务业企业很少。近年来重点发展的行业有:建材工业、食品工业、木材加工业、造纸业和服装工业。

柬埔寨是东盟地区最为贫穷落后的两个农业国之一,长期受战争影响,政局动荡。其经济发展水平比较低,农业生产落后,工业基础极其薄弱,除少量农产品(粮食、热带水果等)外,市场主要生产资料和生活用品都依靠进口。近年来,该国积极引进外资发展纺织业、建筑业和建材业。

缅甸是传统农业国,经济主要靠农业生产,其加工制造业非常落后,日用工业品十分短缺。为促进经济发展,从 20 世纪 90 年代初开始,缅甸政府加大开发资源力度,通过吸引外国投资者开发发展石油、天然气与矿业、工业与制造业、建筑业与房地产业、饭店与旅游业、农业与畜牧业、交通与通信业、其他服务业等。其中,占投资比例最多的是石油与天然气开发。

总的来看,东盟 10 国无论是在经济规模,产业结构,收入水平还是经济发展阶段上,都存在着相当大的差异。从经济结构上,大体可将其分为三个层次类别。新加坡和文莱属于第一个层次;泰国、马来西亚属于第二个层次;老挝、柬埔寨、缅甸属于第三个层次;印尼、菲律宾、越南兼有第二、第三两个层次的特点。

第二节　中国—东盟自由贸易区的建立,将促使区域内产业重新整合与布局

一、将从产业间分工向产业内分工发展

20世纪90年代起,中国与东盟各国传统的产业间分工逐渐削弱,产业内分工开始形成。中国入世之后,尤其是中国—东盟自由贸易区的建设,将使中国与东盟新的产业分工格局得以发展和深化,进行产业内分工体系的构建。

长期以来,在国际产业转移中,跨国公司在中国和东盟的投资主要均集中在劳动密集型产业或产业价值链的劳动密集环节。广东和东盟各国在承接发达国家产业转移中基本处于同一个产业层次或环节。如跨国公司对东盟国家的投资主要集中在机电设备制造业,与跨国公司在广东的投资结构基本雷同,在一定程度上强化了广东和东盟国家制造业内部产业结构的竞争性。同时,在这些地区的绝大多数的国际直接投资都属于加工贸易型,即广东和东盟国家都处于跨国公司国际生产布局中的加工环节。国际直接投资的同构性,无疑造成广东与东盟各国劳动成本之间的激烈竞争。

中国—东盟自由贸易区的形成,必然推动中国与东盟在各个行业内部加强分工合作,充分发挥各国的优势,实现有序竞争,解决产业结构雷同的问题。实际上,东盟有关国家已经开始在选择自己的优势产业、放弃劣势产业,进行产业结构的调整、换代和升级,并积极寻求产业战略合作伙伴,以达到优劣互补。例如,新加坡已经放弃了对硬盘驱动器组装等劳动密集产业,突出自身在资本密集产业和物流产业上的优势;泰国则在发挥其汽车产业方面的优势,并促进零部件工业的发展;马来西亚继续提高其电子及其元器件的附加价值,向技术产业升级换代;文莱积极改变单一的依靠石油、天然气的局面,努力向旅游、信息、工业等多元化转变,等等。广东尤其珠三角也正以提高技术密集产业比重为主导,把信息产业作为重点发展的支柱产业和优势产业。这将

为广东和东盟各国加强相关行业内部合作提供机会。

二、促使广东与东盟投资合作从单边向双边发展

中国—东盟自由贸易区在投资方面的目标是：在自由贸易区内建立一个自由、便利、透明，具有竞争力的投资体制，以促进区域内的跨国投资。

广东与东盟经济结构的互补性是加强双方投资合作的直接驱动力。我方的纺织品、服装、鞋、食品、谷物、建筑材料、机电、化工产品等具有比较优势；而东盟国家在原木、石油、天然气、煤炭、天然橡胶等资源性产品上具有较大的优势。同时，双方也存在着产业内互相投资的条件。因为广东与东盟各国在自然资源方面有互补性，且地理上的便利使这一互补性能得到有效发挥。如近年我国与泰国在农产品加工业方面的相互投资，就来自于两国的农业资源有互补性；与印尼在林业加工业方面的相互投资也是基于这种互补性的促进，印尼在我国投资速生林的种植以发展造纸业，我国在印尼投资林业以发展家具生产。随着中国和东盟国家的经济发展，双方对对方的初级产品，特别是工业原料的需求还会进一步扩大。广东可利用这一机会积极与东盟相关国家加强合作，加快走向国际步伐。

随着双边投资促进机制和相关措施的逐渐落实，广东与东盟各国间的双向投资存在很大的增长空间与发展潜力，双向投资机会将进一步增多，双向投资领域将会进一步扩大。体现在：一方面，中国—东盟自由贸易区的搭建，将为广东企业提供大量廉价矿产、丰富能源资源和广阔市场，既能为广东制造业向东盟转移产能和劳动力提供了广阔想象空间，也将为广东品牌的国际化战略提供练兵的机会。另一方面，新加坡、马来西亚、泰国等经济水平比较高的东盟国家，在机电设备、汽车、电子元器件、饲料、工程机械、娱乐、食品加工、电力、餐饮、旅游等行业拥有相对富余的资金，加上其政府采取财务、融资便利等措施协助企业向外发展，这些国家未来的对华投资将会有较大幅度的增长。这也为广东经济较落后地区引进资金和技术带来一定机会。

三、高新技术产业将是未来经济发展水平较高国家和地区共同发展的重点

在近年世界经济结构的调整中,以信息通信产业为核心的新技术经济仍然是极为活跃的部分。随着国际产业结构调整,广东和东盟都面临产业结构升级的挑战,从发展趋势来看,广东和东盟部分经济发展水平较高的国家都必将发展高新技术产业作为本地产业发展的重点。

由于资金、技术、人才等方面的巨大差异,广东与东盟国家的高新技术发展水平也参差不齐。各自在世界新技术经济产业发展方面处于不同的位置。如新加坡的资讯产值及产业成熟度方面都领先于其他东盟国家,而广东与马来西亚和泰国大致处于相同发展阶段。

广东近年来十分重视高新技术产业的发展,信息产业已成为广东的先导产业、支柱产业和基础产业,已具备了基本的发展规模和快速发展的产业基础。在冶金、电子、机械、化工、能源开发、环保和医疗保健等基础领域的研究开发方面,广东与东盟国家相比有明显优势。但在高技术产品出口的市场占有率方面,广东依然落后于新加坡,与马来西亚也有些差距。高技术产品出口体现一国(地区)核心技术的竞争能力。

为提升国际竞争力,发展高新技术产业是各国未来发展战略的共同方向和目标。

第三节 我国与东盟产业合作进展及与发达国家及地区对东盟的产业合作比较

近年来,随着中国—东盟自贸区建设步伐的加快,中国与东盟相互投资不断扩大。截至 2008 年底,中国与东盟双向投资额接近 600 亿美元。其中,东盟国家来华实际投资达 520 亿美元,占我国吸引外资的6.08%。而中国对东盟的投资也出现了快速增长态势,2008 年我国对

东盟直接投资达 21.8 亿美元,同比增长 125% ,①已有越来越多的中国企业把东盟国家作为主要投资目的地。随着《投资协议》的签署和实施,中国与东盟之间的相互投资必将进入新的发展阶段。

一、东盟主要国家对我国投资的主要地区和领域

东盟国家对我国投资较多的是新加坡、泰国和马来西亚,其次是印尼、菲律宾。投资领域从早期的农产品加工、纺织、服装、玩具、建筑材料、房地产开发、饭店到近年来的基础设施、医药卫生、机械制造、金融、电力和海运等行业。

新加坡在中国的投资早期主要集中在东南沿海的江苏、上海、福建和广东等省市,并逐步向中国西部扩展。其对中国投资的主要领域有:第一,高科技产业和环保产业。这些是新加坡的强项。投资方式中最大的特色就是与中方合作进行工业园建设。这样的投资有助于新兴产业与高新技术的转移。由新加坡投资已建、在建和拟建的工业园区有苏州、重庆、无锡、成都、威海、潍坊、天津、广州等。其中大型综合园区有苏州工业园区,这是第一代的新加坡工业园区,主要招引外资设立家用电器、微型电子、电脑以及其外围设备、电讯器材的企业。天津生态城是第二代的新加坡生态园区,是改善环境、建设生态文明的战略性合作项目,突出生态环保、节能宜居、自然和谐的特点,尤其在生态社区建设和管理方面,将给中国未来的城市发展提供全新的模式。广州知识城是第三代的新加坡新型综合性园区,是产业跟研究相结合的大型高端合作项目,除产业和生态外,将注入更多的科技和知识含量。新加坡在中国西部地区的投资主要集中在云南、四川、陕西及重庆四个省市,投资多集中于电子制造业、生物医药等高科技产业。第二,基础设施建设。两国间的重要合作项目有大连、广州、福州港集装箱码头等。第三,服务业。包括航空、海运、金融、法律、教育、保险等行业。此外,还投资于农产品生产加工、机械制造、电力等。

马来西亚和泰国对我国投资的领域主要集中在橡胶、食品、化妆

---

① 中国—东盟自贸区《投资协议》签署,商务部新闻办公室 2009 年 8 月 15 日。

品、家具、饲料、机械制造以及能源开采、交通等行业。其中,马来西亚对我国投资最多的企业为"金狮集团",投资范围涉及商业零售、啤酒、钢铁等领域行业,多为生产型企业。泰国对我国投资的项目以农产品综合经营和银行业的投资最为突出,正大卜蜂集团、顺和成集团、波·乍仑攀集团等泰国最为著名的农商集团在我国都有较大规模和范围的投资。

印尼和菲律宾对我国投资主要集中在土地成片开发。如印尼对我国沿海的投资最大的项目是林浆纸一体化。

二、我国对东盟投资主要领域和地区

近年来,我国对东盟的直接投资以每年 60% 以上的速度增长,东盟已成为我国企业在海外投资的第三大目的地。我国对东盟的投资和产业转移主要体现在:

第一,加强农业合作。这是双方产业合作的重要组成部分。2002年以来,中国与东盟秘书处分别签署并续签了《农业合作谅解备忘录》,2008 年,农业部启动了"中国—东盟农业合作中长期规划"工作,推动了中国与东盟农业合作的深入发展。近年来,农业部根据东盟国家农业发展的现状和特点,为其举办了一系列农业技术培训班和农业技术交流活动,并选择有条件的国家开展境外试验示范项目。由于合作项目符合东盟国家农业发展重点,得到了项目合作国家的大力支持。如:在菲律宾开展的中菲农业技术中心杂交水稻示范项目,有力地促进了菲律宾的水稻生产;而越南政府给予"中越饲料设备示范项目"配套约 400 万元人民币,加快了项目的实施进度,并在原有基础上,使项目内容得到了扩充和发展。同时,已成功举办了两届的东盟及中日韩果品企业家圆桌会议,从最初的双边合作扩展到区域合作。

第二,投资加工生产型企业。即在东盟国家投资加工、装配和生产性的小型项目,特别是投资东盟国家的农产品加工业。我国西南地区许多农产品加工企业纷纷到越南直接投资建厂或办企业。如我国饲料业巨头、民营企业新希望集团在越南成立"越南新希望有限公司",利用当地的市场和农业、人力资源结合中方的技术和地缘优势投资生产

饲料,在与泰国卜蜂、美国加积、法国鹤牌等企业的竞争中得到壮大。广东的企业则主要在东盟国家的木材加工、生产木材制品(主要是家具)与水产品加工等方面与其进行投资生产合作。

第三,投资开发能源矿产等资源。如 2002 年 1 月中国海洋石油总公司出资 5.85 亿美元收购了西班牙石油公司 Repsol—YPF 公司旗下的印尼石油以及天然气资产,使中国海洋石油总公司成为印尼最重要的能源厂家,为中国石油和中国石化等大型企业进入印尼市场打开了局面。

第四,投资制造业生产。在泰国,我国已经成为泰国重要的"投资者",近十年来累计投资已达到 30 亿美元,其中投资于机械制造业和生产型企业超过 200 个,投资总额突破 10 亿美元;在越南,由我国整车制造或者用我国零部件生产的摩托车已占据 70% 的市场份额;在印尼,我国摩托车的市场份额也正在迅速增长。同时,我国对东盟直接投资的大多数资金投向了东盟的四个新成员国越南、老挝、柬埔寨和缅甸,投资的主要部分是劳动密集型制造业。

第五,转移电子家电产业。如海尔、TCL 已通过在印尼、马来西亚、越南和菲律宾建厂而在东盟有了立足点。TCL 于 2000 年就开始在越南设厂生产彩电;深圳华为进入泰国市场不到两年就承揽到泰国移动智能网工程和全国骨干光纤高科技项目;青岛海信在印尼投资 100 万美元合资建设电视机厂。春兰近年来在菲律宾等国建起了空调组装线,还将在柬埔寨等国新建空调组装线。四川长虹把长虹电器打入印尼市场,一度赢得印尼彩电市场约 3% ~ 4% 的份额,并投资 150 万美元在印尼建成了总占地 1 万平方米的长虹公司印尼彩电装配厂,日生产彩电能力为 800 台。长虹还实施了本地化生产的经营战略,打算以印尼为基地,将其产品逐步辐射到东盟其他国家。创维集团瞄准东盟处于模拟电视向数字电视过渡期的时机,及时将液晶电视、大屏幕电视出口到印尼等市场,甩掉了"便宜货"的帽子。其自行研发的"创维牌"高端电视也已开始出口。

第六,投资高科技产业。我国正在新加坡建立高科技创业中心,鼓励国内的风险高、成长性好的中小高科技企业进入新加坡市场,利用其良好的创业环境降低我国高科技企业创业成本。过去几年,对新加坡的投资主要是我国的大企业,如中国远洋运输公司、中国石油等,主要是利用新加坡的地理优势,作为进一步促进出口的枢纽而投资。

第七,承建基础设施项目。东盟国家已经是中国重要的承包工程、劳务合作市场。中国企业建设了一批质量好、规模大、技术含量高的项目,在当地赢得了良好声誉。如中国建筑工程总公司南洋分公司和上海隧道工程股份有限公司已在新加坡颇具影响;中国企业在泰国承包业务已走上良性发展轨道;中国公司在马来西亚承建的槟城水坝、巴贡水电站、古晋燃煤电站等项目得到了当地业主的信赖和好评;天津国际经济技术合作公司、中国路桥(集团)总公司、中国地质工程公司、中国水利水电建设集团公司等已在老挝承包工程市场占据一席之地;中资公司在柬埔寨和缅甸也承揽了较多的大型项目,打开了当地承包工程市场。同时,自 2002 年建立中国—东盟交通部长会议机制以来,已实施了一批交通基础设施合作建设项目,开辟了多条海、陆、空运输线路。在 2008 年召开的第七次部长会议上,双方又通过了中国—东盟未来10 年到 15 年交通合作战略规划。规划中的"四纵三横"七大运输通道,涉及海陆空约 90 个基础设施建设项目,连接中国与东盟 10 国主要城市和工农业生产基地。[①]

三、广东与广西、云南和中国台湾及韩国、日本等发达国家对东盟的产业合作比较

(一)广东

依托中国—东盟合作这一重要平台,按照"合作共赢、资源共享"的原则,广东与东盟相关国家已逐步建立起多种合作交流渠道,积极推进与东盟在资源开发、工程承包、投资办厂等方面的深度合作。

随着广东对外开放进一步发展,东盟国家不断增加在广东投资合作。据统计,从 1979 年至 2008 年,新加坡、泰国、菲律宾、马来西亚、印

---

① 李欣广:《中国与东盟经济双向开放中的产业转移》,《东南亚纵横》2007 年 10 期至 12 期;《中国与东盟各领域合作情况》,《人民日报》2009 年 4 月 10 日。

度尼西亚和文莱在广东共签订投资协议（合同）数 3988 个，投资协议金额 129.3602 亿美元，实际投资 74.4245 亿美元。①

自 20 世纪 90 年代开始，广东对东盟国家直接投资逐步加快，截至 2008 年 5 月底，广东对东盟协议投资累计达 10.6 亿美元，设立非金融类企业 141 家，其中投资超过 10 个企业的有泰国、越南、新加坡、柬埔寨、印度尼西亚、马来西亚 6 个国家②。项目主要涉及电子、通信、机械设备、资源开发等多个领域。

进入 21 世纪以来，广东不断加强与东盟国家间的机电产品合作与交流。通过开展科技交流与合作研究、建立境外机电产品示范基地和科技信息网络、举办机电产品会展等形式，推动广东对东盟国家输出适用技术和产品以及引进其先进适用技术和种质资源，取得显著成效。如从 1998 年起开始开拓印尼市场的中兴通信公司，现已发展成印尼家喻户晓的企业。2000 年 TCL 在越南设立了第一个境外加工厂，此后美的、格力等知名家电企业也陆续在东盟设立了境外生产基地，珠海中富等轻工、建材、纺织等传统优势产业也加快向东盟投资步伐。同时，广东的一些新兴的高新技术企业已快速地进行了产业转移。如深圳华为技术有限公司早在 2001 年 4 月就在马来西亚设立分公司即亚太区域总部，同年 7 月加入其多媒体走廊——MSC，现已成为马来西亚 5 大电信运营商的主流供应商；不久前还承揽到泰国的移动智能网工程和全国骨干光纤高科技项目。

尤其是中国—东盟自由贸易区协议实施以来，广东积极利用双方在自然资源方面的互补性，不断增强与东盟有关国家在制造产业方面的合作。

资源开发合作方面实现突破性进展。与东盟有关国家合作开发资源逐渐成为广东对外投资合作的新热点。如省农垦集团先后与泰国、越南、马来西亚等国建立天然橡胶种植与加工基地，规划年产量达 50 万吨，配套收购橡胶加工厂年产能超过 30 万吨。

---

① 据《广东统计年鉴》（2009）相关数据计算。
② 卢小平：《广东：走进东盟觅商机》，《大经贸》2008 年第 7 期。

投资合作方式不断创新、领域不断扩大。广东对东盟投资从直接投资为主向重组兼并、股权置换、收购、参股等多种投资方式发展;投资领域从传统的商品贸易向建立境外生产基地、开展境外资源合作以及设立境外研发机构和营销网络等方向发展。同时,引导企业探索在境外建设经济贸易合作区,开展集群式投资发展。如由深圳市中航集团、中深国际公司等10家企业联合组建的投资公司,在越南投资建设"越南—中国(深圳)经济贸易合作区"。

总体上看,目前广东在东盟的投资还相对较少,且多是劳务、工程方面的项目。广东"走出去"业务发展质量和效益并不高,而且承包工程、劳务合作和对外投资业务主要集中在产业链低端的、利润较低的领域。

(二)广西

广西地处华南、西南和东盟三大经济圈结合部,是我国与东盟之间唯一既有陆地接壤又有海上通道的区域,同时又是中国—东盟博览会承办地,也是中国参与大湄公河次区域经济合作及泛北部湾经济合作的主要省区。

近几年来,广西全力推进与东盟10国的开放合作,与有关国家签署了一系列贸易、农业、旅游、文化、交流与合作协议,不断加大对东盟的市场开拓和投资力度,取得较大成效。据统计,2004年至2008年,东盟国家在广西的实际投资额增长了4.38倍,广西往东盟的协议投资额增长了26倍[①]。

在农业方面,广西与东盟国家合作比较广泛和深入,已经取得重要成果。据统计,2005年至2007年,广西各地共引进东盟国家农业招商项目396个,总投资额161.08亿元人民币[②]。如泰国的糖业公司与广西崇左市合作建立了东亚糖业集团,为广西糖业重组作出了贡献。新加坡威尔玛公司与广西防城港共同投资组建防城港大海粮油工业有限

---

① 《广西促进泛珠区域对接东盟合作取得良好效果》,《新华网广西频道》2009年6月10日。

② 《广西与东盟农业合作取得重要成果》,《广西新闻网》2009年9月16日。

公司。广西与泰国、越南、菲律宾、马来西亚和新加坡等国在热带经济作物和水稻优质品种引进、选育和推广、鱼类病害防治技术等方面已广泛开展交流与合作。广西与越南、老挝等国农业部门签署了双边农业合作备忘录,与菲律宾建立了农业战略合作伙伴关系,广西农业部门到越南、柬埔寨、老挝、印尼、菲律宾、马来西亚等国参与承担各种农业项目的规划和建设。相继与越南等东盟国家就农业开发、农业技术交流、农产品贸易及技术培训等方面达成并签订合作协议,其中一些项目已全面启动。

目前,广西的杂交水稻已在越南大面积推广种植。具有广西特色的先进农业技术如水稻免耕抛秧和奶牛培育等也已通过技术培训等多种方式逐渐加大向越南、印尼、菲律宾等东盟国家的输出。广西与老挝的农业科技合作,除向老挝提供优良的农作物品种、种子、种苗外,还派出农业专家到老挝,在当地建立水果、蔬菜试验、示范、推广基地,为老挝培训技术人员,指导当地农业生产。如广西华亚金桥公司承担老挝果蔬新品种试种基地项目建设;广西农业职业技术学院在老挝、越南、印尼、缅甸等国家已经建立了种子繁育基地,与当地企业开展了良好的合作;广西蚕业技术推广总站与老挝合作发展桑蚕业并派出专家赴老挝进行技术指导和建立桑树苗圃基地。2009 年 5 月,广西开始携手国内大型科技企业同方股份有限公司,合力打造"中国—东盟现代农业科技合作园区"。

在旅游业方面,广西通过和东盟 10 国开展全面的旅游对接,在旅游交通合作、旅游信息合作、旅游机构合作、旅游便利化合作、旅游危机处理合作、旅游宣传促销合作等方面取得了显著成效。

在开展科技合作与技术交流方面,广西有关部门通过建立境外科技示范基地和科技信息网络、举办科技会展等形式,推动广西与东盟国家相互输出适用技术、产品以及种子资源。如在越南河内成功举办多届"中国适用新技术新产品(越南)展览会",展示了数百项科技成果和新产品,共签订经济技术合同和协议 200 多项。广西与东盟国家还积极构建信息网络体系,共享科技资源。2004 年建设的广西国际科技合作网,与越南国家科技部信息中心达成信息互换合作协议,发展会员 3

万多家,成为促进中越科技、经济合作与交流的信息桥梁和纽带。

广西与东盟各国在高等教育方面的交流合作也已取得较好的成效。早在2002年广西高校招收的东盟学生就达1000余人,且以每年20%的速度递增。广西派往东盟国家留学的学生也在逐年增加,目前在越南留学的广西留学生有600多人,在泰国留学的有300多人。①

随着"走出去"战略的实施,到东盟投资成为越来越多广西企业的战略选择。广西政府鼓励企业开展对东盟国家直接投资。发挥本身在工业、农业某些行业和领域的优势,充分利用所在国资源、劳动力和市场,以企业现有设备和成熟技术及原材料为主,以散件组装和加工生产为重点,为主发展境外加工生产和资源开发项目。投资的项目主要涉及摩托车零件生产、工程机械装配、五金家电、通信产品、日用品、化工材料生产以及农业、矿产资源开发、加工等。同时,广西企业还积极参与东盟国家承包工程和劳务合作。以带资承包、总承包或者分包等方式,到东盟国家参与农业、水利、交通、能源、电力、市政等基础设施的建设,以此带动区内成套设备、材料、技术和劳务出口,逐步形成一批具有较强竞争能力的工程承包企业。主要对象是越南。承包的工程项目涉及公路、桥梁、房屋建筑和建筑装修装饰、水电站建设和安装行业。

目前,广西正在积极参与和推进大湄公河次区域经济合作、泛北部湾经济合作、中越"两廊一圈"合作和"一轴两翼"特别是"南新经济走廊"建设,均取得了积极成效。

(三)云南

云南地处东亚大陆、中南半岛和南亚次大陆的结合部,与越南、老挝、缅甸山水相连,距泰国边境也只有234千米,距柬埔寨、马来西亚、新加坡等国也均可从陆路抵达。边境线长,已有国家级口岸11个、二类口岸9个。

东盟已成为云南第一大经贸合作伙伴,是云南最大的出口市场。云南与东盟的合作,已经从过去的以一般贸易、小企业、小项目为主发展到现在的已有大批国有大中型企业、私营企业、三资企业走向东南亚

---

① 《广西对接东盟:贸易持续扩大合作全面拓展》,《广西日报》2008年4月1日。

投资办厂,项目涉及矿业开发、建筑建材、汽车组装、商务印刷、农机农具、家用电器等。云南从东盟国家进口的商品85%以上为初级产品,如各类金属矿砂、木材、农副产品及海产品等。而出口至东盟国家的商品80%以上为工业制成品,有黄磷、烤烟、有色金属、化肥及日用品、建筑材料、轻纺产品、家用电器、生活日用品和成套机械设备等。

据云南省商务厅统计,截至2008年12月20日,云南经国家商务部批准在东盟国家设立投资企业173家,投资金额达12.76亿美元,东盟成为云南海外最大投资地。其中民营企业占居首位,达140家。云南企业投资东盟主要集中在与云南接壤的缅甸、老挝、越南三国,共投资开办企业152家,总投资11.52亿美元,占东盟投资总额的90%。①云南主要在烟草、农业、能源、旅游等领域与东盟国家进行合作。

云南很早就利用其特殊的地理位置开展与东盟国家的各种形式的农业合作。双方进行农业合作开发的主要方向为:农业资源开发、林业资源开发、生物资源开发及水(海)产品养殖等。

20世纪80年代,云南省农业生产和科研部门便开始与周边东盟国家开展了双边、多边和民间等多种渠道的农业经济技术合作和交往交流。双方在农业科技、农业应用技术推广、农业新品种输出等方面的合作不断加强。90年代初,云南还在老挝、缅甸边境开展毒品替代种植,帮助当地农民摆脱毒品枷锁。

云南国际经济技术合作公司、云南省土产进出口公司、昆明神犁拖拉机有限责任公司、云南农垦集团等企业也在缅甸、越南、老挝、泰国、柬埔寨和菲律宾等国家投资农业,主要项目有水稻种植、蔬菜种植、肉牛养殖、海产品加工、橡胶种植加工、小型拖拉机装配等。其中云南农垦集团总公司在泰国北部投资的橡胶制品合作项目超过2000万美元。

云南还利用其水稻优良品种在越南进行大面积推广种植,并以此为桥梁,带动其他农业产品一同走向缅甸、泰国、老挝、印尼等东盟国家。2003年云南农科院开始在越南北部十多个省、市、县开展"云光"系列杂交水稻的试验和示范。因其生长期短,产量高、抗病抗倒伏强,

---

① 《东盟成云南最大海外投资地》,《中国新闻网》2008年12月26日。

2007年1月,越南农业部正式批准"云光14"杂交水稻在越南北部大面积推广种植,成为越南引进不受配额进口限制的三个中国杂交水稻之一。云南农业科技部门还与越南国家农科院水果与蔬菜研究所及和江、宣光、南定等省农业部门合作,开展水果、马铃薯、蔬菜等的种植合作,并探讨在越南开展精米、玉米、马铃薯等农副产品的深加工与产业化合作。同时,"云光14"和橡胶、咖啡、花卉、马铃薯等也开始在缅甸、泰国、老挝、印尼等东盟国家展开种植,展现云南农业与东盟国家合作的广阔前景。

东盟国家也积极前来云南投资合作。如泰国、新加坡、印尼分别在昆明、思茅两地市投资兴办农业企业多家;印尼金光集团在文山、思茅两地州开发速生丰产林;新加坡最大的花卉批发商远东花卉在昆明投资设立花卉加工企业;而维信集团则通过美国子公司Speedling公司在中国种植蔬菜、水果和烟草等,并在昆明成立子公司。2004年初,在西双版纳州启动的首个泰方独资的"中泰果蔬超级市场"动工兴建,是集冷链物流、信息服务、市场交易、检验检疫等为一体的中泰果蔬分拨中心。

云南与东盟在开展对外经济技术合作,参与澜沧江—湄公河次区域合作(先期进行合作的领域包括交通运输、能源开发、电讯服务、旅游、环境保护、人力资源、贸易便利化和投资等)、产业合作等方面,未来将会获得很大的发展空间。

(四)中国台湾

地缘政治和地缘经济的密切联系,使得东盟十分重视发展与中国台湾的关系。而台湾当局更是由于自身需要,与东盟的关系日益密切。

早在20世纪60年代,台商便开始对东南亚地区进行投资,至今投资对象遍及泰国、马来西亚、印尼、菲律宾、越南及新加坡等国,投资的产业主要以台湾传统外销产业的纺织、电子、金属制品等为主。

60年代,中国台湾在东南亚投资的重点地区是泰国和马来西亚,投资产业以食品、纺织、塑胶及其制品、非金属及矿物制品、电子及电器制品为主。70年代,投资重点转向印尼和菲律宾,投资产业以化学品制造和木竹藤制品为主。进入80年代后,台湾在东南亚的投资呈扩张之势,重点集中在印尼和泰国,投资的产业以纺织、电子和金属制品为主。

80年代中期以前,中国台湾对东盟的投资策略基本上是为了利用当地廉价的劳动力;投资形态以外销导向产业规模较小的企业为多。80年代中期至90年代初期是台湾在东盟投资增长最快、金额最大的一个时期。1992年以后进入投资成熟阶段。但同时,随着东盟经济的高速增长,工资上涨,劳动成本低的优势逐渐丧失,加上中国大陆投资环境明显改善,台商转而掀起赴祖国大陆投资热潮。因此,台湾对东盟的投资在90年代中期以后特别是1997年东南亚金融危机爆发后开始出现大幅度滑坡。只有在个别国家如在泰国的投资额有所增加,投资形态仍以中小型企业为主流,而在越南的投资开始出现大型企业渐增之趋势。

亚洲金融风暴之前,中国台湾在东盟投资金额最大的国家是印度尼西亚,居第二位的是泰国,第三位是马来西亚。危机之后,台资逐渐向越南转移,使其成为新世纪以来台湾力推的对东盟投资的首选之地。台商在越南投资多半以南越为主,以劳力密集产业居多,并集中在纺织、塑胶、制鞋、家具、木器、纸品、水泥、摩托车与自行车等在内的传统产业上。

(五)韩国及日本等发达国家

数据显示,1998年以来,韩国对越南的投资金额累计达135亿美元,其中基金投资额为27亿美元。据韩国企划财政部公布的统计数据,2007年,韩国对越南的投资金额达45.8亿美元,在越南引进的外资中排首位。这是韩国对越南投资额在越南引进的外资中连续第二年排名第一。[①]

早在几年前,韩国三星在越南、新加坡、泰国、印度尼西亚、马来西亚等东盟国家的电视机市场占有率均已经排第一位。三星通过在当地建厂生产,使其产品不仅在当地广泛销售,还以其低成本进入欧美市场。

---

① 《韩国成为越南最大投资国》,《中国证券报》2008年7月15日。

东盟是全球汽车业的重要增长地区之一。据专家预测,该区汽车销售将以每年约16%的增量持续上升。随着贸易壁垒的解除,汽车制造商们可以在东盟自由贸易区内根据计划把生产转移到利润率更高的地区。东盟国家有5亿多人口的巨大市场。福特汽车公司就在马来西亚、泰国、越南及菲律宾分别设立生产基地,在印尼也有负责销售及售后服务的分店。

东盟国家正处于资源开发和电力设施建设热潮期。近年来,有不少世界大铝业集团关注越南铝矿。比如世界最大的铝业集团澳大利亚BHP – Billiton、中国的云南冶炼金属公司、俄罗斯的 Rusal、BHP. Billiton 集团等均表示愿意同越南合作开采,分享多农铝矾土矿这一稀有珍贵的矿产资源。特别是日本、韩国和泰国等铝矿资源比较紧缺的国家,更希望能同越南合作开采铝矿。

近年来,印尼的电力需求量以年10%的速度增长,是东盟地区电力需求量增长最快的国家之一。日本电力公司正是看好这一市场需求,不断与印尼矿产能源部接洽,了解有关电力投资方面的法规及矿业经营执照办理事项,争取参与印尼发电站及政府鼓励发展的12个基础设施建设。

总的来看,与周边省份比较,从纯粹地理关系来说,云南和广西与东盟最近,有明显的区位优势。云南在陆地上和缅甸、老挝、越南等国家接壤,通过老挝的一段公路就能到达泰国北部的港口清盛。广西则处于北部湾,和越南在地理上非常接近。同时,云南、广西和东盟国家的经贸关系发展比较早,不仅有边贸,跨境民族也比较多,他们有天然的地缘和人缘优势。

与云南和广西相比,广东更具明显优势的是拥有成熟制造业产业,更关键的是广东拥有更雄厚的经济实力和更高的产业层次。三省区中,制造业能力最强的是广东。由于制造业是东盟大部分国家未来10至15年最缺也是最需要发展的产业,从这点上广东的相对优势最强。此外,广东虽然和东盟国家没有直接陆地接壤,但可以通过海路来连通。运货通过海运,成本比陆路运输更低。广东有广州港、深圳港、湛江港,其中深圳港在仓储能力等方面,一直紧追香港,这也是广东的优势。

但与中国台湾及韩国、日本等发达国家和地区相比，广东缺乏相应配套产业链条和高端技术环节，也缺乏相应技术和管理人才，更缺乏跨国经营的知识和经验。

中国台湾在东盟的产业配套做得比较好，早在中国改革开放以前，马来西亚、印尼、泰国与菲律宾等国就已经成为中国台湾产业转移的首选地区。从 20 世纪 80 年代中期开始，逐步扩大和延伸其生产环节，一步步把产业链建立起来。且经过 40 多年的合作，台企比较熟悉东盟当地国情和规则，具有相当竞争优势。

广东过去、现在和未来走出去的产业主要还是以制造业为主，最大的弱点是相关产业链没有配套，而产业链的配套，需要较长时间的累积。因此，广东的产业要转移到东盟，是建立自己独立的产业链，还是介入到已有的产业链中，这是经营的策略问题，值得慎重谋划。

同韩国、日本、欧美国家对东盟的投资相比，广东对东盟的投资相对较少，未能形成规模与集聚效应。据东盟统计，1995 年至 2003 年期间，中国对东盟的直接投资仅占其全部吸引外资金额的 0.29%，与欧盟的 28.83%、美国的 16.47%、日本的 12.90% 相距甚远。[①] 尽管这几年东盟加大了与中国的经贸合作往来，但仍有相当差距。这些国家的企业都是广东企业进军东盟的强有力竞争对手。

第四节　广东与东盟各成员国产业合作空间

广东经济发展需要注入新的动力与活力。如何在中国与东盟合作的大格局中寻找到广东发展的空间，已显得十分紧迫与必要。

一、广东与东盟各国产业的互补性和竞争性

广东与东盟国家的产业合作既存在互补性又存在竞争性。

---

① 《我国企业投资东盟的市场风险调查》，《环商数据》2006 年 2 月 5 日。

（一）互补性

经济发展水平以及资源禀赋的差异,使得广东和东盟各成员国之间的经济结构存在较为明显的互补性。在资源构成、产业结构、工农业产品方面,双方存在明显的互补性,合作潜力巨大。

经过30年的改革开放,广东已具备对周边国家进行产业转移和辐射的能量。同时广东本地产业分布的不平衡可以充分实现东盟经济水平较高的国家到广东投资的各种需要。

广东与东盟各成员国产业跨度大,产业结构的梯度差异性促成双方较强的互补性。如新加坡的第三产业已占据其国民经济主导地位;而广东和泰国、印尼、马来西亚等国大体处于同一个工业化水平,其共同特点是:制造业在国民经济中占有重要地位,主导产业正由第二产业向第三产业转换;其余的越南、缅甸、老挝、柬埔寨等国第二产业基础还相对薄弱,尚有发展的空间。

当前广东已成为全球制造业重镇,过度的产能扩张,导致资源消耗巨大、产能过剩、外需不足等严重问题。与之相对应,东盟诸国自然资源丰富,劳动力成本低廉,同时作为新兴经济体拥有巨大的消费潜力。这为双方产业合作带来巨大空间。如东盟是广东煤炭、橡胶等原材料数量最大的进口地区。经济的互补性已经十分明显。尤其在初级产品上,广东与东盟各国有较强的互补性,其互补性来自于自然资源禀赋的差异,双方在产业合作上可扬长避短,优势互补。随着东盟后进国家经济的发展,必将扩大其对劳动资料和生产资料的需求,这为广东扩大对这些国家投资生产设备提供了机会。

对于老东盟成员国,除新加坡外,他们的工业化目标与工业结构大致相似,以轻工业和电子工业、装配工业为主,机器制造业比较薄弱,大型工业合作项目主要依靠外国的资金和技术。对于新东盟国家,他们的工业水平更低,更缺乏资金和技术。总体上,整个东盟区内较先进国家的资本输出、技术输出能力都明显不足,需要大量的资金和技术,今后较长时间内都需要依靠外部力量实现其区域经济发展。这对广东是有利因素,广东在资金和技术方面有一定优势,可以将生产有余力的产业加入到东亚的产业转移链,继续向东盟新成员国延伸,形成优势互补、各取所长。东盟是广东纺织服装、家电、医药化工、机械制造等成熟度较高的劳动密集型产业转移的理想之地。

（二）竞争性

广东与东盟部分较先进国家经济发展水平相当,产业结构相似,产品出口市场大致相同,无论是劳动密集型还是资本密集型制造业双方都存在竞争关系。因为在国际产业链条上,广东和东盟国家均处在组装环节,尽管双方在技术水平方面有一定差距,但在接受国际产业转移中仍会有较大的相似性,从而存在一定的竞争性。如广东与东盟国家的制造业不仅结构相似,而且处于同一层次,因此双方的竞争性突出体现在制造业方面;这种竞争还集中体现在市场的竞争上,因为广东和东盟国家都有很高的对外贸易依存度,并且出口市场均集中在美国、日本和欧洲。

广东和东盟国家在经济发展过程中大都采取了根据比较优势的出口导向型的发展策略,由于具有比较优势的产业都集中在劳动密集型产业,那么产业结构的雷同和国际市场上的过度竞争将是不可避免的。广东与东盟在劳动密集型制成品与技术密集型产业的劳动密集型生产环节上都有较强的竞争性。经过近年来的经济恢复和调整,东盟制造业的发展潜力仍然很大,未来的竞争优势不容忽视。

二、从行业看合作空间

（一）制造业

制造业是广东与东盟合作空间最大的领域。东盟尤其是新东盟国家中,最欠缺的产业而广东最强的产业就是制造业,广东在制造业方面有着明显的优势。

广东和东盟国家均是长期执行出口导向型经济发展策略,鼓励外资进入促进产品出口。外资流入主要是利用东道国的劳动力成本优势,把劳动密集型产业从高劳动力成本国家转移到低劳动力成本国家。因此,广东和东盟国家无论起步早晚,制造业的这一发展过程是相似的,双方具有比较优势的产业基本上均是劳动密集型产业,且以加工工业为主。虽然广东与东盟整体的制造业结构和发展水平都比较相似,但不同发展层次的国家制造业水平必有高低,与单个东盟国家相比,仍具有一定的差异性。可以说,广东的资本密集型制造业面临老东盟成员国的竞争,劳动密集型制造业面临新东盟成员国的竞争。

总体上,整个东盟的制造业基础比较薄弱,门类也不齐全。尤其是越南、缅甸、老挝、柬埔寨等新东盟国家技术落后,制造业尚处于起步阶段。而老东盟国家都有比广东高的劳动力成本,无论是劳动密集型还是资本密集型的产业,相对这些国家,广东的劳动力成本优势还是比较明显。不过这种优势正随着工资水平的不断上升在逐渐减弱。

广东与东盟在制造业的合作至少还有十多年的发展空间。对于广东来说,既可以承接在制造业项目上有优势的老东盟国家的产业转移,又可以向发展水平较为落后的新东盟国家扩散广东的制造业,还可以在同一产业内,就不同的产品、不同的生产环节开展水平型合作,实现产业内合理分工。

对于广东与老东盟国家来说,目前都有一些加工制造业在国内市场上已经处于饱和状态,出现过剩的生产和加工能力。这些过剩通过向彼此的投资来消化和吸收,从而带动相关设备、技术和劳务的出口,实现产业有效转移和升级。在这方面,东盟的地域空间是缅甸、老挝和柬埔寨这三个尚处于工业化初始阶段的国家;广东的地域空间是东西两翼和北部山区。双方均可以寻求所能适应的产业,充分发挥各自的比较优势,实现产业的空间置换,把那些资源消耗量大、劳动密集程度高的产业转移到劳动力和原材料更加低廉的地区,投资和建立生产基地,以实现资源互补和有效配置。

当然,广东不能接受对方较落后的制造业转移,也不能把广东最落后的制造业转移过去。因为在东盟有日本、韩国和中国台湾的产业企业,他们是强有力的竞争对手。

(二)高新技术产业合作

科技在广东与东盟合作中互补性最强。高新技术产业应成为广东对东盟投资和经济合作的一个重要领域,双方可以进行更具深度和广度的合作,可以通过产业联合和经济技术合作,来达到优势互补。

东盟主要国家虽都有一定的工业基础,但普遍缺乏研制、设计和开发能力,尤其是机械工业和成套设备制造业比较薄弱,双方在制造业技术结构方面存在着巨大的互补空间。如东盟一些国家正处在工业化发展的关键阶段,其产品提升和经济发展中的科技因素至关重要,而广东在一些资本、技术密集型的高新技术方面具有比较优势。电子信息、电器机械、石油化工是广东的三大支柱产业,机电产品如电子、电气、机械设备、化工等和高新技术产品对东盟的出口均具有很大的潜力,在这些高科技领域与东盟开展产业合作具有较大的空间,与他们合作大有可为,并可以此带动珠江三角洲的产业升级。

由于资本、技术密集型产业均是广东与老东盟国家正在大力发展的领域,双方可以在该领域开展产业内分工型的双向投资。如泰国、马来西亚的电子信息产业比较发达,可以吸引他们到广东投资集成电路、电子组件和数据处理等工业制成品,通过合作加强双方的制造业水平和竞争力。马来西亚工业有一定基础,但机械工业和成套设备制造业较薄弱,广东的大中型企业可到马来西亚投资设厂,也可以从事家电产品的组装加工业务,利用国内生产的零部件在那里设立组装厂,就地生产,就地销售。发展生物工程产业也是马来西亚近年来发展的重点项目,广东企业可依据高科技方面的实力,通过技术投资方式参与这一新兴产业的开发。

在本地保留科技含量较高的高、精、尖产品的生产和研究开发中心,将原来的粗放型、资源型、劳动密集型生产资源向外地转移,应是珠三角地区产业未来发展的方向。

（三）农业产业合作

东盟多数国家是农业国,农业依然是大部分东盟国家的主要产业,但其农业生产和农业产业化发展水平并不高,有待开发。从长远看,广东与东盟国家在农业方面的互补性大于竞争性。我国农业部已分别与泰国、越南、菲律宾、缅甸、老挝、柬埔寨、印度尼西亚、马来西亚等 8 个国家签订了双边农业合作协议或谅解备忘录。自由贸易区的建设将增进广东与东盟各国之间农业合作的机会。

广东在气候、土壤等自然条件上与东盟国家有相似之处,成为双方农业合作的自然基础。有利于在种植、养殖、病虫害防治与监测、农产品加工及贸易等方面与东盟开展广泛而深入的合作。尤其可以在合作培训、农作物资源相互引进、农产品深加工项目投资等方面进行长期合作。

与新东盟四国合作开发农业潜力较大。如在越南政府特别鼓励外资投资的项目中,包括农产品加工、木材制品加工、水产养殖及加工等,大部分项目依托资源密集型产业。在缅甸、老挝、柬埔寨,其政府都将农业作为最优先考虑的领域,包括大力吸引外资发展农村电力等等。

广东与东盟国家进行农业合作,可以利用双方生产能力方面的差异发展国际分工。通过到东盟国家开发利用农业资源,帮助他们提高加工水平,增加农产品附加值。如在农产品加工方面,广东与东盟各国可根据比较利益原则,发展那些生产成本低、竞争力强的农产品及其加工品,逐步实行农产品及其制品的分工,有利于减少竞争对立,优化资源配置。双方各有所长的农产品加工领域,包括利用当地的各类产品原料,开发粮油产品深加工、经济作物深加工、畜禽产品深加工、海产水产品深加工、蔬果产品深加工、糖茶产品深加工、林木产品深加工以及相关产品的保鲜储藏等等。广东农业企业还可以利用东盟有关国家得天独厚的气候和地理条件进行战略性物资的商业性生产,如木薯、橡胶、棕榈等经济作物的种植和加工。

广东企业可到东盟国家发展配套生产设备。如在农业机械方面,广东可以向这些国家转移农机产业,应以各类拖拉机、播种机、脱谷机、抽水机等农资设备为主;在捕捞和养殖设备方面,因东盟10国中9国临海,这些国家对与捕捞和养殖有关的船用柴油机、制冰机、制冷机等机电设备的需求量较大,广东可向他们转移相关装备产业,潜力巨大。

广东可以向东盟国家推广应用农业技术和产品。包括优势新品种推广、农业新技术开发和推广、农机设备应用、农业管理人才培养等方面与东盟国家进行广泛合作。

广东与东盟农业合作还应该逐渐由原来单一的资源合作型向资源合作型和产业转移型混合模式转变,逐渐形成一种以资源为基础的深加工发展模式。根据不同国情发展多元化合作模式。如对东盟中较发达的国家以开拓市场、促进农产品输出为主,努力提高出口产品的附加值;对中等水平东盟国家应以资源合作开发为基础,辅以技术合作与交流;对经济较落后的东盟国家进行技术输出和资源合作开发。

（四）服务产业合作

广东与东盟在服务业方面存在互补性,合作空间较大。

1. 金融服务领域合作

严格有效的金融监管、健全完善的金融市场以及全面的金融区域合作是东盟各国银行与国际同行竞争的最大优势。新加坡等一些东盟国家在金融、证券、保险和批发零售业以及信息和管理方面,已积累了许多经验,广东可通过与他们的合作培育和提升自身应用和管理能力。

2. 旅游服务领域合作

广东和东盟国家在旅游资源上各有优势。广东旅游业起步晚,与新加坡、马来西亚、泰国等国相比仍有较大差距。神秘的热带雨林、迷人的岛屿风光和奇异的风俗习惯等是东盟国家在旅游资源方面的优势。随着中国与东盟在旅游服务领域合作的不断加深,东盟国家已成为广东公民海外旅游的首选地。同时,广东的旅游资源尤其是休闲度假资源也开始吸引众多的东南亚游客。如众多的温泉资源和优美的海岸线,使广东发展休闲旅游大有可为。拓展广东与东盟在旅游业方面的合作,两地互为客源市场,前景非常广阔。

3. 现代物流服务领域合作

东盟多数国家地处海上交通要道,是东西方航运的必经之途,历来为经济大国必争之地。新加坡、印尼、泰国、马来西亚和菲律宾等国位于重要的海运通道要冲——马六甲海峡及其周边,有着悠久的海运历史,因此在这些国家中,海运占有极其重要的地位。位于马六甲海峡的新加坡港和马来西亚巴生港均是全球最著名的东西转运枢纽中心。

东盟各成员国的物流发展水平极不平衡。新加坡、马来西亚有着发达的海运和著名的国际型港口;印尼、菲律宾虽然拥有亚洲最为古老的铁路系统,然而却是依靠内航海运进行其国内的主要运输业务;马来西亚和泰国拥有的是相对完备的公路和航空系统;越南、缅甸、老挝和柬埔寨则由于长年的战争导致各种物流设施老化、损毁,整个物流水平处于非常低的运作状态。

随着中国—东盟自由贸易区的建立和"10＋1"、"10＋3"发展模式的深化,东盟各国的物流政策正在发生显著变化,相关国家开始积极修复同邻国之间损毁的交通设施,大力开辟新的区域性航线,加快发展跨国运输业务等。如:随着大湄公河次区域(GMS)经济合作的推进,各国纷纷开通区域航线及通往中国、韩国和日本的国际航线,加快修复被战争和边境争端而遭受破坏的陆地交通线路。处于国际海运要冲——马六甲海峡周围的各国对国际海运枢纽地位的争夺日益激烈,纷纷投入巨资,改建和扩建港口。如:新加坡建立了全国统一物流信息平台,成立"海港网络",把船运界、港口界和有关政府机构联系在一起,运用机器光学识别、信息科技、无线通信和网络技术,建立现代物流园,大大提高了工作效率。马来西亚则投入巨资,大规模扩建与新加坡相邻的新山港,并大力发展与之配套的铁路和公路系统,且通过大量降低各种港口费用的措施来吸引往来货船,对新加坡港的国际航运枢纽地位作出了积极的挑战。泰国近年来的大规模投资建设,使原来以内河航运为主的曼谷港也将其第一的位置让给了作为北美航线中重要中转港口的拉加班港。[①]

　　随着区域经济合作的深入,东盟各国纷纷调整国外企业对其物流行业投资和经营的限制性政策,并大力采取优惠政策吸引国外投资者的进入。广东企业可积极参与相关工程建设和港口物流服务等合作。

　　无论中国还是东盟,对外贸易均是以海上贸易为主,建设海上通道是双方贸易的关键着力点。因此,广东应该利用临海优势,发展海上通道,打造广东物流中心地位。这方面,广东不仅拥有与东盟之间的海上运输距离最短的地缘优势,而且在港口群建设方面已具备一定基础。

　　目前,广东已初步形成了以广州、深圳、珠海、汕头、湛江五大港口为枢纽港,佛山、东莞、中山等中小港口作为支线或补给港的运输港口格局。广东的港口群作为华南乃至中南和西南地区的港口航运业"龙头"地位已经非常明显。以湛江港为例,其东临南海,南望海南,西靠北部湾,北倚大西南,是我国大陆通往东南亚、非洲、欧洲、大洋洲航程

---

　　① 刘胜春等:《东盟物流发展状况分析》,《物流管理》2007 年第 8 期。

最短的港口,也是西南地区货物进出口的主通道。湛江港的大型物流平台项目已获得有关部门批准,湛江港将成为石油、铁矿石、化肥、硫磺、粮食、木片等大宗散货集散地。

作为世界制造业基地和跨国采购中心,广东正逐步成为东盟货物贸易的转运中心。全国各省区取道广东进出东盟的货物,以汽车运输和江海运输为主,空运进口增势强劲。货物经广东口岸出口,主要流向新加坡、马来西亚和泰国。自东盟进口货物主要来自马来西亚、泰国和菲律宾。广东应充分发挥拥有许多深水港与东盟通航的海域优势和海运价格竞争力优势,积极打造广东的海上物流中心和加紧巩固广东成为中国—东盟自由贸易区转运中心的地位。

西部大开发和中国—东盟自由贸易区建设为广东物流产业的快速发展带来巨大机遇,成为中国与东盟贸易的"桥头堡"势在必然。因此,广东要迎接自贸区的机遇,就要加速建设通往东盟的运输通道并做好通关、运输、仓储等的配套发展和相关政策措施的出台。

随着近年来东盟外来加工型经济的飞速发展,港口的改造和建设及大力发展海运业的导向性政策已成为东盟各国普遍采取的策略。为尽快成为中国与东盟货物贸易的转运中心,广东应该加强和深化自贸区域内港口合作,尤其是从港口物流起步推动与东盟各国经济合作。

广东还有一个优势是,近年来东盟国家十分重视和加强与珠江三角洲的合作,如新加坡对广州新机场等建设项目很关注,使广州与新加坡继续联手打造现代物流基地,大力拓展现代物流业务有着广阔的发展前景。在未来几年内,估计有更多的新加坡物流企业加盟。因此,广州与新加坡打造现代物流中心将为广东与东盟在物流领域寻找新的合作机会提供一个新平台。

(五)矿产与能源等资源性产业合作

在能源、矿产资源领域,广东与东盟具有相当强的互补性,联合进行资源合作开发的潜力巨大。东盟多数国家拥有丰富的煤炭、金属矿、森林和水力资源,广东企业可以联合当地企业一起在合作建设电厂、木材加工、有色金属开采等方面加强合作,促进双方共赢共利发展。

长期以来,东盟地区都是广东部分能源及矿产资源的主要供应地,尤其是煤炭和橡胶。目前,广东进口的煤炭和橡胶占九成产自东盟。随着两地经贸合作的不断加强,广东自东盟进口的煤炭和橡胶将会逐年增加。

作为能源和资源消耗大省,广东的自有能源和自然资源相对较为缺乏。且经过 30 年的经济快速发展,资源和能源已不堪重负。目前产业结构正向适度重型化转变,资源制约的问题将更加突出。而东盟各国自然资源尤其是森林、矿产、水力资源十分丰富。这无疑为双方进行区域合作提供了广泛基础。如对东盟国家矿产资源的利用,广东可通过联合投资加工和共同开发等形式进行;对东盟国家丰富的水能资源的利用,广东可加强与东盟在水力发电方面的合作。通过投资合作或联合开发,使东盟国家的资源优势转化为现实的经济优势,同时又能补充广东能源和资源的不足,达到共赢共利是双方的共同需要。

(六)基础设施建设合作

为进一步加快经济发展速度和参与区域经济一体化,近年来,东盟各国政府纷纷加大投资力度,加快推进铁路、道路、桥梁等城市基础设施建设的升级改造;增加国家之间的陆路交通建设,跨境道路和铁路将纷纷联网。未来几年,东盟地区在基础设施的恢复、旅游酒店业的兴建和民用房屋的重建方面也将会有较大的规模。对冶金、电力等行业以及钢铁、水泥等其他建材产品的需求将会激增,尤其对工程机械的需求将更旺盛。与欧美日同类产品相比,中国工程机械产品在性价比方面有很大的优势。广东应积极参与东盟国家的基础设施建设,在输出建材产品和工程机械产品或转移生产线方面的投资和合作空间较大。

(七)其他行业的合作

广东尤其是珠江三角洲曾以轻纺、服装、制鞋等传统产业而闻名海外,如今衣服鞋帽依然畅销国外,部分传统产业如陶瓷、塑料、机械等通过技术更新和产业升级后也蕴涵巨大的商机,具有开拓东盟市场的巨大潜力。

广东与东盟国家加强文化产业合作也很有前景。近年来,广东文化产业规模化和集约化水平不断提高,文化产业已成为广东新的经济增长点和支柱产业。广东与东盟可以拓展的领域包括:市场开拓、项目开发、品牌共建、产业研究、人才交流和人才培训等方面,促进相互间在演艺、展览、影视、音像、艺术品、出版物等传统领域,以及在动漫、网络游戏、创意设计等新兴产业领域的合作。

"中国深圳国际文化产业博览交易会"是加强双方文化交流与合作的很好平台。在已经连续举办过的五届深圳文博会上,马来西亚、泰国、新加坡、缅甸、印尼等东盟国家的一些机构和企业已先后前来参加或参展,在新闻出版、影视制作、演艺、动漫游戏和工艺美术等方面已建立了良好的合作关系,其中一些合作项目已取得了共赢效益。广东还可以通过到东盟举办各种文化产品展览会来加强交流与合作。

广东还可以利用华侨华人众多的人缘优势,加强与东盟国家在教育文化科技方面的合作。如在东盟国家加强华文教育;也可以通过互派留学生方式加强双方科学文化教育的交流和合作。

三、从国别看产业合作空间

在东盟 10 国中,不但经济发展模式和产业发展水平有很大的差距,而且社会环境、法律体制、政治稳定性、社会治安等国情的差别也很大。因此,与各国产业合作的领域、要求、环境、条件和风险不一样,可选择的空间应各有侧重。

广东可从产业链的低端到高端分别来选择合作伙伴。如新加坡、马来西亚等国家非常希望我国大型高科技企业进驻;而越南、老挝、缅甸、柬埔寨等国就需要我国大量中小企业前往投资设厂进行加工生产。新加坡以电子工业、造船业、石油化工业和服务业取胜,而农产品则依赖进口;泰国的优势在于农产品生产和出口;越南的制造业正期待发展;等等。因此,广东企业到东盟投资,应利用好各国的比较优势,借用各国间的情况差异,进行全球产业布局,积极地推进广东"走出去"战略,实现产业结构升级和低端产业转移。

我们也可以根据经济发展水平高低选择合作对象和合作领域。依据人均生产总值、资源丰歉程度可将东盟成员国分为三个层次进行有针对性的产业合作:

第一层次是人均生产总值 1 万至 2 万美元、自然资源相对不足的新加坡和文莱;第二层次是人均生产总值 1 千至 4 千美元、自然资源丰富、加工出口能力比较强、有一定消费能力、积极引进外资的马来西亚、泰国、菲律宾和印度尼西亚;第三层次是人均生产总值 4 百美元以下、自然资源丰富、消费水平逐步提高、鼓励外资进入的越南、柬埔寨、老挝和缅甸。

对广东企业来说,与居于第一层次的东盟国家合作,重点是吸引其电子信息、石油化工等产业的跨国公司和大企业来粤投资。新加坡应是最佳的合作伙伴。与第二第三这两个层次的东盟成员国合作,可以到境外发展家电、轻纺等加工装配业务,合作开发资源和承包工程等,也可以引导广东有实力的企业逐步进入这些国家的原材料生产、资源开发领域,投资开发当地丰富的木材、煤炭、水力、矿产、橡胶、石油、天然气等资源,扩大资源能源开发和加工贸易合作领域。重点选择国家是越南和印尼。

（一）新加坡

新加坡是东南亚地区的金融中心和物流中心,它在服务性行业以及高新技术领域方面具有明显优势,是广东在东盟中最重要的经贸合作伙伴,也是广东与东盟国家产业合作的首选对象。

新加坡的主导产业主要是资本与技术密集度较高的产业,包括电子、造船等制造业、石油化工业和金融、物流等服务业。非电力机械、电力机械和运输设备是其附加值居前三位的产业。

近年来,新加坡加大了对广东省尤其是珠三角的投资力度。截至 2008 年底,新加坡在广东累计设立外商直接投资项目 1952 个,实际投资金额 54.59 亿美元,占东盟成员国在广东投资总额的 73.18%,在广东的外资来源地区中排第六位。[①]

2009 年 3 月 24 日,广东与新加坡合作标志性项目《关于合作建设"知识城"项目的备忘录》正式签署,使广东与新加坡的合作跨出实质性的一大步。

---

① 卢小平:《广东:走进东盟觅商机》,《大经贸》2008 年第 7 期;《广东统计年鉴 (2009)》。

新加坡的制造业相当发达,尤其是技术含量较高的电子制造业,但其国内劳动力成本很高。相对来说,广东制造业的劳动力成本比新加坡低得多。因此新加坡的制造业对广东投资潜力巨大。实际上,在以往新加坡对我国投资行业比例中,制造业一直保持在60%左右,这对提高我国制造业技术水平起到重要作用。

由于新加坡产业结构单一,其政府决定大力发展生化医疗科学产业,希望该产业能成为新加坡经济第四个重要产业。在新加坡同行业相对缺少或落后的领域,通过投标、合资、合作开发、设立当地公司等形式打入新加坡市场是可能的。

今后的二三十年里,新加坡将有大型土木工程项目逐步上马,如地铁、填海工程等,广东的工程企业在这些领域有一定的优势,对新加坡工程承包和劳务输出可望继续保持较好的发展势头。

未来广东和新加坡在电子信息产业、石油化工产业、医药及制药业、金融服务业、港口物流业和工程承包等领域的合作将十分有潜力。双方合作要充分利用新加坡的人力资源与资本存量。

(二)越南

越南是一个以农业为主的发展中国家,拥有丰富的农作物及矿产资源。也是东盟后起国家中经济增长势头最猛、最具竞争力的国家。国际经济学者和观察家们普遍看好越南经济,认为越南是一个正在崛起的亚洲新兴工业国家。

越南自然资源丰富,全国土地的1/3为可耕地,适合发展农业生产和出口型农业;矿产资源丰富,已经设计对120种矿场30种矿产进行开采,主要有石油、天然气、煤炭以及各金属和非金属产品;海岸线长,水产资源丰富多样。

越南人力资源丰富而廉价。越南劳工不但是东南亚地区最廉价的,而且具有较高文化素质和技术素质。

广东与越南处于经济发展不同阶段,双方在资源禀赋、产业结构和区位条件等方面各具特色,互补性很强。自20世纪90年代以来,广东与越南在电站、油气、化学品、钢铁、矿产、塑料、培训等多个领域均有紧密合作关系。但从目前双向投资情况来看,产业部门还过于集中,投资质量不高。由于越南尚缺乏资金,对外投资发展缓慢,在广东的投资额较小,主要集中在一些小型项目,如制造业、饭店酒店业和服务业领域等。且对越南的投资以加工业为主,主要集中在轻工业、农林渔业、房地产、宾馆旅游、基础设施建设、交通运输、邮电、建筑业等劳动密集型产业。

据《越南工商报》报道,为应对全球性的经济衰退和外商直接投资的减少。越南拟提前开放文化、医药、教育、邮电通信、航空航海等以吸引外资。这为广东企业提供新机遇。

广东应及时调整对越投资策略,将投资方式从现有的较小规模的以加工贸易和劳动密集型加工产业为主向大型的资金和技术密集型产业延伸;将投资的产业分布由现在的以制造业为主向服务业和高新农业,如:银行、金融、旅游、交通、电信、知识产权、环境、生物技术、渔业、林业及林业产品、矿业、能源以及次区域开发等领域扩展,以适应新形势的需要。

广东企业可以充分利用越南政府进一步鼓励中国企业到越南投资的优惠政策,在更大的范围内进行企业链条的分布,将部分优势产业,如纺织服装、家具、彩电等产业转移到越南市场,直接到越南投资办厂,在国际贸易规则允许的范围内规避贸易摩擦风险,同时为越南当地创造就业机会,一般会得到当地政府的支持,也符合越南政府重要产品国产化的政策。

今后 10 年越南发展的战略重点是:加快工业化与现代化的步伐,尤其是要"鼓励发展竞争性优势高、出口产品多、吸收众多劳动力的高科技工业、制造业、软件业及其他补助工业;发展开放经济区及经济特区;鼓励并为其创造顺利条件让所有经济成分参与发展的日用产品及出口产品;按照现代化方向生产重要的生产资料;优先吸引经济集团及跨国公司的投资;尽快吸引国内、国外资金投资炼油、石油化工、冶炼、机械制造、化肥、建筑材料、基础设施建设的重要项目。"

未来,广东企业可根据越南各地的区位优势和资源优势来确定企业投资的区域与领域。根据越南政府的战略规划,越南有三个重点发展的经济区:

北部重点经济区。包括河内市、海防市、广宁省、海阳省、兴安省、河西省、永福省、北宁省等 8 个省及直辖市。该区重点发展：高科技行业、高质量服务业，如软件工业、信息设备、自动化及科技研究成果产品，生产自动化设备、机器人、新材料、高质钢铁，造船业、机械制造业等。

中部重点经济区。包括岘港市、承天—顺化省、广南省、广义省、平定省等 5 省市。其中，岘港是越南最大的港口之一。该区的发展重点是要以港口为中心，带动中部和西部地区的经济发展。将加快广南省朱莱经济开发区、广义省容橘经济区及真梅菱经济贸易发展区的建设速度，规划建设平定省仁会经济区，使之至 2010 年逐步发展成为该地区的核心。同时大力推动岘港市、顺化市、归仁市在贸易中心、服务业及国际贸易方面所起的作用，让该地区成为中部和西原地区的贸易、服务、旅游中心。

南部重点经济区。包括胡志明市、平阳省、头顿—巴地省、同奈省、西宁省、平福省、隆安省及前江省等 8 个省市，旨在将该地区建设成为经济活跃、增长迅速而稳固的区域，在全国工业化、现代化建设事业中居领先地位，领先融入国际经济，成为带动东南部地区经济发展的发动机。根据这个目标，将在胡志明市西北部建立综合经济区，包括隆安省、西宁省及胡志明市；在平阳省将发展高质量的培训中心和医疗中心；在头顿—巴地省发展高水平的职业培训中心。[1]

根据越南经济发展需求，广东有行业优势的企业可以前往投资合作生产的领域和行业大体有：

机械行业。越南正在集中全力发展电力工业，尤其是水力动力工程、煤炭工业、石油和天然气开采及加工业等。采矿工业、冶金业、化学工业、肥料生产、建筑材料等企业也在加快发展速度。但越南机械行业比较落后，而其经济发展又大量需要纺织机械、建材机械、矿山机械、运输机械、轻工机械，需要特种机床、精密机床。越南对农业机械需求也很大，如需要中国产拖拉机、柴油机、水泵、脱谷机、收割机、烘干机等。

---

① 曹云华：《越南的经济发展现状与前景》，《珠江经济》2008 年第 8 期。

原料市场。纺织服装工业是越南最大的劳动密集产业,服装加工所需的高级面料以进口为主,并倾向于从中国进口面料,同时还进口丝绸、毛绒等。越南的制鞋业出口额也是逐年上升,但越南制鞋原料尤其是皮革短缺。越南已经计划投资引进皮革加工设备和技术,提高皮革质量和产量。

电力设备、建材和工程承包市场。为满足越南进行中、南部地区电力网架构改造的设备需求,越南需要采购大量电力设备和材料。乡村地区电力需求也在大幅增加。每年需增加进口 300 万至 500 万吨水泥渣。越南方面已经计划上几条水泥生产线。同时,越南已经成为中国在东南亚重要的工程承包市场。

家电制品生产。越南家电制品生产企业少,需求量大。如大件的彩电、录放机、VCD 等和小家电诸如吹风机、果汁机、电熨斗等产品。广东企业可考虑加大向越南投资设厂力度,转移生产适销对路、技术成熟的产品,带动区内技术设备和原材料出口。

能源生产。经政府同意,越南原油天然气总公司呼吁国际原油天然气集团早日参与富安省、庆和省之间沿海区域天然气开采项目。富—庆海域的 9 个定点深度为 50 米至 2500 米,蕴藏着丰富的天然气,已引起 50 多家国际公司关注。

水产品深加工。越南水产资源丰富,但加工能力有限,水产品利用率低。在越南投资兴办水产品加工厂,投入技术和设备,产品可返销国内。

开发中药市场。越南人喜欢使用中药,滋补品尤其受欢迎。越南有药用植物千余种,共同开发的前景也比较大。

其他消费品市场。制塑原料、娱乐设施、玩具在越南均具开发潜力;不锈钢厨房用具也十分畅销;陶瓷和玻璃制品也有市场。

(三)印尼

印尼是东南亚能源和其他资源最丰富的国家。以农业为主,其经济的六大主要支柱产业是油气及其产品、农业、轻纺业、海洋渔业、采矿业和旅游业。

美国、日本、韩国甚至印度已看到印尼巨大的潜力,开始有意占领市场。在这一轮金融危机后,印尼有可能在东盟国家中率先崛起。

广东与印尼在经济结构和产业结构上有着较大的互补性。轻工、家电、摩托车、农业机械、机床、农用化工、精细化工、医药及中成药、实用高新技术产品、生物制品、农产品制品等,在印尼都有较大的市场空间。印尼政府也正期待中国投资者对其海运和航空、海港和机场建设、发电和传输网络、电信和电视广播、加工工业等多个领域进行投资。

目前,广东与印尼双方在投资、工程承包、能源和旅游等方面的合作方式已得到较大的拓展,科技和文化交流也相当活跃。进一步开发和合作领域有:

农渔业开发。印尼农作物种植广泛,包括橡胶、咖啡、巧克力和棕榈油等对中国市场都很有吸引力。农业技术和农产品加工、渔业及鱼产品加工是可以考虑投资的领域。印尼拥有大量棕榈油资源,印尼政府正在鼓励企业改变过去初加工就出口的方式,希望企业能够在精加工方面有所突破。

能源、资源开发和基础设施建设。印尼政府为改善投资环境需要大力发展基本建设,目前正在大力推进铁路、港口、电站等基础设施建设,包括在短期内兴建1000千米高速公路和20多个大型水电站、火电站,铁路、机场、港口和大桥等,这些都需要庞大的资金、技术和人才,这是很好的工程投资建设机会。印尼每年的承包工程国际发包额在100亿美元以上。

印尼有丰富的天然气资源,铜、锰、铝等有色金属的储量也相当可观,但其地质探矿能力较差。自2003年3月起,印尼便与我国设立了"能源论坛",积极对双边能源领域的合作进行研讨,双方的合作潜力非常巨大。加里曼丹拥有品质好储量大的煤矿、矿砂、铝土矿,巴布亚拥有大量的森林、矿产和海产资源。对于这些项目,印尼欢迎中国企业前往投资设厂。

医药制药开发。印尼拥有丰富的中药材资源,药物植物最为丰富。印尼民间有许多传统医药配方也有待开发。可考虑在印尼建立传统医药研发中心,以研究新的传统医药配方、开发新的中药产品来开拓印尼传统医药市场。在中药材市场、生产技术以及品牌培育等方面都具有很大的合作潜力和空间。

服务业开发。印尼已放宽对外资进入其服务贸易领域的限制。印尼国内通信供求矛盾十分突出，移动通信市场有待进一步开发。印尼正在进行银行重组，部分银行亟待出售。前往印尼兴建一些专为国内游客提供服务的宾馆、餐馆等设施也有大有前景。

（四）泰国

由于泰国还处于推进工业化进程中，因此在广东与泰国的产业合作中，既有竞争性也有互补性。双方在自然资源、产业结构、技术水平等方面都具有明显的互补性。

广东与泰国可合作开发的产业空间有：

农林渔业合作。泰国每年都要从中国大量进口豆粕以解决饲料不足的问题；泰国的化肥生产还没有形成规模，主要依赖进口，每年需进口化肥约600万吨；泰国人民最喜欢中国的干果和水果，饮用水和果汁市场还远未达到饱和。林业资源方面，可以到泰国去购买或租赁林场山林进行开发经营，合作建木材加工企业。泰国的养殖业水平比较高，可与之合作开发养殖海产品和水产品，向东南亚和其他市场出口。

生产设备合作。泰国是世界上天然橡胶的主产地，其原始橡胶加工业也比较发达，其生产加工设备的市场容量较大，如清洗、破碎、筛选、烘烤、成形、打包等设备的市场需求量较大，因此，极其需要具有较高加工性能的此类设备。泰国又是海洋渔业大国，2000多千米的海岸线为泰国带来了可观的各类海产品，其年均海洋捕捞量在亚洲地区仅次于日本和中国名列第三位。泰国南部的捕鱼和海产养殖较发达，因此也需要大量的相关的电机设备、制冷机、船用柴油机、制冰机和冷库以及海产品加工设备。开发这些设备市场广阔。

工业及加工制造业合作。近年来，泰国工业增长强劲，其中增长最快的是出口工业，成长前景较好的行业是与出口相关的汽车和汽车配件等。泰国的汽车工业及零部件制造业、计算机与电子和电器工业、轻工业、金属加工业、模具制造业快速发展，尤其是对机床的零配件及附件的需求量很大。为这些行业提供中初级产品大有前景，潜力巨大。

矿产资源合作开发。泰国拥有丰富的矿产资源，如钾盐、锡、钨、褐煤、油页岩、铁和萤石等,其中钾盐储量居世界第一,锡储量占世界的 12%,油页岩蕴藏量 178 万吨;泰国湾丰富的石油和天然气资源储量,分别为 1.64 亿吨和 5460 亿平方米;这些矿藏除锡、钨和萤石外,许多都没有进行大规模开采。

其他行业合作。泰国还有多个产业具有潜力,如橡胶制品业、木薯制品业、食品加工业、旅游业、建筑业、服务业和医疗保健业等。泰国总理阿披实在广州访问时就表示非常欢迎中国企业到泰国设厂运营,他本人就希望广东农业企业能继续扩大对泰国的投资,并积极考虑生产橡胶制成品。中药材在泰国也越来越受欢迎,尤其是治病类、保健类以及美容类的中成药。泰国中部以外地区待开发的资源还很多。

（五）马来西亚

在东盟 10 国的 5 亿多人口中,马来西亚人口仅占 4%,但在东盟 10 国与中国的贸易额中,马来西亚则高居首位。说明双方有较强经济互补性。

马来西亚在中国的投资主要集中于橡胶、食品、化妆品、家具、饲料、机械制造、能源开采、交通、房地产开发、酒店、金融、保险、商业零售等领域。这些领域中的不少项目也投资到珠三角。广东已是马来西亚在中国的主要投资地,其商家已与广东建立起密切的投资联系。据统计,至 2008 年底,马来西亚与广东签订投资协议(合同)617 个,实际投资 5.9 亿美元。[①]

广东到马来西亚可以关注的投资合作领域有:

能源合作。马来西亚盛产石油,但石化工业相对薄弱。开发前景广阔。

农渔业合作。马来西亚水产资源、热带农业和经济作物资源富饶,开发利用这些资源处处有商机。作为世界棕油大国,马来西亚大部分棕油只经过粗加工后出口,因此在棕油加工、油脂化工、棕油副产品的综合利用等方面潜力很大。

工业制造业合作。马来西亚工业有一定基础,但缺乏研制、设计和

---

① 《广东统计年鉴(2009)》。

开发能力,尤其机械工业和成套设备制造业均比较薄弱。大中型企业可前往投资设厂直接生产,也可利用在国内生产零部件,到马来西亚设立组装厂,就地组装,就地销售。

（六）菲律宾

菲律宾是一个农业国。广东与菲律宾产业具有极强的互补性。近年来,菲律宾政府越来越重视与中国合作。

广东企业可与之投资开发和合作的领域有:

城市基础设施建设。菲律宾迫切需要进行城市基础设施的建设和改造。30多年来,菲律宾的基础设施发展基本处于停滞状态,基本保持的是20世纪70年代状况,多年的积淀,其需求空间非常巨大。

农渔业开发合作。首先是农业科学技术的推广,菲律宾主要种植的水稻和玉米产量平均仅为中国的1/3到1/2左右,目前引进中国杂交水稻及玉米试验已获成功。向菲律宾提供水稻种植技术和品种培育技术大有潜力。其次是渔业合作,菲律宾虽然由众多岛屿组成,渔业资源丰富,但由于技术、设备比较落后,其水产尚需从中国进口,企业前往开展渔业捕捞合作也是菲律宾政府所鼓励的。

旅游开发。菲律宾旅游资源十分丰富,但受多种因素影响,目前前往的中国游客还相对较少,旅游开发具有一定潜力。

椰产品生产和加工。菲律宾是世界上椰子生产大国,椰子壳加工产业很有发展潜力。我国需要从日本进口椰壳生产的活性炭。而日本和澳大利亚等国家则需要从菲律宾进口加工成砖块形状的椰子纤维碎渣。可见,在菲律宾投资进行椰子壳产品的加工,不仅可以满足中国的需要,还可以出口到其他国家。现在,菲律宾的椰子产业尚未得到很好的开发,如果广东企业从投资椰树种植做起,建立起从椰子汁、干椰肉、椰油、椰粕到椰纤维、活性炭、纤维碎渣等配套生产链,效益将非常可观。

热带纤维产业开发。菲律宾椰子和蕉麻(马尼拉麻)的产量居世界首位。近年来菲律宾政府科技部呼吁加强热带纤维产业发展,以节约进口纺织品的开支,并为当地工人创造就业机会。为此,菲律宾政府积极与一些国家就热带纤维开发的技术合作与转让等问题进行磋商。

有开发生产潜力。

医药和制药开发合作。菲律宾人口增长速度较快,对各类医药的需求呈增长趋势。但菲律宾的医药制造产业却十分薄弱,传统上又主要是从欧美国家进口药品,目前的消费能力与医药产品价格高昂之间的矛盾十分尖锐。菲律宾政府已经开始在寻求新的价格较低、性能能够满足市场需要的进口医药产品来源。我国有可能成为其新的医药产品进口来源地。具有投资合作机会。

电力开发。近年来我国向菲律宾出口电力设备逐年增加。今后若干年,菲律宾将需要额外3000兆瓦以上的电力,这为电力设备的出口和在菲律宾承包电力工程提供了广阔的空间。

矿产开发。菲律宾非常有投资潜力的是矿产品,如铜、镍等金属。

（七）文莱

为改变经济过分依赖石油、天然气开采的单一格局而带来的日趋显露的弊端,文莱近几年陆续进行经济结构调整,政府特别注重对非石油领域的投资,重点发展建筑业、旅游业、纺织业、信息业和工业,计划把文莱建成东盟东部增长区服务、贸易和旅游中心。为大力落实经济多元化,文莱苏丹还推行"双叉计划"作为经济新增长点:即建造一个深水的麻拉港,成为东南亚地区的经贸转运站;兴建炼油厂进行油品炼制与石化加工;利用当地廉价的石油发电,兴建能源密集的炼铝厂等。这些都为外国投资者前往投资合作提供了巨大商机。

根据文莱政府实行的优惠政策,鼓励境外企业前往投资其先进工业,有关企业可以利用自身成熟的技术和设备,到文莱投资兴办资源开发型、生产型和售后服务型企业。

文莱与新加坡、马来西亚、泰国、印尼、菲律宾等国已经实行了自由贸易政策,这有利于境外企业前往文莱生产,并将产品销往上述国家。尤其是文莱紧靠马来西亚东部和印尼东部的广大地区,市场纵深度广。

广东与文莱可开发合作领域有:

石油天然气开发。文莱是石油和液化天然气生产国。广东在石油、天然气勘探、开发及化工设备、技术和人才方面具有一定优势,双方合作前景远大。

农业合作。农业项目开发是文莱经济多元化所鼓励的重点领域。文莱内需农产品的80%依靠进口。如全国每年需要的3万吨大米中有98%以上的缺口需要进口;水果的产量很小,需要进口;文莱禁止养猪,所需猪肉全部进口等。因此,农产品及种植、加工技术和设备在文莱有很大开拓前景。

工程承包和劳务输出。由于文莱人口少,更是缺少熟练劳工和技术工人,企业前往承揽工程和劳务输出机会多。

(八)柬埔寨

柬埔寨经济发展水平比较低,国内严重缺乏建设资金、技术、生产设备和专业技术人才。其工业基础极其薄弱,除少量农产品(粮食、热带水果等)外,市场主要生产资料和生活用品均依靠从国外进口。

近年来,柬埔寨把引进外资作为发展经济的重要途径之一,并不断改善投资环境。纺织业是其吸收外资中的最大行业,其次是建筑和建材业。广东与柬埔寨经济互补性很强,合作的潜力很大。

从我国对柬埔寨的投资情况来看,广东是进入柬埔寨市场较早的省份之一。早在20世纪90年代初期,一些经营农用机械、中成药的贸易公司和生产企业先后成功打入柬埔寨市。如江门中裕摩托车集团有限公司就是在那时成功地进入柬埔寨摩托车市场,投资数十万美元,在当地建立了摩托车装配生产线,设立了生产基地,产品除在柬埔寨国内销售外,还销往其他东南亚国家。

广东不仅农业、农产品加工较为先进,在重化工业、轻工、建材、纺织、食品工业等方面都具有较强的优势。广东企业可以发挥自身优势,充分利用柬埔寨廉价劳动力资源以及发达国家给柬埔寨的优惠条件进行投资开发。

广东可考虑在以下产业部门和行业开展与柬埔寨的互利合作:

农林渔业开发。柬埔寨发展农业的自然条件十分优越,但农业生产却十分落后,尽管全国有80%左右的人口从事农林渔牧等行业,但商品供应仍十分短缺。因此其农业市场极具开发潜力。

柬埔寨盛产柚木、铁木、紫檀等贵重木材。由于泰国已禁止商业性原木砍伐,柬埔寨的原木对东南亚市场有着举足轻重的影响。可鼓励企业与柬埔寨合作开发森林资源,合作建立木材加工企业,进行林木产品的深加工。

柬埔寨的渔业资源丰富,但其捕捞技术、设备和鱼产品加工技术、设备落后。柬埔寨每年向泰国、中国、越南、新加坡、澳大利亚和香港出口渔业产品,其中90%是初级产品,附加值很低。利用较为先进的捕捞技术和设备、渔业加工技术和设备,进行渔业深加工,提高海产品附加值,能获巨大经济效益。

可考虑以自己所掌握的较为先进的特色蔬菜、园艺开发、药材和家禽、水产品等方面的种养技术以及包装、存贮、运输技术等与柬埔寨方面合作,利用其丰富的养殖资源和得天独厚的地理、气候条件,开发养殖业和种植业并将产品向东南亚市场和其他国际市场出口。

柬埔寨农产品加工技术十分落后,食品加工基本等于"零"。因此可考虑在柬埔寨建立一些适合当地市场需要的农副产品加工厂。如柬埔寨市场每年需要大量的食糖,但本国并无生产能力,到柬埔寨建立小型糖厂会有较好的经济效益。

技术人员在柬埔寨更是匮乏。因此在开展合作过程中,最好选派相关技术人员前往进行示范指导,并培养当地人才。开发柬埔寨农业市场还可通过项目实施,利用我方的技术、种子和设备获得良好的效益。

工业制造业合作。柬埔寨工业基础落后,门类单调,机器设备陈旧,技术落后,全国约80%的原材料及制成品靠进口,其主要进口商品有工业制成品、原材料和半成品,其中工业制成品占进口总额的50%左右。到当地设厂生产,市场广阔。

水力资源开发。澜沧江—湄公河流域蕴藏着丰富的水力资源。由于受资金、设备、技术等条件限制,柬埔寨在建造电力设备方面能力低下,开发水电资源进展十分缓慢。柬埔寨政府十分欢迎外国公司投资其电源点建设,希望与外国投资者在电力工程施工建设、电力设备供应等方面开展合作。利用这一机会,与柬埔寨建立长期的水电合作开发关系,在提供设备、建筑材料和工程技术人员以及资金融通、电力销售等多方面开展合作空间巨大。此外,目前柬埔寨电力供应十分紧张,电价高昂,开发符合柬埔寨国情的太阳能发电、风力发电以及小型水力发电等适合农村简便的发电设备也很有前景。

纺织服装加工合作。1992年以来,欧美等28个发达国家相继给予柬埔寨普惠制(GSP)待遇。美国虽于1999年1月1日起开始对自柬埔寨进口14种纺织品实行配额限制,但相对柬埔寨国内生产和出口能力来说其配额较为宽松。欧盟则于1999年8月与柬埔寨签订了纺织与服装自由准入协定,对柬埔寨出口到欧盟的成衣制品免征关税。许多不能享受这些优惠条件的亚洲国家和地区,如中国大陆以及中国台湾、中国香港、马来西亚、新加坡、泰国等地的企业纷纷到柬埔寨投资设立服装加工厂。

广东的纺织品和服装一直在出口总量中占据较高的比重,但受国际贸易波动尤其是配额的影响较大。到柬埔寨投资建厂生产加工服装,既可避开欧美等国拦截中国服装出口的种种壁垒,还可以利用柬埔寨廉价劳动力以及其政府对外来投资者的相关优惠措施,保持产品的价格优势。虽然根据《关税与贸易总协定》从2005年起取消对服装和纺织品的国际配额,但是国家之间服装与纺织品的复杂关税系统将会继续较长时间,在柬埔寨生产纺织服装仍可因此而受益。

(九)缅甸

缅甸是传统农业国,其经济主要靠发展农业生产。其劳动力资源丰富,80%居民受过中等以上教育,一般都懂英语,素质较高。

从20世纪90年代初开始,缅甸政府加大了对油气资源,金、锌矿、土地资源、海洋资源、电力资源等项目的开发力度。亚洲金融危机之后,更加快了基本建设步伐,筑路架桥,改善通信设施,增加港口建设,使投资环境有较大改善。同时,政府出台了一些保障外国投资者利益的法律法规,并积极减免税收、放宽外汇管制,吸引了大量投资者涌入。承包工程是以往中国对缅甸主要的经济活动。

广东企业可与缅甸合作的领域有:

资源性项目开发。缅甸丰富的自然资源远没有得到充分利用,极具开发潜力。到缅甸投资应以资源性项目为宜,如珠宝、木材、纸浆板、石油、天然气及各种矿产等。因为这些投资项目75%的产品可以返销,或是可以在当地找到市场。

农业及土地开发。近年来,缅甸政府把外商对农业项目投资放在十分重要的位置,欢迎外国资金直接投入,包括:土地开发、水滩地带开发利用、农产品加工和销售、植树造林、乳奶厂和牛羊等饲养基地的建设、粮食及农产品储藏室和冷藏室的建设等。尤其希望中国企业前往投资柴油机、拖拉机项目。缅甸的可耕地和闲置土地很多,允许外国人租赁其土地经营农业。土地租赁期一般为30年,也可根据情况,如季节性作物,可按需要延长。到缅甸租赁土地,发展农业,其开发风险相对较小,投资回报较快。

林业资源开发。缅甸森林资源十分丰富,各种类型木材品种达2300多种,其中以柚木最为著名,其天然柚木蓄积量占世界总量的75%。缅甸还盛产铁力木、檀木等多种优质硬木等。目前,国际市场上的柚木有85%产自这里。我国对柚木的需求量也很大。缅甸政府希望中国企业前往投资造纸厂项目。可利用先进的加工技术参与开发。

矿产资源开发。缅甸矿藏种类多且储备大。宝石、玉石以其储量大、质地优而享誉世界,尤以红宝石、蓝宝石和猫眼石最为名贵。石油和天然气蕴藏量很大,已探明的石油储量达31.54万桶,天然气储量达14420.5亿立方米。但由于交通设施落后,资金和设备严重不足,缺乏先进的探勘和开采技术,造成开采能力很低,开发利用十分有限。缅方曾多次表示愿同中方联合开办宝石加工厂,由缅方提供厂房和原料,中方提供资金和技术。同时,政府也将石油、天然气行业向外资开放。近年来,外国石油公司对该行业的投资不断增加。

海洋资源。缅甸的海岸线长达2200千米,在其广阔的海域,尤其是近海水域有着丰富的渔业资源,年理论捕捞量为230万吨以上。缅甸还以盛产珍珠而蜚声全球。但是,缅甸的捕捞和加工能力有限,设备陈旧落后,每年的捕获量仅占鱼类产量的不足40%,大量的海渔资源有待开发。

水电资源。缅甸江河纵横,理论蕴藏量居东南亚各国之首。伊洛瓦底江、钦敦江、萨尔温江三大水系纵贯南北,尤以萨尔温江(在中国境内为怒江)蕴藏量最为丰富。当前,缅甸政府正在加强对电力资源开发。

由于缺乏资金投入,水电设施严重不足,水电资源远未得到充分的利用。以输出技术、劳务和设备,在当地建设水力发电站大有发展潜力。

（十）老挝

老挝是一个较为典型的农业国。目前还处于双重经济阶段,自然经济、半自然经济占了国内生产总值的约八成。老挝国内所需要的商品包括从日常生活的服装鞋袜、塑料制品、洗涤用品到生产用的建材产品、机械设备、农机产品、电力设备等,均有巨大的市场需求和开发空间。

近年来,随着老中双边贸易增长迅猛,双方的经济合作关系也已从单一的商品贸易逐渐转向工程承包、项目合作、直接投资和设备租赁等多元化方向发展。重点发展的领域有食品、种植养殖、建材、森林采伐、木材加工、造纸、药品生产和服装等行业。

广东对老挝的产业合作可侧重于农林资源开发、电信市场、水电站建设、钾盐矿开采等。具体有:

农林畜牧业开发。湄公河流域约占老挝土地面积90%,流入湄公河的河水有35%来自老挝的国土,流域内河流交错,沃野千里,是中南半岛有名的粮仓。目前还有广阔肥沃的土地未被开垦利用,因此,开展农业合作有较大的发展潜力和空间。针对其粮食单产量较低情况,可以利用品种改良、施肥等方面的先进技术,到老挝投资合作种植粮食、蔬菜、热带水果等经济作物,增产增值潜力非常大。

老挝有许多珍贵木材和林产品,如桧木、柚木、花梨木、红木、松木、安息香、松脂、砂仁、胖大海、紫胶等。可在老挝建立林业采伐与加工企业,还可考虑利用当地优越的植树造林条件和老挝政府吸引外来投资的优惠条件,购买山林土地建立林木种植基地,做到林木采伐与种植相结合,既可提高林木资源的附加值,又可以把老挝建成稳定的木材进口基地。

老挝境内拥有广阔的草场,牧草终年长青,饲料非常丰富,具有发展水牛、黄牛、山羊、绵羊、生猪等牲畜饲养的优越自然条件。但目前多为家庭散养,不成规模。因此,前往建立规模养殖场,并引进良种、资金和技术,重点发展无污染、纯天然的畜牧养殖业,并将畜牧产品作为双方合作的出口产品,销往东南亚和国际市场,将可获得较大效益。

水电资源开发。老挝最大的自然资源是水能资源。境内湄公河及众多的支流水量丰沛,落差很大,拥有丰富的水利水电资源。据测算,老挝水能储量为2500万至3500万千瓦,年发电量可达1500亿至2000亿度,现已开发的大体只有湄公河老挝河段水能储量的10%左右,可见开发水电的前景非常广阔。老挝政府以开发丰富的水力资源为发展本国经济的突破口,鼓励外方企业参与本国水能资源开发。目前,老挝已成为世界上为数不多的以出口电力为主的国家。政府正在努力推进水能的国际合作开发项目,希望成为东南亚的新能源基地。可以通过出资、技术人员、设备和承接工程等途径与其共同开发。

技术和劳务合作。20世纪90年代以来,老挝积极改善同西方国家和周边国家的关系,努力争取外援和贷款,大力发展基础设施建设,工程承包市场活跃,对工程机械需求量大。双方联合进行一些长期技术合作和劳务合作将大有可为。

综合来说,广东可以与东盟合作的领域广泛:可以在东盟成员国发展天然资源项目如石油、天然气、矿产、木材、水能、橡胶、棕油等;可以在基建项目如港口、铁路、公路、航运、城市设施等参与建设;可以在服务领域如教育、技术培训、金融、旅游、餐饮等合作;在高新科技方面可以在包括电子商务、信息资讯、环保、制药等参与开发;还可以到东盟当地融资上市,创造国际市场;等等。充分利用自身比较优势,广东具有开拓东盟市场的巨大潜力。

东盟国家人口众多,自然资源丰富。经济发展水平较低的国家一般均具有廉价劳动力和资源优势,特别适合广东成熟的资源密集型和劳动密集型产业转移。因此,将部分优势产业转移到相关东盟国家,利用当地低成本的人力与原材料要素,结合广东产业技术水平比较高的优势,既可形成新的竞争优势,也能使广东制造业产业链条得以延续,有效实现本地产业升级。同时,通过前往东盟一些国家投资设厂生产,利用当地的优惠便利条件将产品直接出口美国和其他国家,可避开这些国家对我国部分产品的出口限制。还能起到就地生产,就地销售,开拓东盟市场成效。

一些在广东已经发展饱和的产业,在东盟还大有前途。如广东的家电业在国内的利润空间已经很小,企业与其在国内打价格战,还不如到东盟寻找机会。据统计,目前我国生产的电视机在印尼市场的占有率已达20%,VCD机的占有率更高达90%。TCL等企业征战东盟均取得不俗的业绩。其中,TCL在越南的彩电生产厂年产达50万台。广州、深圳和东莞等地企业在这些方面也将大有可为,特别是关税废除后,大量的商品可通过多种渠道进入东盟国家,这对于珠江三角洲的企业是一次大机遇。

广东要发挥在机械制造、食品加工、纺织服装、化工等方面的技术、资金、市场优势,鼓励企业到东盟欠发达国家投资设厂,开展装配、加工、生产。

根据《中国东盟自由贸易区全面经济合作框架协议》,中国和东盟各缔约方同意在农业、信息及通信技术、人力资源开发、投资以及湄公河盆地的开发等五个优先领域加强合作,此外还将扩展到银行、金融、旅游、工业、交通、电信、知识产权、中小企业、环境、生物技术、渔业、林业及林业产品、矿业、能源以及次区域开发等广泛的领域,广东与东盟国家应该根据各自企业的专业特长和各国投资市场的需求格局,在上述各领域寻求自己的行业发展空间。

同时,广东与东盟各国应该根据国际环境的变化和自身经济发展需要进行产业结构调整,按国际分工来增强双方商品生产的互补性,更多地生产对方稀缺产品,以避免不必要的激烈竞争。在广东与东盟双向产业转移中,要根据双方产业的互补性和竞争性进行选择,按照比较利益原则发挥各自的优势,合理选择投资项目,逐步形成合理分工体系。

第五节　广东到东盟投资合作将遇到的难题

一、广东企业自身问题

首先,产业配套不完善仍是制约广东企业在东盟发展的最大难题之一。

其次,最欠缺的是人才。国际经营和管理的人才,不是一天两天就能培养起来的,需要相当长时间的实践和积累。

第三,信息渠道不畅,加大了拓展东盟市场的难度。目前,我们对东盟国家的研究大多集中在几个较发达的成员国,对一些落后国家,信息资源相对较为缺乏。

第四,资金不足,投资项目贷款困难。民营中小企业是开拓东盟市场的主力军,但普遍都遇到资金短缺、投资项目贷款困难等问题。

二、激烈的市场竞争

一方面是来自东盟本地企业的竞争。尤其是经济发展水平比较高的老东盟国家。由于产业结构相似,特别是在很多劳动密集的产业内,与东盟本地企业的竞争将比较激烈。如在制药产业,东盟各国在规范中成药监管的同时,鼓励本国企业大力发展和仿制中成药,并在中国境内建立药材生产合作基地,特别是东盟区域内的传统药物生产国新加坡等,无论在技术还是销售渠道等方面都优于我方企业,这对广东企业开拓东盟药物市场将形成一定的阻力。又如与越南的纺织品就存在较强的竞争,越南纺织品生产商的竞争力仅次于中国,居亚洲第二。另一方面是来自日本、欧美、韩国及台湾地区等企业的竞争压力。这些国家和地区的企业一般实力都比较强,且大多比广东企业更早进入东盟市场,更加较熟悉当地环境。此外,印度这个竞争对手不能轻视。拥有接近10亿人口的印度此前已和东盟多个国家实现零关税,而这次中国与东盟签署《投资协议》的同时,印度也与东盟签署了《货物贸易协议》,根据协议,多种产品也将在2010年实现零关税。

三、东道国各种风险限制

东亚金融危机过后,东盟各国为恢复经济,大力吸引外资,普遍降低外资进入的门槛,制定不少鼓励投资政策,不断优化投资环境。但东盟各国对外来投资设置的各种限制和风险依然存在。

由于历史原因,虽然东盟各国基本都实行对外开放的经济政策,但各国对外开放的程度差别较大,个别国家还由于政局不稳等原因,一定程度上限制了外资的进入。政治因素应该是在东盟考虑投资的第一要素。如印尼的政局相对来说就不是很稳定,各种制度也不是很健全。泰国、缅甸也面临政局动荡风险。广东企业要走出去,需要一条政府引路市场主导的道路。东盟 10 国社会制度不同,宗教文化也有差异。如何规避与东盟合作的政治风险、反倾销的风险、不能溶入当地文化的风险以及金融风险等潜在风险,已成为广东企业把握东盟市场的隐忧。

广东企业到东盟投资设厂,必将在当地招收工人,而东盟工人普遍比较散漫,这是对广东企业文化与投资地文化如何融合的一个考验。

企业在东盟经营还面临成本高企的问题。如越南电费高,而电力供应品质较低及经常停电,致使投资业者蒙受损失;港口规费偏高,货轮每次抵达均应办理 127 项核准泊岸手续;电话费虽获调降,但仍比区域内各国高;签证费按规定仅 20 美元,投资者却须付 100 美元至 200 美元不等。

贸易保护主义的影响。如在越南,我方曾有几个大项目都投入精力争取,但最终无功而返,主要是卡在了矿产资源投资许可证和开采许可证上。

投资政策的影响。如马来西亚政府政策规定,外资设立公司只能占 70% 的股份,30% 的股份必须留给当地人持有。加上马来西亚工业有一定基础,对设备和产品的要求较高,有些中国企业的产品质量还跨不过这个“门槛”。此外,马来西亚对外国人申请工作准证限制颇多,商务、劳务人员申办证件时有一定困难。

因此,广东企业在与东盟各国进行合作时要有针对性,一定要弄清楚各国的经济社会政治环境、投资条件和有关的法律法规条款。此外,还要加强市场研究,在国别和产业上作积极而谨慎的选择。政府应设立专门的信息服务机构,及时为企业提供最新信息咨询服务。对中小企业要大力扶持,提供资金保障与投资培训。

第六节　建立区域内产业协调机制促进产业合作

广东与东盟各国产业如何分工协调,才能朝着既改变原有的不合理结构,又增进本区域产业升级的目标努力,是广东与东盟产业合作面临的一个重要课题。

广东与东盟国家在资源优势和产业优势方面具有较强的互补性,存在的竞争关系可以通过协商和调整产业结构加以解决。东盟国家需要外部力量的帮助,来促进区域内部的投资和贸易;广东也需要通过东盟这个平台拓展在国际市场的空间和促进自身产业结构的升级以及弥补自身资源的严重不足。因此,广东和东盟都应抓住中国—东盟自由贸易区建设机会,在开拓双方市场的同时,加强相互投资和合作,共同提高国际竞争力。

广东必须与东盟各国寻求一种"在共同增长中促进合作"的战略思路,积极主动地加快产业升级步伐,要发挥广东和东盟作为一个整体的优势,在区域内积极开展合作,促进各国共同发展。

一、重新调整产业结构,争取在国际分工体系中取得更有利的位置

在经济快速发展轨道上,广东与东盟国家基本都是政府主导的劳动密集型以及出口导向型发展模式,双方的竞争很大程度上是因为在国际分工体系中处于相似的位置,并且面临同样的商品市场。只有形成不同的分工,才能增加互补性而减少竞争性。因此,广东应该主动调整产业结构,争取和东盟国家在产业层次上拉开一定的距离。一方面,在现有产业基础上主动调整;另一方面,要加强对国际直接投资的引导,避免在新一轮国际产业转移中再次出现产业结构趋同和在同一层次的产业竞争。争取与东盟各国在产业结构上拉开一定层次,或者在同一层次上展开不同的专业化分工。

二、依托比较优势,发展双向投资

由于产业结构与投资、对外贸易相互影响,故在协调产业政策的同时,应注重区内投资政策、对外贸易政策和产业政策三方面相互协调。鉴于目前广东与东盟各国双向投资领域尚狭窄,有必要从调整投资领域入手来调整投资发展战略。一方面将部分能量过剩的劳动密集型产

业以及依赖原材料的部分制造业随广东企业的投资向东盟欠发达国家转移;另一方面将这些国家的资源、能源和部分经济较发达国家资金、先进技术和管理经验吸引到广东来,带动东西两翼和粤北山区等欠发达地区发展。从而形成一个有效的国际化双转移。

三、注重对外投资服务,促进体系建设

加强与驻外使领馆及商务机构的联系沟通,建立政府定期会晤机制和民间交流合作机制,密切与东盟各国商务主管部门、工商企业界、行业协会及各类团体之间的联系,搭建不同层次的沟通合作平台;拓宽信息采集渠道,编制投资信息库或行业、区域投资指导目录,发布企业境外投资意向,分析境外投资发展趋势,提供境外政策环境、法律法规、企业资信、项目合作等信息,为企业提供信息、法律、财务、知识产权和认证等方面的服务,为各类机构和企业提供一个相互了解和沟通的信息平台;加强对境外投资项目的统筹协调、风险管理和跟踪监管,妥善解决企业在境外的投资争端等,建立和完善境外投资的监管体系,加强行业自律,规范经营行为,维护投资者的利益,促进投资的健康发展。

四、建立和完善沟通协调机制和渠道

广东与东盟均要从战略高度,建立和完善相互间沟通协调机制和渠道。通过建立多方产业合作协调机制,以维护各方利益;通过各国间的协调机制,在区域内建立起良好的协作分工体系;通过充分发挥各国的比较优势,实现有序竞争,解决产业结构雷同的问题。因此,注重双方合作的针对性、规划性和连续性十分必要。

第四章　广东在次区域合作中发挥更大作用

第一节　次区域合作在深化中国—东盟 10 + 1 合作中的地位、意义

一、区域合作、次区域合作的一般叙述

（一）区域合作是经济全球化的重要形式

区域合作明显地体现着当今世界经济发展的两个趋势（或现象），一是经济全球化，亦可称经济自由化。在存在国家政权的情况下，商品、资本等市场经济的要素要实现无障碍自由流动，不是一蹴而就一步到位的，而是采取区域化合作的方式分阶段逐步实现的；二是政府在经济发展中的作用，主要体现在宏观领域的政府参与和指引，比如开启区域合作所必需的政府间的协调、协作。

这两个趋势貌似存在矛盾。因为前者，即市场经济，或者说自由经济，是一种依靠民间自发组织、依靠个人意愿建立起来的一种生产方式、经济形式，市场经济本身要求政府最大限度地克制、约束自己的行为，尽量避免涉入生产领域或经济领域，不介入、少干预经济的组织、运营、管理。而后者则表明，在市场要素自由化流动的过程（也即全球化过程）中，政府有必要在经济发展领域（当然主要在宏观领域）中扮演着重要角色，这一点甚至是不可或缺的。

当然，这二者并不矛盾。因为后者，即所谓政府在经济领域中的作用是有严格限制的，这种作用不仅是在宏观经济领域，而且与其说是在经济领域，毋宁说是在外交、政治领域。就拿区域合作这个论题来说，

国家间的合作,仅仅是构建一个发展环境,一个制度框架,就像在国内制定某些规章制度一样,这些制度性的安排,并不涉及具体的经济运营,而是为具体的经济运营提供一个外部条件或规则环境(这种规则,多是宏观领域,不是具体事务性的,而是大而化之的原则性的)。这种区域合作的制度框架,一般不可能由私营机构之间达成,而须交给国家政府去推行、保障。

由于世界各国发展的不平衡,经济水平、制度模式、文化传统等等方面差异较大,这给经济全球化造成障碍。而政府引导的区域合作,可以在一定地理范围之内,有效消除这些客观差异带来的交流障碍,实现局部区域的经济一体化、自由化,从而有效推进经济全球化。

区域合作,能够有效消除区域内经济壁垒,达成区域内制度环境的同质化,大大减低了区内经济活动的行政成本,从而对于区内经济具有较大的推动作用。当前 WTO 框架下的普惠制的作用逐渐淡化,区域合作框架下的双边、多边的区域性优惠原产地证制度越来越受到青睐。很多国家、地区都纷纷投入到了区域合作浪潮中去。

(二)次区域合作是区域合作的形式

所谓次区域合作,就是在涵盖范围较大的区域合作原则、框架下,出现的一种涵盖范围较小的区域合作机制安排。一般来说,次区域合作是区域合作的一个子集,它必然受制于区域合作的大战略、大规则。当区域合作涵盖范围较广,内部条件差异比较大,成员国、地区之间目标必定不一致,从而导致合作协议的难以达成。在这种情况下,内部会形成较小规模的次级合作组合,即所谓次区域合作。

区域合作与次区域合作概念是相对的。其成立的时间先后也不是固定的。有的先有区域合作,再有次区域合作,有的是先建立的区域合作被后来更广泛的区域合作包容、吸纳进去,而成为次区域了,比如欧盟。也有的是更大范围的区域合作在吸纳原先的区域合作之后,再分蘖、组合出新的次区域合作,美洲自由贸易区以及东盟自由贸易区属此。

二、经济制度、经济发展水平以及自然条件制约区域合作

探讨影响、制约区域经济合作的因素,有利于我们对区域合作或次区域合作形成机制、运作机制的理解与把握。具体来说，影响区域合作或次区域合作的因素有：

（一）社会经济制度的差异

这是制约区域合作最重要的因素。社会经济制度是人们的行为规则。区域合作的首要前提是规则、制度共识。假如各自认同的游戏规则不一致，假如区域内各方的社会经济制度、市场法规，各不搭调，甚至连度量衡都牛头不对马嘴，这个区域内的各方经济自然难以达成统一。从欧洲煤钢共同体到欧洲共同体，再到欧盟，最后到欧盟东扩这一过程，从北美经济共同体的建立过程等区域合作案例中，我们都可以看到一个区域经济合作体中，社会制度因素是如何起着决定性作用的。

（二）经济发展水平的差异

经济发展水平，是制约区域合作最重要的因素。经济（一般理解为市场经济）越发达，区域经济合作越容易达成，因为市场经济是一个外向型经济，市场经济越发达，越需要扩大经济活动的边界，区域合作的内在需要越强烈。而对于不同经济发展水平、阶段的国家，他们之间达成区域合作也有一定的障碍，因为不仅他们使用的科学技术、生产设备工具、劳动对象不同，更重要的是他们之间的生产组织、市场发育程度、消费层次与偏好、经济发展目标与利益等等方面也不一致，要达成区域合作，就必须照顾、平衡不同经济发展水平国家各自不同的需求与利益，尤其是对于落后国家的一些特殊利益的考虑。

（三）自然条件

决定区域合作或者次区域合作的另一个重要因素就是自然条件，最主要的是地理位置。一般来说具有某种共同特征的地理条件的国家、地区，比如接壤，共享一片水域，或者共处一个相对独立的地理单元等，比较容易达成区域合作。

三、东盟自由贸易区必须有次区域合作作为补充

（一）差异性、多样性的需要

东盟老六国，经济发展水平接近，社会制度相若，地理位置相对集中，所以能够比较早的结成区域合作同盟；而东盟新四国，则比较落后，

有的还刚摆脱非市场经济体制,正处于向着市场经济制度过渡的初期。他们加入的条件、层次都受到其经济发展水平与经济体制的双重制约,没能一步到位地融入东盟老六国达成的各种协定,新四国与东盟老六国之间的区域合作必然有一个逐步磨合的过程。

20世纪末21世纪初,中国、日本、韩国,以及后来的澳洲、印度等国家纷纷要求加入东盟自由贸易区,并陆续达成合作协议。这使得东盟自由贸易区的规模大大扩展,内部情况更加多样、复杂。

在这种情形下,东盟这个大区域合作架构允许其成员国进行再组合,形成所谓次区域合作模式,用以补充大区域合作之不足。在这种制度安排下,经济发展水平相近国家、地区就可以走到一起,结成新的合作机制,更切实地发挥区域合作这一经济发展的重要工具、杠杆的作用。

东盟国家内部的整合之难度也许不比外部整合的难度低。故此,为了促使东盟各国自身发展,允许发展水平不同的国家采取有差别的区域一体化策略,次区域合作,就是这种变通的机制,它使得东盟各国根据自身的自然条件、社会经济发展水平来寻求区域合作伙伴,各取所需地获得、利用区域合作协议的成果。

故此我们看到,东盟内部合作、东盟与东盟周边国家(主要是中国、日本韩国等)之间的合作机制不断推进的过程,也就是东盟次区域合作在不断推出、强化的过程。大湄公河次区域合作,中国—东盟10+1自贸区,东盟—日本、东盟—韩国、东盟—印度、东盟—澳洲之间的区域合作安排陆续推出。故此,我们可以将次区域合作作更广义的解释,即可以将有关国家签订的跨境多边合作协定都解释成一种次区域合作,比如东盟过去老六国以及现在10国跟西方国家签署的合作协议,包括双边自由贸易协议等。

(二)深化中国与东盟自贸区合作需要积极推进次区域合作

中国与东盟之间签署了10+1合作框架协议,中国还积极促进了泛北部湾经济区以及中越"两廊一圈"经济区次区域合作机制。这是中国在地区经济组织中承担责任负起义务的表现,是中国参与东盟经济发展、推进亚太地区经济一体化化发展的重要举措。这是中国自身经济发展的需要。它对我国改革开放和经济建设意义重大。

由于东盟国家内部发展的不平衡,以及我国各省区发展的不平衡,中国与东盟这两大经济体之间要达成比较同一、全面接轨的制度安排尚存在比较大的困难,为了尽可能落实中国、东盟两大经济体达成的合作框架协议,使之切实发挥出实际的功效,让两个大经济体的有关方面早日享受到合作协议的果实,必须充分利用次区域合作这一灵活变通的合作机制。

我国正处于市场经济制度建立初期,经济发展整体水平不高,再加上跟相对落后的东盟新四国在地缘上接壤,参与的次区域合作多跟东盟新四国有关,比如大湄公河次区域合作、泛北部湾区域合作、中越"两廊一圈"等。2003 年 1 月 1 日起,我国与泰国达成的 10 + 1 框架下早起收获产品率先实施零关税协定正式实施,是中国—东盟 10 + 1 区域合作下的一个次区域合作的尝试。

次区域合作机制实施的情况表明,这种率先推进的次区域合作协议可以使得我国率先得到区域合作的实惠,同时也加快了我国融入东盟区域合作、建成中国—东盟自贸区的步伐。

第二节　东盟次区域合作的现状

一、东盟国家内部次区域合作

为了克服国家、地区经济、文化乃至政治差异给区域合作带来的困难,东盟自 20 世纪 90 年代初以来萌生出多个次区域经济合作,先后有:新加坡、马来西亚柔佛和印尼的廖内群岛等组成的"新柔廖增长三角",又被称为"东盟南增长三角";印尼、马来西亚、泰国相邻部分组成的"东盟北增长三角";文莱、印尼、马来西亚和菲律宾相邻部分组成的"东盟东部经济增长区(简称东盟东增长区)"等。这些次区域合作机制深化了东盟区域合作,促进了东盟各国经济发展。

(一)东盟南增长三角(新马印尼增长三角或新柔廖增长三角)

东盟南增长三角是东盟最早出现的次区域经济合作机制。1989

年12月,时任新加坡总理吴作栋首先提出发展"新加坡—柔佛(马来西亚的一个州)—巴淡岛(印尼廖内群岛的一个岛屿)增长三角"的构想,1990年这一构想得到时任印尼总统苏哈托和时任马来西亚总理马哈蒂尔的积极响应,并正式建立区域经济合作。这一经济合作区最初只包括新加坡、马来西亚柔佛州和印度尼西亚廖内群岛,因此又被称为"新柔廖增长三角"。1996年和1997年,马来西亚南部的马六甲、森美兰、彭亨和印尼的西苏门答腊、南苏门答腊、占碑、明古鲁、西加里曼丹等省相继加入南增长三角,因此又可称作"新马印尼增长三角",因为它位于东盟区域的南部,通常称为"东盟南部增长三角"。

1995年至2003年间,东盟南增长三角共吸收外资达579.53亿美元,是同期新、马、印尼三国吸收外资总额的38.89%①。

(二)东盟东部增长区

东盟东部增长区(Brunei Darussalam Indonesia Malaysia the Philippines – East Asean Growth Area,简称 BIMP – EAGA)是东盟内三个次区域合作之一,指包含马来西亚东部的沙捞越州(Sarawak)、沙巴州(Sabah)和纳闽岛(Labuan),印尼东部的加里曼丹(Kalimantan)、苏拉威西(Sulawesi)、伊利安查亚(IrianJaya)和马鲁古群岛(Maluku),菲律宾南部的棉兰老岛(Mindanao)和巴拉望岛(Pahlawan),以及文莱(Brunei)全部地区,总面积156万平方公里,人口约5500万。这片地区除文莱外,都属于经济不发达地区②。

增长区的概念最早由当时菲律宾总统拉莫斯于1992年提出,得到了区内其他国家领导人的积极响应。1994年3月,增长区在菲律宾达沃市(Dawao)正式成立。

2003年9月10日至12日东盟东部增长区(以下简称增长区)第十一次高官会和第八届部长会在菲律宾达沃市召开,此次会议决定对增长区的结构进行更改,将原来的13个工作小组改变成四个工作组,

---

① 见"概念解析:东盟南增长三角",广西县域经济网,http://www. gxcounty. com/news/fzlt/20090722/47473. html。

② 见"东盟东部增长区简况",宁波市对外贸易经济合作局网页:http://www. nbfet. gov. cn/zhuanti/index. php/zhuanti/view/id/10666/sub/1。

即运输和基础设施建设、旅游开发、能源、中小企业发展工作组,分别由文莱、马来西亚、印尼和菲律宾负责牵头。

2005 年,增长区制定了今后 10 年经济发展的路线图,确定了四大合作领域:交通、基础设施和信息产业;农业产业和自然资源;旅游和中小城市企业发展。根据路线图,在 2006 年至 2010 的五年中,增长区各成员之间将实现区域间贸易和重点投资领域 10% 增长,旅游业 20% 的增长。

2005 年 9 月 21 日在文莱举行的第 10 届增长区部长会议一致同意邀请中国成为发展伙伴,9 月 29 日在老挝万象举行的第四届中国与东盟经济部长磋商会议上,中国商务部副部长代表中国政府表示接受邀请。在 2005 年 12 月 11 日举行的东盟东部成长区峰会上,与会四国领导人欢迎中国成为东盟东部成长区发展伙伴。

2009 年 6 月 27 日,东盟东部增长区四国(文莱、印度尼西亚、马来西亚和菲律宾)在印尼举行的东盟东部增长区第四次交通部长会议上签署了"跨境及境内货物运输谅解备忘录"。文件旨在便利区域内货物流动,降低运输成本,为成员国私营企业提供更多跨境贸易和投资机会。此前,四国在交通运输领域已经签署了关于空运、海运及陆运合作谅解备忘录。

(三)东盟北部增长三角

1993 年 7 月,印尼、马来西亚、泰国三国召开首次部长级会议,正式决定建立"东盟北部增长三角",其范围包括印尼的亚齐和北苏门答腊两省,马来西亚的吉打、玻璃市、槟榔屿和霹雳四州,泰国的那拉惕瓦、北大年、沙敦、宋卡和也拉五府,因此又被称作"印马泰增长三角",总面积约 20 万平方公里,人口为 2100 万,比东盟南增长三角覆盖的范围大。

印、马、泰三国成立了两个委员会负责制定开发计划,并提出多项准备合作的项目,其中包括跨国界贸易和投资,开发人力资源、旅游业、种植业和渔业,能源开发,工业合作,基础设施建设,运输服务和环境保护等,希望通过发挥三角区域内经济互补性和比较优势,加速私营经济的增长、增强吸收外资和扩大出口的能力、降低运输成本和交易成本,通过实现规模经济减少生产和分配成本,创造新的就业机会,改善当地的福利状况①。

二、东盟与周边国家、地区构成的次区域合作

(一)大湄公河次区域合作

大湄公河次区域合作(缩写 GMS:GREATMEKONGSUBREGION-COOPERATION)是指湄公河流域的六个国家和地区,包括柬埔寨、越南、老挝、缅甸、泰国和我国云南省。我国又称为"澜沧江—湄公河次区域"。

GMS 经济合作计划,由亚洲开发银行于 1992 年发起,旨在通过加强湄公河流域国家和地区的经济联系来促进该地区货物、资金、人员的自由流动及贸易便利化,以实现该地区经济增长和人民生活改善。亚行是 GMS 合作机制的协调机构,并提供部分技术援助资金,开展必要的活动。GMS(次区域合作)秘书处设在亚行总部所在地马尼拉。

GMS 合作机制最初确定的优先领域包括交通、通讯、能源、环境、旅游、贸易便利化、投资、人力资源开发。GMS 机构设置包括部长级会议、领导人(高官)会议;上述八个领域的工作组和论坛。"GMS 领导人会议"是大湄公河次区域经济合作的最高决策机构,每三年举行一次,各成员国按照字母顺序轮流主办。自成立以来,大湄公河次区域经济合作已经举行了三次领导人会议。其中第二届由我国云南省承办。每一届会议都签署了重要协议或协定。主要有:《2002—2012 大湄公河次区域经济合作 10 年战略框架》、《大湄公河次区域跨境运输协定》、《大湄公河次区域政府间电力贸易协定》、《2004—2008 大湄公河次区域合作行动计划》、《2008—2012 大湄公河次区域合作万象行动计划》。

鉴于农业在 GMS 国家国民经济中所发挥的巨大作用,在 2001 年 11 月 GMS 国家部长会议上确定了将农业和自然资源加入 GMS 区域合作领域,在 GMS 原有的八个工作组的基础上成立农业工作组,以促进

———————

① 见"概念解析:东盟北增长三角",广西县域经济网:http://www.gxcounty.com/news/fzlt/20090722/47477.html。

次区域内农业合作。

至 2008 年，16 年来，GMS 共开展合作项目 180 个，总投资额超过 100 亿美元。

中国是 GMS 的主要参与国，在交通、能源、电信、农业、环保、人力资源开发、卫生、旅游、贸易投资等九个领域都签署了众多的合作协议，参与、承担了众多项目的建设。有些项目已经建成，有的正在兴建，还有的在抓紧筹建。

目前，GMS 三条南北经济走廊、一条东西经济走廊和两条南部经济走廊所涉及的几十个边境检查站已开始逐步实行一站式联检，简化签证程序，对部分货物过境实行免检，允许一国车辆在他国营运等，使得跨境客货运输更加便利，次区域内陆国家货物可以直达东部港口。

（二）"两廊一圈"与"一轴两翼"

1."两廊一圈"

2004 年 5 月 20 日越南前总理潘文凯访华时提出"两廊一圈"合作机制，得到中国方面的支持。双方成立了专家组对此问题进行研究。2005 年 4 月，中越双方专家组在河内举行会议，并就"两廊一圈"合作统一了意见，确定了共同发展的原则、框架和优先合作领域。2006 年 11 月胡锦涛总书记访问越南时与越南方面签署了《"两廊一圈"合作发展计划谅解备忘录》。2007 年 4 月，双方签署《关于交通基础设施工程建设合作谅解备忘录》。

"两廊一圈"合作机制："两廊"指从越南海防抵达南宁和昆明的两条交通线，即：海防—河内—老街—昆明；海防—河内—谅山—凭祥—南宁；"一圈"即环北部湾经济圈，涵盖了越南的海防、广宁，广西的北海、钦州、防城，广东的湛江，海南的海口、三亚等。"两廊一圈"的具体合作领域包括：交通运输、口岸贸易和经济、旅游、农业和林业、工业、水产业和海洋经济、文化、科技及环境保护等。该合作机制涉及我国广西、云南、广东以及海南四省区。

2005 年末，我国第一条通往东盟国家的高速公路——南宁至友谊关（"南友高速"）正式通车。广西作为中国—东盟之间陆路通道、物流仓储枢纽的地位得到提升。同时，云南昆明至泰国曼谷的昆曼高速公路正在建设中。2007年4月在中越双方签署《关于交通基础设施工程建设合作谅解备忘录》的同时,中国招商局集团与越南国家航运公司签署合作投资建设巴地—头顿集装箱码头。有关合作项目一旦建成,"两廊一圈"的合作机制有望发挥更大功效。

2."一轴两翼"

2006年7月20日,广西壮族自治区前任党委书记刘奇葆在此间召开的"环北部湾经济合作论坛"上提出构建中国—东盟区域"一轴两翼"新格局的设想,并将这一新格局称为中国—东盟"M"型区域经济合作战略。

按刘奇葆的话说,这个新格局就是,由泛北部湾经济合作区、大湄公河次区域两个板块和南宁—新加坡经济走廊一个中轴组成,形成形似英文字母"M"的"一轴两翼"大格局。

可见,所谓"一轴两翼"构想,其实就是将"大湄公河次区域合作"、"两廊一圈"合作等区域合作构想的一个综合,仅仅是上述两个切实推进的次区域合作的一种概括表述而已。

(三)有关北部湾的区域合作

北部湾及其以南海域的南中国海,除了拥有石油、天然气、渔业等丰富资源之外,还是一个重要的国际航道,是日本、韩国、中国台湾和中国大陆的海上运输的大动脉,周边的越南、菲律宾、马来西亚、印尼以及中国的多个石油生产、储备中心也分布与此。北部湾地区的发展对于中国以及邻近的国家、地区的发展有着非同寻常的意义。中国与东盟自贸区的建设,自然不可以忽略北部湾地区的重要意义。

1.几个提法的解释

有关北部湾区域经济合作,有多个提法,主要有下述三个:"环北部湾经济圈","泛北部湾经济合作(论坛或机制)","北部湾经济区"。前二者属于跨国区域合作范畴,第三个属于我国内部的一个区域经济概念。

——"环北部湾经济圈",一般来讲,它属于"两廊一圈"之下的范畴。涉及的地区包括越南、广西、广东、海南的部分临近北部湾海域的地区。

——"泛北部湾经济合作区",将中国与越南的环北部湾经济合作延伸到隔海相邻的马来西亚、新加坡、印尼、菲律宾和文莱等东盟中临近北部湾的国家,逐步提升为中国与东盟之间一个新的次区域合作项目。

——"北部湾经济区"。一般是特指 2008 年获国务院批准实施的《广西北部湾经济区发展规划》中所指的一个经济地理区域,它是一个我国内部的一个经济发展战略或经济政策。它将广西沿海地区作为一个经济区来统筹开放开发,并将其建设成为跟珠三角、长三角、渤海湾等经济区同等并列的"重要国家区域经济合作区"。

2. 有关北部湾的跨境合作机制

(1)"泛北部湾经济合作论坛"

该论坛是由广西壮族自治区党委、人民政府倡议,会同中国有关部委,由越南、新加坡、文莱、马来西亚、印尼和菲律宾等国家参与的,就泛北部湾区域经济发展有关问题进行讨论的一个交流平台。原名"环北部湾经济合作论坛"。

2006 年 7 月 20 日至 21 日首届"环北部湾经济合作论坛"在南宁举行。主办单位是:中国国务院西部开发领导小组办公室、财政部、中国人民银行、国务院发展研究中心、人民日报社、亚洲开发银行和广西人民政府。文莱、印尼、马来西亚、菲律宾、新加坡、越南等东盟国家政府官员参加,还有日本、韩国的政府官员参与。主题为"共建中国—东盟新增长极"。

2006 年 10 月在第三届中国—东盟商务与投资峰会和第十次中国与东盟领导人会议上,温家宝总理两次代表中国政府正式提出要"积极探讨泛北部湾经济合作的可行性"的倡议。2007 年开始,"环北部湾经济合作论坛"更名为"泛北部湾经济合作论坛"。

2007 年 7 月 26 日,"2007 泛北部湾经济合作论坛"在广西南宁召开,本届论坛由中国国务院西部开发领导小组办公室、财政部、交通部、商务部、中国人民银行、国家旅游局、国务院发展研究中心、人民日报社、国家开发银行、亚洲开发银行和广西壮族自治区人民政府共同主办。出席本届论坛的有来自上述主办单位的领导、东盟秘书处副秘书长,文莱、印度尼西亚、马来西亚、菲律宾、新加坡、越南等泛北部湾及东盟其他国家的官员,国际著名经济学家、中国与东盟著名专家学者和国际知名企业、金融机构的代表。论坛以共建中国—东盟新增长极为宗旨,共同推进泛北部湾经济合作,构建中国—东盟"一轴两翼"区域合作新格局。

2008 泛北部湾经济合作论坛于 7 月 30 日至 31 日在广西北海市举办。本届论坛在继续沿用前两届论坛主题"共建中国—东盟新增长极"的基础上,根据世界经济发展和区域合作的新形势,确定副题为"沟通、合作、繁荣"。

北部湾经济区规划建设管理委员会办公室初步设想于 2009 年 7 月底在北海举办 2009 泛北部湾经济合作论坛,初步确定论坛的主题为:共建中国—东盟新增长极——拓展合作,化危为机。具体分三个议题:议题一是:"全球金融危机与泛北部湾经济合作";议题二是:"泛北部湾经济合作的项目选择与资金支持";议题三是:"泛北部湾经济合作中广西北部湾经济区的实践"。

2009 年 8 月 6 日,"二〇〇九泛北部湾区域经济合作论坛"在南宁开幕。刚加入"泛北"论坛的泰国成为主办方之一。

(2)泛北部湾区域经济合作市长论坛

2007 年 4 月 26 日在"首届泛北部湾区域经济合作市长论坛"上,来自越南、泰国、菲律宾、印尼、新加坡、缅甸、马来西亚、中国等八个国家十六个城市达成广泛共识,一致通过并签署了《首届泛北部湾区域经济合作市长论坛北海宣言》。《宣言》提出,泛北部湾各城市将在海上旅游、港口物流、产业对接与合理分工、经济发展与环境保护、科技教育等领域加强合作,逐步实现泛北部湾城市之间的无障碍旅游,培育独具泛北部湾特色的优势产业集群;在平等和相互尊重的基础上,采取更多便利措施,增进相互了解和友谊,促进区域内经济繁荣和社会进步。宣言并通过了泛北部湾区域经济合作市长论坛每年举办一届,举办地常设中国广西北海市的提议。而由于种种原因,"泛北部湾区域市长论坛"至今只举办了一次。

3. 国家最新区域发展战略——"广西北部湾经济区"

《广西北部湾经济区发展规划》依据党的十七大精神和《中华人民

共和国国民经济和社会发展第十一个五年规划纲要》、国家《西部大开发"十一五"规划》编制,该经济区处于北部湾顶端的中心位置,主要包括南宁市、北海市、钦州市、防城港市所辖区域范围,以及功能组团中涉及的凭祥和龙潭范围,经济区土地面积达 4.25 万平方公里,海域总面积近 13 万平方公里,海岸线长 1595 公里,人口 1250 多万。规划期为 2006 年至 2020 年。2008 年 1 月,该规划已获得国务院批准为国家级区域发展战略。

中国政府给予广西北部湾经济区的功能定位是:立足北部湾、服务"三南"(西南、华南和中南)、沟通东中西、面向东南亚,充分发挥连接多区域的重要通道、交流桥梁和合作平台作用,以开放合作促开发建设,努力建成中国—东盟开放合作的物流基地、商贸基地、加工制造基地和信息交流中心,成为带动、支撑西部大开发的战略高地和开放度高、辐射力强、经济繁荣、社会和谐、生态良好的重要国际区域经济合作区①。有人把环北部湾经济圈称为继珠三角、长三角、环渤海之后,中国未来经济增长的"第四极"。

"广西北部湾经济区"战略是与中国—东盟自贸区及有关次区域合作机制密切相关的。中央政府之所以批准实施"广西北部湾经济区"区域发展战略,正是因为广西处于中国—东盟自贸区的结合地带这么一个重要地理位置,广西是有关次区域合作的重要参与方。而"广西北部湾经济区"建设的目标正是建成面向东南亚的、与东盟交流合作的中心。实施这一国家战略,是中国政府对推动中国—东盟自贸区建设的重大举措,体现了中国要充分利用该自贸区建设成果的战略意图。

为了落实《广西北部湾经济区发展规划》,广西先后出台了《关于实施〈广西北部湾经济区发展规划〉的决定》、《关于推进北部湾(广西)经济区开放开发的若干意见》、《关于促进广西北部湾经济区开放开发的若干政策规定》等政策文件。推出了包括产业、财税、土地使

---

① 见"中国政府批准实施《广西北部湾经济区发展规划》",新华网广西频道:http://www.gx.xinhuanet.com/newscenter/2008－02/21/content_12506029.html。

用、金融、外经贸发展、人力资源和科技开发、优化投资环境等多个优惠政策措施。广西钦州港临海工业园建设已经动工兴建,总投资150多亿元、占地3100多亩的中石油千万吨炼油项目,亚洲最大的单一化纸浆生产线——金桂林浆纸项目,年发电40.9亿千瓦时的国投钦州电厂这三大项目落户该经济区。总投资110亿元的两期沿海基础设施建设已接近尾声。经济区现有生产性泊位191个,其中万吨级以上码头40个,最大靠泊能力20万吨,在建深水泊位18个,力争提前实现亿吨大港的目标。

广西北部湾经济区势必在中国—东盟自贸区中扮演重要角色。

第三节　广东参与中国—东盟自贸区及次区域合作现状分析

一、近年来,广东与东盟合作日趋紧密

近年来广东与东盟经贸往来日趋紧密。2008年广东与东盟进出口贸易为626.5亿美元,居全国各省区之首,占据着中国与东盟之间贸易的1/3强。东盟已经成为广东第六大贸易伙伴,是广东第五大出口市场,也是广东第三大进口来源地。在双边投资方面,至2008年5月,广东对东盟协议投资累计10.6亿美元。2009年3月以来,在金融危机的严峻形势下,广东对东盟出口连续5个月增长,其中3月和4月对东盟出口连续两个月突破20亿美元,7月份对东盟出口更是达到23.7亿美元,再次刷新年内对东盟单月出口的纪录,已率先实现回暖。经贸往来的日益密切,呼唤广东—东盟合作进一步深化、提升。

(一)政府领导出访

2005年11月2日至18日,时任广东省委书记张德江率广东省代表团出访澳大利亚、菲律宾、印尼、泰国,经贸合作签约86.31亿美元。代表团包括有200家企业的约500名企业家。

2007年,省长黄华华率团访问马来西亚,并参加"2007中国广东—马来西亚经济贸易合作交流会"。此次经贸活动期间广东省签约

招商引资、对外贸易、对外投资合作项目总金额63.35亿美元。

2008年9月3日至17日，新任广东省省委书记的汪洋率庞大代表团前往东盟诸国考察、洽谈、签约。为了确保此次考察成功，广东省政府在5月底特地召开"走进东盟座谈会"，省外经贸厅、有关市县、企业对过去广东与东盟之间的经济合作进行了一番总结和经验交流，万庆良副省长出席会议并讲话。汪洋率广东代表团和经贸团访问了印尼、越南、马来西亚和新加坡四国，签署了近109亿美元的合同。汪洋在会见四国国家元首或政府首脑以及东盟秘书长素林时，都提出广东要与东盟各国有关部门、东盟秘书处建立长期稳定的合作对话机制。

广东省地方政府也积极行动。2007年10月深圳市及时抓住了胡锦涛总书记亲自开辟的商机，一举投得在越南北方建立中越经贸合作区的大项目，成为广东与东盟的合作新亮点。

搭乘汪洋书记率团访问东盟四国之顺风车，广东几个重要市县都派出代表队参与该次东盟四国商贸之旅。以市委常委、副市长江凌为团长的东莞市赴东盟四国经贸考察团，带领32位东莞企业家随团出访，共达成贸易成交额53540万美元，签订境外投资项目4000万美元，引进外资2.63亿美元。以市委书记陈耀光为团长、副市长麦教猛为副团长的湛江经贸代表团也同时在印度尼西亚、越南、马来西亚、新加坡等四国开展系列经贸活动。

（二）参与商贸交流

自从2004年起每年一届的"南博会"（南宁·中国东盟博览会），是中国—东盟商贸交流的最大平台。广东每年都派出参展团参加。从这五届南博会情况看，广东企业参展无论是企业数、展位数还是人数年年有显著增多，参展企业数从第一届的49家增至第五届的119家，展位数从114个增至222个，参展人数从800人增至1200多人；成交额也从2343万美元增至1.54亿美元。

（三）开展项目合作

1. 中国越南（深圳—海防）经济贸易合作区的建设

2006年11月15日，胡锦涛总书记访问越南时提出两国要在越南建立经贸合作区，以此来加强两国的经济和贸易往来。中国商务部

2007年10月份通过招标确立了在越南的北方和南方各建一个中越经贸合作区,深圳市中标建设北方的经贸合作区,浙江省中标建设南方的经贸合作区。

2008年9月9日广东与越南签订合作开发协议,双方一致同意以深圳市深越联合投资有限公司在海防市安阳县安阳工业区内投资兴建中国越南(深圳—海防)经济贸易合作区。

2008年12月26日,中国越南(深圳—海防)经济贸易合作区举行奠基仪式。

目前,不仅开通了深圳与海防之间每周一班的海上航线,还有深圳到越南、柬埔寨的陆运服务。也有专门经营广东(包括广州、佛山、中山、深圳、珠海等城市)到东盟诸国之间的客运、货运服务的公司。

2. 新加坡在广东打造"第三城"——知识城

2009年3月25日,新加坡国务资政吴作栋与广东省委书记汪洋共同参与了广东、新加坡双方正式签署《关于合作建设"知识城"项目的备忘录》的仪式。"知识城"位于广州科学城北区、初步规划50平方公里,知识城将成为一座以知识经济为核心、充满活力与生态友好的经济区,可望成为广东产业升级和生态可持续发展的典范和催化剂。

3. 在广西凭祥建立广东工业园区

5月20日,广西凭祥边境经济合作区友谊关工业园(广东)加工区正式开工建设。根据总体规划,加工区的固定资产总投资约75亿元,建成后预计将实现工业产值155亿元,可安排3万至5万人就业,是广东在外省投资规模最大的工业园区。园区合作方广东省商业联合会介绍,有关方面计划通过5年到7年的努力,把园区建设成为广西重要的家电和家具出口基地。

4. 东盟潮商工业园

为了发挥数东盟百万潮人的作用,推进与东盟地区的经贸交流合作,主动融入东盟区域合作,2009年6月,潮州市委、市政府计划建设"东盟潮商工业园"。

据测算,分布在新加坡、马来西亚、泰国、菲律宾、印度尼西亚等国的潮汕籍华人至少600万,其中有不少鸿商巨贾,如谢国民、陈有汉、郑镜鸿等。但是至今广东尚无吸引东盟潮商的专门载体、媒介。建立"东盟潮商工业园"不仅弥补了这一缺憾,而且可以配合广东"双转移"战略,借助该战略在资金、政策上的推动力,达到事半功倍之效。

据了解,在筹备建设"东盟潮商工业园"的同时,潮州还将同步加快推进"深圳(潮州)产业转移园"和"饶平台商投资试验区"的建设,潮汕侨乡有望获得新一轮大发展。

二、与云南、广西相比,广东参与中国—东盟自贸区及相关次区域合作力度不够

(一)广西、云南力争成为中国—东盟自贸区及相关次区域合作的领头羊与枢纽

自中国—东盟自贸区协议签署以来,广西、云南两省区即从过去在中国改革开放的"末梢"一夜间成为开放前沿,配合以西部大开发、中部崛起的国家战略,此两省区在中国—东盟自贸区建设、在次区域合作中争当先头部队、中心枢纽的角色。

利用其地缘优势,广西争得中国—东盟博览会承办权,取得了中国—东盟经贸交流中心的地位,并在"两廊一圈"、泛北部湾区域经济合作中占得先机。而云南则在大湄公河次区域合作中当仁不让,一马当先,承办了大湄公河次区域经济合作第二次领导人会议

云桂两省区还积极与相邻的东盟国家(越南、老挝、缅甸)签订各类经贸协议,出台了大量促进与东盟经贸交流合作的政策。在这些政策促动下,近年来两省区与东盟之间的经贸合作取得的很大成果。中国—东盟自贸区框架协议达成以来,广西与东盟之间贸易都保持了两位数增长,增速一度连续保持在30%以上,其中突出表现在与越南的双边贸易的迅猛增长上。云南与缅甸方面签署了多个经济合作协议,使其与缅甸经贸关系上也达到前所未有的密切程度。

在网络平台建设上,广西、云南也积极抢占滩头,力争建成中国—东盟自贸区、次区域合作的网络服务中心。在广西,建立有"中国—东盟博览会"官方网站,有称为"中国—东盟贸易门户"的"南博网"(南博会的虚拟平台),以及"中国—东盟中心"(广西生产力促进局主办)。

云南也提出要建成中国—东盟自由贸易区的信息枢纽。云南建有"澜沧江—湄公河次区域经济合作信息网",2008 年 9 月,由国家测绘局和云南省人民政府合作建设的中国(云南)—东盟自由贸易区—南亚区域合作联盟空间信息公共平台建设项目全面启动。该项目预计 3 年完成,该项目旨在以空间信息为基础,整合东盟 10 国及南盟 8 国①综合信息,为国务院和云南省政府领导全方位了解东盟自由贸易区建设、中国与南盟经济合作、大湄公河次区域经济合作、中印缅孟地区经济合作等方面的情况提供直观、科学、准确的信息服务。

(二)广东参与力度略显不足

但是,与广东与东盟经贸份额、地位不相适应的是,广东在参与中国—东盟自贸区建设,尤其是参与相关次区域合作机制方面,较少见到广东的身影;有关东盟的信息传播不充分,对于东盟的研究也比较冷清,尤其是缺乏政府出台的相关政策。让人看到的是广东对东盟区域合作热情不足,力度不够,成效不彰。

三、广东参与东盟次区域合作程度不足原因分析

(一)地缘因素

广东在地缘上与东盟次区域存在一定距离。

不比广西、云南与越南、老挝、缅甸有比较长的陆地边境线,广东与东盟没有接壤,珠江水系跟云南省的澜沧江(湄公河上游)基本上不挨边。

广东有南部的雷州半岛与越南隔水相望,跟两廊一圈、泛北部湾搭上边。但是却限于欠发达的湛江地区部分位置。而在水路、海域与东盟的联系方面,海南省的优势方面又比广东省略胜一筹。另外,菲律宾到福建的海路也较为便捷。通过海路,东盟国家还可以选择浙江、上海甚至江苏、山东等沿海省市登陆。故此,在海路(水路)方面,广东也不

---

① 南盟全称"南亚区域合作联盟",成立于 1985 年 12 月,成员国包括孟加拉国、不丹、印度、马尔代夫、尼泊尔、巴基斯坦、斯里兰卡和阿富汗等八国,共有人口 15 亿。南盟还有中国、日本、美国、韩国等 9 个观察员。

见得有明显优势。

（二）竞争因素

区域合作，也是一种竞争手段。合作双方之所以达成区域合作，有时是为了提升自身的竞争力，提升自身在国际市场中的地位，提升自身在国际市场中的谈判实力，以抗衡竞争对手。东盟的次区域合作亦然。

广东在近30年来的飞速发展，一定程度上对东盟尤其是对东盟新四国的经济发展构成了威胁或者压力，尤其是在欧美市场上，广东与东盟地区之间竞争颇为激烈。抑制广东的强劲竞争势头也成了东盟对外政策的一个重点问题。

同时，东盟内部的欠发达国家为了尽快发展自身经济实力、提升自身在国际市场上的竞争力，自然希望跟周边的有着类似境遇的国家或地区结成联盟，达成区域内的资源共享和管理成本的降低。而一直处于中国改革开放优惠政策之边缘、经济发展同样落后的广西、云南两省区毫无疑问也需要这种区域合作，以提升自身在国内改革开放进程中的地位、形象，以及提升其在国际市场中的地位、形象。事实也证明，自从加入了东盟次区域合作之后，广西、云南两省区在国家发展战略中的位置的确获得了空前的提升。相反，一直作为改革开放前沿、排头兵位置的广东一时难以起主导作用。

再者，广东自身内部区域间发展也很不平衡。珠三角地区接近甚至超过东盟老六国的水平，但是东西两翼及北部地区相对落后，跟广西、云南甚至跟东盟新六国的水平相近，为争取国际资本，包括争取国际产业转移，广东内部不同发展水平的地区之间不仅在暗自较量，更与包括东盟在内的国际对手形成激烈的竞争态势。

这些竞争因素叠加在一起，给广东参与东盟次区域合作机制形成一道无形的壁垒，阻碍着广东对次区域合作的深度参与。

（三）政府政策上的偏差与缺失

广东一向被定位为全国改革开放的实验场、排头兵，自然一贯在政策上"养尊处优"，对于周边相对落后的省区保持着一种唯我独尊、舍我其谁的态势，在国内区域合作方面（比如泛珠江三角洲区域合作），也总自诩为"大哥"。缺乏自然资源的广东自然而然地希望周边省区给自己提供廉价资源,配合自己产业升级与结构升级,或者让落后省区去承接一些本省的夕阳产业或被淘汰的工厂。这种心态与做法一定程度上造成了区域合作的隔阂、障碍与摩擦。

另一方面,广东省政府在区域发展思路、策略上,过分倚重珠三角、粤东南这块,对粤西、粤北的发展重视不够。比如广东省对于泛北部湾经济合作以及广西北部湾经济区的建设热潮缺乏回应,使得粤西地区有可能错失难得的发展良机。

第四节　推进省内、境内一体化,对接中国
——东盟自贸区以及次区域合作

一、努力推进广东省内、粤港澳区域内、泛珠三角区域内的制度同质化、市场一体化进程,为广东参与中国—东盟自贸区以及次区域合作铺路

区域合作的一个基础是体制上的接轨。区域合作要求消除地区间各种限制、妨碍要素流通的障碍,减少行政性耗费,节约成本,从而增加收益。比如货币(汇率)的管理,资本流动的管理,国企(国有经济)的管理,工商组织以及社会机构的管理,处理经济纠纷的法制环境,劳资关系仲裁机制,社会保障制度的建立,等等,这些制度或者机制是制约区域合作的基础性因素。假如某个地区自身内部尚未做到制度的同质化、均等化,那么,这个地区也就很难与外部的地区达成有效的、高水平、深层次的区域合作。

尽管经过30年的开放、发展和改革,我国至今依然在努力摆脱传统计划体制的束缚,在向着与世界主流经济制度接轨的市场经济体制艰难迈步。在这个去旧图新的过程中,尤其是在改革开放、制度建设的进度不一致的情况下,难免会出现地区之间的制度差异。消除这些制度差异,达到在市场经济制度原则基础上的制度统一,不仅是我国改革、发展的任务,也是对外开放、对外合作的需要。

（一）深化体制改革，推进珠三角、广东省内经济一体化进程

广东作为改革开放的排头兵，在建成市场经济制度上取得领先的成就，但其通向市场经济体制的转轨任务同样远未完成，广东在政府角色转型，有效行政，法制环境，社保制度、行业自律等等方面的市场制度的建设情况未尽人意，为此，广东应继续加大改革力度，加快向市场经济体制转轨的步伐，尽早消除阻碍区域合作的制度性障碍。

珠三角地区是体制改革最先行的地区，也是改革力度最大，成效最显著的地区。自然，这一地区在制度上的同质化，经济上的一体化居于省内、国内领先地位。但是，就是这么一个改革与发展领先的地区，其区内不同市县区之间的制度性差异，行政性障碍也依然未能很好消除。一个例子是：番禺在行政上并入广州市八年了，目前番禺的士、公交系统仍然独成一套，电信服务方面也没有完全同一化，另外教育、医疗、社会保障等等领域，番禺区与广州老八区存在明显区别，生活在番禺区的人往往得支付比广州高的生活支出、生产成本。再一个例子是，尽管珠三角地区交通基础设施建设相对比较超前，比较完善，但由于各方利益不协调，珠三角依然存在大量的收费站，各市县区规定了不同地区的车牌行驶权，使得地区间的交通运营并不畅顺。

2009年初国务院批准实施的《珠三角地区改革发展规划纲要（2008—2020年）》提出"推进珠江三角洲区域经济一体化"，目标是"到2012年，基本实现基础设施一体化，初步实现区域经济一体化。到2020年，实现区域经济一体化和基本公共服务均等化。"

为落实上述《纲要》，广东于2009年初启动广州与佛山两城市的一体化（所谓"广佛同城化"）举措，要求两城市实施基础设施对接，各种行政性规定、行政服务统一，两地的公民待遇统一。2009年8月，趁着大型石化项目落户的良机，省政府出台《中共广东省委、广东省人民政府关于促进粤东地区实现"五年大变化"的指导意见》，要求潮汕地区"主动融入珠三角，积极参与海峡西岸经济区建设，深化与港澳台及东盟合作"，"推进区域经济一体化"。

当然，由于广东省各地区发展十分不均衡，要在省内达成行政同一、市场无差别、城乡一体化，国民待遇同等化，尚需假以时日。我们可

以分阶段、分区域、分领域实施一体化进程,先易后难,稳步、不断推进。比如先基础设施运营,后行政服务,先大城市与周边卫星城市,后城市与农村,先户口、人口迁移或工商登记,后教育、医疗、社保等,总之要切实推进,力见成效。

(二)深化粤港澳合作、泛珠三角区域合作,推进区域内经济一体化进程

1. 粤港澳合作有助于广东参与中国—东盟自贸区及次区域合作。

粤港澳区域合作,可以说是我国最早也最有成效的区域合作,它从民间启动,到官方高层交流合作的制度性安排(粤港行政首长联席会议、粤澳联席会议、CEPA[①]协议及其附件等),时间长达30年,粤港澳区域合作的层次、深度堪称为全国之最。2008年7月粤港澳再签署CEPA补充协议五(服务业协议),将三地合作推向了一个更深的层次。

近期,研究了近20年的港珠澳大桥项目也终于拍板定案,资金问题解决,改由中央及三地政府共同筹措,并定下时间表:初步定于2009年年底动工,2014年竣工。可见粤港澳区域合作将继续推进,一体化进程可望达到一个更高层次,此区域仍将继续保持世界最具竞争力地区的地位。

深化粤港澳合作,首先使得广东进一步在体制上与港澳接轨、兼容,这就有助于为广东与东盟合作清除体制性障碍;其次,促使粤港澳在产业分工上进一步优化组合,区域比较优势可得到进一步突出,也给广东与东盟的合作增添实力与机遇;其三,可使得广东继续更好假借香港、澳门的中介角色、桥梁功能和服务优势,或者跟港澳联手对东盟实施"走出去"、"引进来"的策略。

2. 加速泛珠区域合作进程,促进区内在经济体制、行政管理、市场行规方面的同质化、一体化,对于促进泛珠与东盟之间的对接、吸纳同样具有重要意义。

---

① CEPA,即2003年大陆中央政府与香港、澳门两个特别行政区分别签署的内地与香港、澳门《关于建立更紧密经贸关系的安排》,2004年、2005年、2006年又签署了三个《补充协议》。资料来源:中国新闻网 http://www.chinanews.com.cn/ga/xwty/news/2009/03-30/624901.html。

由于没有政治层面的羁绊,没有法律上的障碍与文化上的隔膜,境内的区域合作、区域协调、区域整合应该比较容易推进与落实。2004年6月,中国南方9省区与香港、澳门特别行政区政府签订了《泛珠三角区域合作框架协议》,达成了"打破地区封锁,促进市场开放"和"创造公平、开放的市场环境,促进生产要素合理流动及优化组合"的共识。此后四年,泛珠三角区域合作各方在行政管理、经贸交流、通信信息、环保、口岸、旅游、教育、科技文化、等多方面达成了很多合作协议。

但是由于这些协议很多是属于框架性、原则性、务虚性的协议,没有触及实质内容,更像是一种意向书,都是些原则性、口号性的提法,缺乏实际可操作的项目。各种行政壁垒、政策壁垒乃至技术性壁垒依然不少。

2007年6月广东出台《关于务实推进泛珠三角区域合作专项规划实施的工作意见》和《关于进一步加强泛珠三角区域市场环境建设工作的实施意见》,对于继续切实推进泛珠三角区域合作机制,发挥、利用其功效,作出了新一轮的政策指引。汪洋书记一上任,对于泛珠三角区域合作也十分关注,多次过问、调研有关情况。《珠三角地区改革发展规划纲要》也提出"深化泛珠江三角洲区域合作",要"主动消除行政壁垒……支持加快形成公平开放、规范统一的大市场"。而中国—东盟自贸区建设进程的不断深入,也将促使泛珠三角区域内部一体化的加速。

二、做好境内的区域合作机制与中国与东盟自贸区及其次区域合作机制之间的衔接、吸纳工作

粤港澳区域合作,泛珠三角区域合作,闽粤赣边区14县市的合作等都是广东倡导、主导或参与的境内区域合作机制。这些业已运作的境内区域合作,不仅与中国—东盟自贸区之间存在包容、涵盖关系,也与东盟次区域合作存在着交叉、叠合的关系。如何使境内区域合作与中国—东盟自贸区以及东盟次区域合作机制进行衔接、吸纳、融入,使之相互促进,相互利用,自然是一个必须处理好的课题。

2008年4月的一次外贸工作会议上,广东省副省长万庆良提出:

广东将推动珠三角与粤港澳经济对接、粤西与北部湾经济区对接、粤东与海峡西岸经济区对接、粤北与中部崛起对接、全省与中国—东盟自由贸易区对接。

（一）珠三角、粤港澳区域合作与东盟对接

众所周知，广东经济重心在珠三角地区，广东与东盟之间贸易投资关系也大部分发生在这一地区。故此这一地区的发展、改革对于广东与东盟关系影响至大。广佛同城化是广东新一轮经济一体化措施的头炮。相信接下来将有更多类似举措推出。这些政策举措势必带动该地区经济新一轮发展，结构的新一轮调整。这一过程，不是孤立的，也不是封闭性的。若能够善加引入东盟的因素，吸收东盟国家或地区内部区域整合的经验，以及吸纳东盟的经济力量（资金、技术、人才、信息等），对于广东省、珠三角地区的一体化进程无疑是有益的。

广东与东盟之间的经贸关系，借助于港澳地区者良多。凭借与东盟地区的良好联系，港澳一度是广东与东盟之间联系的桥梁。尽管如今港澳这种桥梁、中介作用有所淡化，但相信仍不可或缺。粤港澳区域经济一体化，必然促进广东参与、融入中国—东盟自贸区及次区域合作，而广东参与中国—东盟自贸区、次区域合作，港澳因素也起着十分重要作用。

（二）泛珠与东盟的对接

从地理上看，泛珠三角区域处于中国—东盟自由贸易区的中心位置，也是结合部位，其地缘特征十分突出。它在地域上形成了一个连接中国与东南亚、南亚的地理大板块；在功能上成为临海、临边，直接与东盟国际市场连接的双向开放拓展的经济大通道大走廊。

资料表明，东盟在泛珠三角区域诸省区的对外经济关系中都居于十分重要地位。广东占据着中国与东盟外贸的1/3，广东与东盟双边投资也居全国之首。东盟是福建、江西第四大贸易伙伴，福建在东盟拥有众多华人华侨，有着悠久的历史渊源；湖南省对境外投资中一半落在东盟；海南省将在旅游、种植业、农副产品加工业、渔业、工业等领域开展与东盟的全面深入合作；四川出口第二大市场、第八大进口市场在东盟；广西、云南凭借其地缘优势，跟东盟尤其是接壤的越南、缅甸、老挝之间经济联系更加密切……

2006年6月5日至10日在云南省举行的第三届泛珠三角区域合作与发展论坛暨经贸合作洽谈会上,泛珠三角区域各省区高层与东盟各国商务部官员举行首次对话活动。"9+2"①各方与东盟国家代表都认为泛珠三角与东盟在资源与产业结构上具有很强的互补性,彼此应建立整体联系,探索未来合作模式。越南代表希望在"两廊一圈"建设的进程中,泛珠三角地区能发挥更重要的作用。泰国副总理颂奇建议,像泛珠三角高层论坛一样,东盟与泛珠地区每年也举办一次年度论坛,探讨双方的合作问题。

泛珠三角区域合作的重要成员——广西、云南,也是中国—东盟次区域合作的重要参与方,两省区是泛珠区域与东盟次区域之间的结合部,具有极为重要的地缘优势以及政策优势。广东作为泛珠三角区域合作的倡导者,作为广西、云南两省区经贸最重要的国内合作伙伴,同时又是中国—东盟自贸区中经贸交往最多地区,应该在泛珠区域合作与中国—东盟自贸区及次区域合作的衔接、融合的过程中发挥应有的作用。

(三)粤西与北部湾经济区对接

拥有不短海岸线的粤西地区一直希望取得开放与发展的突破。但是由于在地理上跟珠三角、港澳存在一定的距离,故此在广东的区域发展态势中,一直火不起来。2008年初,"广西北部湾经济区"被作为国家级区域经济发展战略推出并实施。作为北部湾区域的当然一份子的粤西地区,也许既有新的希望之火,又有那种被边缘化的情绪,心情应该是很复杂。

实际上,粤西与广西之间的合作源远流长。不论是国内的"广西北部湾经济区"还是跨国性的"泛北部湾经济合作",还是"两廊一圈"、"一轴两翼",粤西都没有理由缺席。广东应该考虑如何让粤西在这些

---

① "9+2",即泛珠三角区域合作,包括中国大陆的广东、湖南、江西、福建、海南、广西、云南、贵州、四川等九省区,以及香港、澳门两个特别行政区,由于它们都处在珠江水系,故称泛珠三角区域。该区域合作机制于2004年6月正式建立。

东盟次区域合作中扮演角色、发挥作用,或者可以采取灵活政策,允许让粤西地区有关县市以某些灵活的形式独立参与相关次区域合作。

2008年7月15日至17日,广西、海南、广东三省区海事局对琼州海峡及北部湾进行联合巡航,目的是对北部湾新一轮的发展构建一个良好的自然、人文环境。因为近期有一批大型油气化工程项目在北部湾沿岸开工建设,北部湾区域海事活动将显著增加。联合巡航的一项重要内容就是检查北部湾西面越南船只的活动情况以及中越之间海上通航情况,这对北部湾次区域合作势必产生一定的影响。

2008年底,广东省委、省政府出台《关于经济特区和沿海开放城市继续深化改革开放率先实现科学发展的决定》,提出:"支持湛江参与北部湾经济区合作发展"。2009年9月,广东决定将大型石化合作项目——中科石油炼化一体化项目落户于湛江港。湛江在北部湾次区域的重要性凸显,应该在次区域合作中扮演应有的角色。

第五节　抓住机遇,发挥优势,创新机制,全面参与中国—东盟自贸区及其次区域合作,共享区域合作成果

中国—东盟自由贸易区是我国与国外合作建立的第一个自由贸易区。2002年11月4日签《中国—东盟全面经济合作框架协议》,2004年11月签《中国—东盟自由贸易区全面经济合作框架协议货物贸易协议》,中国与东盟老六国先期施行货物贸易自由化(从2005年至2010年逐步实施),而中国与东盟新四国则延后实现(全面实施延至2015年)。2007年1月双方再签《中国—东盟自由贸易区服务贸易协会》,并于7月开始实施。2009年双方签署《投资协议》。2010年中国—东盟自贸区将全面建成。中国与东盟自贸区日益成为现实,这对广东来说无疑有着非常巨大的影响。如何抓住机遇,发挥优势,创新机制,善用这一自贸区及其次区域合作成果,是广东各界应当思考、谋划的紧迫课题。

一、利用体制、政策优势,创建高层对话机制

广东是我国改革开放的排头兵,一直享有特殊政策,使之在 30 年里积累了比较明显的制度优势,已经基本建成社会主义市场经济体制。体制、政策的相容、配套,是广东能够全面参与中国—东盟自贸区及次区域合作的最基础的条件。只有这个基础牢固了,合作的推进才更有持续性,更快,更见效。

广东可以在基础制度的允许下,在国家政策指引下,制定一些促进区域合作的政策举措。2008 年 9 月,汪洋书记访问东盟四国时提出,要与东盟建立高层之间的稳定的合作对话机制。故此,广东应该尽快研究出这么一个切实可行的高层对话机制的模式,以促使广东与东盟的合作走向常规化、制度化、高端化,共同商讨双边合作的大政方针、重大问题,包括广东如何参与有关次区域合作,或者如何共同应付诸如金融风暴之类的国际重大事变。

另外广东也可以利用或者谋求有关政策,继续效仿中国—越南(深圳—海防)经济贸易合作区和广东—新加坡知识城等模式,与东盟国家合作建立多种形式的经贸合作(开发)区,比如在东盟建广东城,深圳城等,以作为广东"走出去"的据点,为企业架桥铺路。

二、利用产业优势,创新产业合作平台

30 年的发展也令广东积累了比较明显的产业优势。广东的经济结构已上升到东盟老六国的水平,已经基本完成工业化。在五金、建材、服装、玩具、电子通信、机电设备、交通工具等制造业产业,以及金融、市场中介、旅游等服务行业,广东比较优势明显。

为此,广东可以在某些产业、行业领域率先推出与东盟有关方面的合作机制,包括创办展会、开设论坛、常设办事处、缔结合作协议等机制,以灵活多样的交流机制跟东盟及其次区域合作平台结合起来,或联合广西、云南相关产业(行业)部门,共同为本地产业、产品(服务)开拓中国—东盟自贸区大市场服务。

三、巧借现有区域合作机制，对接东盟合作

30年来广东主办、倡导或参与了一批区域合作的平台，比如粤港澳区域合作、泛珠三角区域合作、广交会、深圳高交会等等。这些平台除了粤港澳合作机制外，都是对东盟开放的。充分利用、发挥这些既有平台、机制在促进广东与东盟经贸关系，促进广东参与次区域合作，应该是有文章可做的。

粤港澳的高层对话机制——行政首长联席会议，可否考虑扩大范围，吸纳东盟或者东盟次区域成员列席、参与，共商某些大家都利益相关的问题？

泛珠三角区域合作以及东盟次区域合作已经签署了不少协议，假如泛珠区域的协议能够吸纳东盟成员国，或者反过来，东盟次区域合作的有关协议向泛珠区域扩展，令这两个区域合作的成果能够互享共利，应该是一个双赢的思路。

在广州的广交会、深圳的高交会，东盟客商占有相当的比例，为了凸显两地合作的重要性，促进两地的深入交流，可以在展会期间开展形式多样的论坛、研讨会，甚至高层见面晤谈会等，丰富、增强两个商贸展会功能，使之成为广东与东盟之间又一个多领域多层次的交流对话平台。

四、利用粤港澳台合作优势，寻找东盟合作新路径

港澳台与东盟一衣带水，人文历史相近，加上制度一致或相容，没有隔膜，故此相互关系久远且深厚。他们之间交流对话合作的机制稳定、渠道畅通。

广东跟港澳的经济一体化程度已经很高了，广东利用香港与东盟之间的合作渠道，或者他们联合共同在中国—东盟大市场中发挥作用，应该是值得期待的。实际上，过去广东一直在利用港澳这个中介开辟进军东盟的道路。

中国台湾与东盟之间经贸联系也许比港澳更为深厚，因为台湾凭借其显著的产业、资金优势，在东盟普遍得到厚遇。广东与台湾之间目

前尚为民间合作,尚未能假借台湾官方平台与东盟发生关系。但是,随着两岸政治大局的改善,广东、台湾之间的合作态势也将发生改变,利用台湾与东盟之间的合作平台,将成为广东走向东盟的一个值得考虑的方向。

五、利用侨民优势,强化与东盟合作纽带

据报道,东盟国家华人华侨达2526万人,占全球华侨华人总数的近75%,而东盟国家华人华侨中很多祖籍在广东。其中不少在当地的商界享有很高的地位。东南亚华人华侨具有深厚的爱国传统,长期以来以各种形式关心、支持、帮助我国的发展。众多的侨民、侨眷,是广东省在拓展与东盟关系、参与东盟次区域合作又一重要资源。粤东四市联合主办的"粤东侨博会"就是一个发挥侨乡优势、利用外侨力量促进本地发展的一个平台。在东南亚诸国,潮汕、梅州、五邑地区的华侨华人多在当地建有同乡会、宗亲会等社团组织,这些组织也是我们可资利用的重要资源。

第五章 广东利用"10＋1"论坛与双边合作机制

随着世界经济全球化和区域经济一体化进程的加快,生产要素的跨境流动和优化配置的日趋增强,各国经济相互开放与融合程度大大提高。由于各国在政治制度、经济发展水平等方面存在较大差异,因而以减免关税和经济技术合作为基本内容的国际经济合作组织在双边、地区和多边三个层次上应运而生,借以解决全球化所遇到的困难和风险。在区域经济合作发展的进程中,有目的、有重点地参与区域经济合作组织,既适应世界经济发展的潮流,也有利于国家的发展。虽然中国与东盟都是发展中国家,总体来看发展水平较低,而且相互之间经济发展水平差距较大,经济体制和法规方面也有所不同,然而中国和东盟建立自由贸易区,正是我国和东盟领导人在当前经济全球化程度不断加深,区域经济合作蓬勃发展的形势下,为加强双方睦邻友好合作所作出的重大战略决策,中国和东盟建立自由贸易区,不仅是双方加强经济合作的必然要求,亚洲经济健康稳定发展的重要保障,也是顺应区域经济合作和一体化发展的必然结果。

第一节 中国与东盟双边合作机制发展历程

中国与东南亚各国是近邻,和缅甸、老挝、越南有4000多千米的边界线,双方历史交往源远流长。自1967年8月印度尼西亚、泰国、新加坡、菲律宾和马来西亚成立东南亚国家联盟,到1991年中国与东盟建立正式关系,双方关系经历了从对立、猜疑到以平等、睦邻和互信为基础的对话、合作和战略伙伴关系的发展历程。

一、在 1991 年以前,从怀疑、对抗转向交流、对话

20 世纪 70 年代以来,东南亚经历了一个快速增长的黄金发展期,这为东盟提供了机遇,得以在地区事务中发挥重要作用。东盟国家签署了《和平、自由、中立区宣言》以及《东南亚友好合作条约》,为促进和平、繁荣与稳定,东盟倡导建立了多个地区对话机制。1978 年 11 月,邓小平访问马来西亚、新加坡和泰国三国,提出愿在和平共处五项原则基础上发展与东盟各国的友好关系。到 1991 年,中国经过十多年改革开放,更加重视和平稳定的国际环境特别与周边邻国的关系。中国和东盟相互利益趋于一致,并具备进行更密切对话与合作的政治意愿,为中国与东盟进行对话和合作奠定了基础。中国与所有东南亚国家建立或恢复了外交关系,双方为建立持久的伙伴关系加强了努力。

二、从 1991 年至 1996 年,开始构建全面对话框架

1991 年 7 月,中国外长钱其琛出席第二十四届东盟外长会议开幕式,与东盟国家外长们举行首次非正式会议,自此,中国外长每年都出席东盟外长会议的后续会议。

1992 年 7 月,中国成为东盟的磋商伙伴。

1993 年 9 月,东盟秘书长辛格率领东盟代表团访问北京。双方就加强经贸关系和科技合作进行探讨,并达成广泛共识。

1994 年 7 月,中国作为东盟磋商伙伴参加了在泰国首都曼谷举行的首届东盟地区论坛会议,中国副总理兼外交部长钱其琛在会上提出中国对亚太安全合作问题的五项原则。东盟秘书长和中国外长在曼谷互换信函,宣布成立经贸联委会和科技联委会。同时,中国和东盟同意举行高官级别政治磋商。

1995 年 4 月,在中国杭州举行第一次"中国—东盟"高官磋商。

1996 年,中国首次以东盟全面对话伙伴国的身份,出席第二十九届东盟外长会议及东盟与对话伙伴国会议,双方关系进入一个新的

阶段。

三、从 1997 年至 2002 年,逐步建立互相信任的睦邻友好关系

1997 年亚洲金融危机成为中国—东盟对话关系中的重要转折点。中国克服困难,坚持人民币不贬值,并向受危机影响的东盟国家提供援助。东盟开始认识到并确信:日益增强的中国经济对东南亚至关重要,中国愿意在关键时刻向东盟伸出援助之手。

1997 年 2 月,中国—东盟确定五个平等的对话机制,协助管理对话关系:中国—东盟经贸联委会、中国—东盟高官磋商、中国—东盟科技联委会、中国—东盟联合合作委员会及东盟北京委员会。还设立了中国—东盟合作基金,用于支持双方的发展合作。

1997 年 12 月,东盟倡导举行了东盟与中日韩领导人("10+3")会议和中国与东盟领导人非正式会晤,会后发表了联合宣言。自此,中国与东盟领导人建立了年度峰会机制。在联合宣言指导下,双方政治关系迅速提升。从 1998 年到 2000 年,中国与东盟 10 国分别签署或发表面向 21 世纪的双边关系框架文件或者发表合作计划。

2001 年,双方领导人将农业、信息产业、人力资源开发、相互投资和湄公河流域开发确定为新世纪初五大重点合作领域。同年,中国提出在 10 年内建成中国—东盟自由贸易区的设想。11 月在文莱举行的第五次"10+1"领导人会议上,双方一致同意在 10 年内建立中国—东盟自由贸易区,并于 2002 年签署《中国—东盟全面经济合作框架协议》,确定到 2010 年建成中国—东盟自由贸易区。

2002 年,中国与东盟领导人发表《中国—东盟关于非传统安全领域合作联合宣言》。此外,中国和东盟秘书处签署了《农业合作谅解备忘录》,中国与东盟各国外长及外长代表签署了《南海各方行为宣言》。

四、从 2003 年至 2005 年,确立战略合作伙伴关系

2003 年,东盟制定了建立东盟共同体的规划,通过《东盟协调一致第二宣言》,其中包括东盟安全共同体、东盟经济共同体、东盟社会与文化共同体三大支柱。2003 年 10 月,中国总理温家宝出席中国与东

盟领导人会议,阐述中国"睦邻、安邻、富邻"的外交政策,双方发展目标的高度一致,为全面提升双方关系提供了可能。中国成为第一个加入《东南亚友好合作条约》的东盟对话伙伴国,双方签署了《中国—东盟面向和平与繁荣的战略伙伴关系联合宣言》,确立了双方面向和平与繁荣的战略伙伴关系,使中国成为东盟的第一个战略伙伴,东盟也成为与中国建立战略伙伴关系的第一个地区组织。

随着中国与东盟建立战略伙伴关系,双方合作进一步加强。2004年,温家宝总理出席第八次"10＋1"领导人会议,双方签署了《中国—东盟全面经济合作框架协议货物贸易协议》和《中国—东盟争端解决机制协议》。从 2004 年起,以"友谊、合作、发展、繁荣"为主题,以"促进中国—东盟自由贸易区建设,共享合作与发展机遇"为宗旨,蕴涵着政治、经济、文化多重深意的中国—东盟博览会每年在广西南宁举行,成为中国对外开放史上的一大创举和中国—东盟关系史乃至国际关系史上的一大盛事。2004 年 3 月,在越南举行的东盟外长非正式会议就台湾问题发表主席声明,重申东盟继续奉行一个中国政策。同年 9 月,东盟 10 国一致承认中国的全面市场经济地位。从 2005 年初起,中国与东盟开始实施作为自由贸易安排一部分的"早期收获计划"。2005年 7 月中国—东盟货物贸易协议实施,除 2004 年已实施降税的早期收获产品和少量敏感产品外,双方将对其他约 7000 个税目的产品实施降税。中国还宣布扩大对柬埔寨、老挝、缅甸三国的特惠关税待遇的范围。

双方战略伙伴关系还体现在共同应对重大自然灾难和突发事件方面。从 2003 年到 2005 年,双方就应对"非典"、禽流感、印度洋地震和海啸等进行了有效合作。

五、从 2006 年以来,加快构建中国—东盟自由贸易区

在 2006 年 10 月举办的"中国—东盟建立对话关系十五周年纪念峰会"上,温家宝总理和东盟 10 国领导人共同签署联合声明,联合声明指出,致力于进一步加强中国—东盟战略伙伴关系,这一战略伙伴关系将对东盟与其他伙伴的对话关系起到促进作用,为地区和平与稳定

作出巨大贡献。温家宝总理还提出泛北部湾经济合作的倡议,决心按时于 2010 年建成中国—东盟自由贸易区,包括 2010 年与东盟 6 个老成员国,2015 年与柬埔寨、老挝、缅甸和越南实现货物贸易自由化。

近年来,中国与东盟关系不断迈出新的步伐,双方高层互访频繁,各领域合作交流进一步深化,经贸合作步入了全面深入发展的新阶段,形成了贸易、投资、经济合作全面发展并相互促进的良好格局。2007 年 1 月,中国国务院总理温家宝出席了在菲律宾宿务召开的东盟领导人会议,发表了题为“共同谱写中国—东盟关系的新篇章”的重要讲话,同时正式签署了《中国—东盟自由贸易区服务贸易协定》,双方逐步在 60 多个服务部门实施高于 WTO 水平的市场开放,教育、金融、卫生、旅游、电信等准入机制进一步放开,标志着我国与东盟的合作关系进入全新的领域,是双边经贸合作的一个里程碑。同时,双方还积极推进投资协议谈判。这些标志着中国—东盟自贸区的建设,向着贸易投资自由化、便利化和机制化的发展方向迈出了坚实步伐。

2007 年中国与东盟贸易额增加到 2025.5 亿美元,提前三年实现 2000 亿美元贸易目标。2008 年中国与东盟贸易总额达 2311.2 亿美元,中国与东盟互为第四大贸易伙伴,其中马来西亚、新加坡分别为中国与东盟的第一和第二贸易伙伴,贸易额分别为 534.7 亿美元和 524.4 亿美元。

第二节　中国利用合作机制的经验与成效

从 20 世纪 70 年代以后,随着欧盟、北美自由贸易区、APEC(亚太经济合作组织)的成立,区域合作及新贸易保护主义成为与经济全球化并行的一股潮流,进一步促使东盟从区域安全、经济合作等角度来考虑自身的发展问题。

20 世纪 90 年代以来,贸易在东盟国家国民经济发展中的地位和重要性快速上升,东盟区域发展和经济一体化便成为摆在各成员面前的首要议题。2002 年 1 月 1 日,东盟自由贸易区(Asean FreeTrade Are-

a，简称 AFTA）正式启动；2003 年 10 月，第九届东盟首脑会议发表了《东盟协调一致第二宣言》；2007 年 11 月，第十三届东盟首脑会议签署了《东盟宪章》和《东盟经济共同体蓝图宣言》等一系列重要文件，东盟将提前在 2015 年前建成一个由东盟经济共同体、东盟安全共同体和东盟社会文化共同体组成的东盟共同体，并在 AFTA 基础上实现商品、资本、服务和劳动力的自由流动，这是东盟围绕着政治、经济合作以及贸易投资自由化等议题，在组织框架、功能形态、整体实力等方面的合作领域树立的一个重要里程碑。

一、中国与东盟合作总体格局

欧洲经济一体化早已实现，是目前最和睦的经济体，美洲则尝试在北美自由贸易区基础上成立世界上最大的自贸区。与欧盟、北美自由贸易区等区域组织形成显著区别的是，政治合作仍是东盟国家集团的基石，经济合作及自由贸易区发展则是东盟一体化不断向前推进的动力所在。

由文莱、柬埔寨、印度尼西亚、老挝、马来西亚、缅甸、菲律宾、新加坡、泰国和越南等东南亚 10 国组成的东盟人口约 5.6 亿，区内生产总值超过 1 万亿美元，是亚太地区甚至是世界范围内的重要区域合作组织。虽然中国的社会制度、文化背景都与东盟国家存在差异，与越南、印尼、菲律宾、马来西亚、文莱还存在海洋权益的争端，但东盟 10 国与中国同为发展中国家，在历史上有共同遭遇，有相互理解、促进共同发展的良好愿望。中国联合东盟国家建立自由贸易区，将形成一个拥有 19 亿人口、经济总量达 5.2 万亿美元、进出口贸易总量达 4.5 万亿美元的经济区，成为全球第三大自由贸易区。

中国与东盟的贸易依赖程度仍处低水平，但发展双边贸易的潜力巨大。近年来，中国与东盟国家之间的国际贸易呈持续稳定增长趋势，双方的相互依存程度不断提升；2004 年中国和东盟双边贸易取得历史性突破，达到 1059 亿美元，提前一年实现了 1000 亿美元目标。2007 年双边贸易额再创新高，达到 2025.5 亿美元，同比增长 25.9%，比计划中的 2010 年提前三年实现了 2000 亿美元目标。中国与东盟已互为重要的贸易伙伴,中国与东盟关系最终将成为中国最有价值的战略后院,真正形成欧盟、北美自由贸易区、中国—东盟自由贸易区三足鼎立的经济区域化态势。

由于中国与东盟存在地缘关系、经济发展水平、需求偏好及产业结构方面的相似性,容易形成竞争与互补并存的区域内产业内贸易。我国与东盟都生产出口劳动密集型产品,产品的技术含量不高,我国工业制成品,如电子、机械、服装、摩托车、手机、电话、棉机织物等是竞争力较强的产品,具有很大出口潜力;农产品、石化初级产品、天然橡胶、液化气、纸浆、原木等资源性产品是东盟的优势产品,在我国也有很大的需求潜力。中国在稍高层次的生物技术、生命科学技术、航空技术方面有竞争优势;而东盟则在初级产品和电子技术、计算机集成制造方面比较有优势。

除物品贸易外,中国与东盟之间的服务贸易近年来也得到很大发展,东盟是中国工程承包的重要市场。随着自由贸易区的建立,包括金融服务在内的其他服务贸易将会得到较大发展。中国与东盟之间旅游业迅速发展,也将给双方带来巨大的经济效益,同时促进双方的了解和友谊。至于中国与东盟在投资领域的关系,目前东盟仍然是中国的一个重要外资来源地。中国正在推进"走出去"战略,而东盟地区无疑是中国企业的重要选择地。

中国与东盟国家都是发展中或新兴的工业国,国际贸易是中国和东盟的长期对外政策和战略目标,东盟各国对外贸易的依赖度很高,中国与东盟之间开展国际贸易,有利于双方的经济发展,也有利于人民币走向区域化、国际化。中国政府负责任的态度和人民币坚挺的币值提升了东盟各国对人民币的信任,在中国与东盟的边境地区,以及泰国、马来西亚、新加坡等地,人民币已成为事实上的一种结算货币和支付手段。

近年来,中国与东盟"10+1"合作机制以经济合作为重点,逐渐向政治、文化、军事等领域拓展,已经形成多层次、宽领域、全方位合作的良好局面,每年均召开首脑会议、部长会议、高官会议和工作层会议。在中国—东盟自由贸易区建成后,将会更大地刺激区域内贸易的发展,促进贸易量的增加和贸易结构改善;广东作为中国对东盟自由贸易的前沿阵地,将会产生巨大的商机。

二、中国与东盟合作主要平台

除了中国—东盟(南宁)博览会这一重要平台之外,中国三省(广西、广东、海南)和越南、马来西亚、新加坡、印尼、菲律宾、文莱共同建立环北部湾经济圈,云南省也积极参与大湄公河次区域经济合作,各有关省市都在努力发挥经济规模和积聚作用,争取成为中国—东盟全面经济合作框架下的次区域合作平台,形成中国—东盟经贸合作的新亮点。

(一)中国—东盟博览会发展概况

从 2004 年起,中国—东盟博览会每年在广西南宁举行,成为中国与东盟友好交往的重要平台,开拓了中国与东盟合作的新局面。

首先,中国—东盟博览会这个由 11 国共同搭建的平台,正以崭新而稳健的姿态走向世界,释放"10 + 1 > 11"的无穷力量。国务院总理温家宝在中国—东盟建立对话关系 15 周年纪念峰会发言中指出,中国—东盟关系已成为本地区国家间友好交往的典范,为双方人民带来了实实在在的利益,也为促进亚洲地区和世界的和平、稳定与繁荣作出了重要贡献。目前中国—东盟关系正处于历史最好时期,双方都希望充分利用这一最好时期,实现彼此在各个领域的双赢。中国—东盟博览会,是一个友好交往的平台、促进经贸的平台,多领域合作的平台。五年来,在 11 国的共同努力下,中国与东盟合作的重点领域已由五个扩大到十个,从之前的五大重点合作领域——农业、信息通信、人力资源开发、相互投资和湄公河流域开发,增加了交通、能源、文化、旅游和公共卫生这五大新的重点合作领域。新的重点合作领域覆盖面更为广泛,双方立足于各自国情和长远发展需要,相互理解,相互支持,相互帮助,不断推进交流协作,扩大利益汇合点,探索出一条国家之间互利共赢的新型合作道路,双方均对各领域的深化合作表示满意,中国—东盟博览会产生了"10 + 1 > 11"的效果。

其次,中国—东盟博览会的举办,为中国与东盟国家和地方领导人之间提供了新的交流渠道。四届博览会共有 23 位国家领导人、600 多位部长级贵宾出席；期间举行多场双方领导人、部长、地方负责人之间的多边会谈，既增进了解，又加深了共识。中国—东盟博览会体现出中国"与邻为善、以邻为伴"的周边外交方针和"睦邻、富邻、安邻"的周边外交政策，促进了中国与东盟战略伙伴关系的进一步发展。

再者，中国—东盟博览会应中国—东盟自由贸易区建设需要而生，推动了中国—东盟自由贸易区建设进程，成为全球第三大自由贸易区建设的"加速器"。博览会为中国和东盟国家搭建了经贸促进的重要平台，致力于将贸易自由化和投资便利化带来的商机及时传导给企业，让 11 国企业享受到中国—东盟自由贸易区建设带来的商机和利益，促进双边经贸快速增长；与中国—东盟博览会同期举办的中国—东盟商务与投资峰会，已经成为中国与东盟工商界最高层次的盛会；为中国和东盟各国的客商进行经贸沟通、投资推介和实现经济互补提供了直接的平台，在促进双方的投资合作方面发挥着越来越重大的作用，双边投资额连年攀升，使得双方互相成为投资重点地区。

另外，在东盟多数国家中，农业是重要的经济支柱，东盟国家对土地资源的利用和生物资源的开发还处于初级阶段，可利用和开发的资源相当丰富，而农业合作则是中国—东盟合作的重点领域之一。自从 2002 年中国与东盟签署《中国与东盟农业合作谅解备忘录》，中国与东盟开展了全方位的农业交流与合作。2004 年 1 月 1 日，早期收获计划全面实施，双方 500 多种农产品取消贸易壁垒。2005 年 7 月，双方 7000 多种产品降税进程全面启动。

（二）中国积极参与泛北部湾合作

泛北部湾区域集中了东盟大多数国家，是中国与东盟区域合作的重要前沿。泛北部湾经济合作是温家宝总理于 2006 年 10 月在第三届中国—东盟商务与投资峰会上提出的倡议。泛北部湾区域内的中国北部湾地区与泛北部湾各国海陆毗邻，在中国—东盟全面经济合作中具有地缘优势和战略地位。但东盟各国由于经济发展水平不一，对泛北部湾合作的目标、范围、领域看法各异，对合作取得的期望值也不尽相同；将泛北部湾区域合作开发纳入中国与东盟自贸区的总体战略和规划,将有利于深化中国与东盟业已建立的战略伙伴关系,推进泛北部湾次区域合作符合中国与东盟国家的共同利益。中国与东盟在农业、旅游、基础设施、港口物流、贸易投资、资源开发等重点领域加强互利合作,研究扩大各方利益的汇合点,逐渐形成一批各具特色的产业群、港口群、城市群,使泛北部湾区域成为太平洋西岸新的经济增长带。

同时泛北部湾区域内的东盟国家拥有漫长的海岸线,海洋资源也是东盟国家国民经济的重要来源,泛北部湾区域的海洋渔业、畜牧养殖业资源的开发也有广阔的前景,农产品和海产品在东盟国家的国际贸易中起着重要作用。东盟国家在热带经济植物的种植和农产品加工方面具有一定优势,中国与东盟国家在农林渔业开展了一系列人才培训、技术合作和经贸往来等交流;开展杂交水稻、蔬菜水果、食用菌、淡水养殖、海水养殖、捕捞、动物健康、橡胶苗木培育和天然橡胶加工技术等方面的交流;在加工、运输、储藏等方面,开展形式多样的市场开发、贸易合作以及科技合作,既促进东盟国家的农业发展,也为中国提供更广泛的原材料来源。

(三)大湄公河次区域合作

2005 年,温家宝总理在大湄公河次区域经济合作第二次领导人会议上,提出"平等互利、循序渐进、项目实施"的区域合作发展方针,成为云南全面参与国际区域合作的一个重要里程碑。大湄公河次区域国家发展水平各异,云南与各成员国彼此信任、求同存异、互惠互利,在合作中根据各自独特的地域特点,突出重点,注重实效。

第三节　广东参与现有合作
机制的主要策略

华侨众多,挟资金、人才、市场机制等优势的广东,与东盟发展经贸后劲最大。随着 10 + 1 关于相互促进投资等进程加快,广东与东盟在相互投资方面将释放比双边贸易更大的能量。

一、广东与东盟拟建省部经贸对话机制,重点推进 11 个领域合作

广东与东盟国家地域毗邻,贸易往来频繁,既有历史渊源,又有人文优势。自从中国和东盟建交之后,广东和东盟国家的经济贸易往来与日俱增,极大地促进了广东经济发展。由于广东与东盟的经济资源有较大的相似性,而且双方在推进工业化进程中均是以劳动密集型产品以及低技术密集型产品出口为主,都是世界中低档制成品的重要生产基地,决定了广东和东盟在出口产品结构和出口市场结构方面的趋同与竞争,两者在出口产品上的竞争主要表现在纺织品和服装、皮革制品、机电设备等部门,尤其是在纺织品和服装方面,电子、家电和机电类产品的竞争也都日趋严重;而且广东和东盟国家的出口市场都主要集中在美国、日本、欧盟,约占五成左右,使得广东和东盟贸易关系的竞争性主要存在于同一发展层次的地区经济之间和第三方市场,不过由于广东与东盟经济发展的现状使他们在经济资源结构、经济发展阶段和产品结构等三方面都能产生优势互补作用,在传统产业间贸易具有互补性,而且产业内贸易也正在形成以加工贸易为主要贸易方式的互补性分工;虽然在资源密集型产品及劳动密集型产品方面,广东以较低的劳动成本与东盟展开竞争,但是在部分技术和资金密集型行业广东不是与东盟,而是与日本和韩国展开竞争。因而加强广东和东盟的经贸合作,成为中国和东盟国家的经济文化繁荣发展都必不可少的一个助推力。

东盟各国自然资源比较丰富,如林业资源、渔业资源、油气资源、矿产资源、热带经济作物等。广东的工业发展正在向重化工业阶段迈进,而广东的人均资源储量不及全国平均水平的 1/20,广东从东盟国家大量进口广东紧缺的自然资源密集型产品,东盟是广东进口铁矿砂和铜矿砂的有效补充来源地,东盟是广东进口原油、成品油和液化石油气的主要供应地之一,东盟是广东煤和天然橡胶的最大供应地;尤其是文莱、印尼、马来西亚、泰国的动植物油脂、矿产品、塑料制品、木材及木材制品、水果、大米等产品,约占广东从东盟进口额的 50%。所以东盟富饶的资源很吸引广东,广东和东盟在自然资源开发和利用上有很广阔

的合作前景,可以通过投资进行联合加工和联合开发。因此,广东和东盟的资源互补将是长期的可持续的,资源贸易以及在林业、渔业、矿业等方面的共同开发将会成为双方合作颇具潜力的重要领域。

广东与东盟产业发展上的极大差异性,在产业结构上无疑将会更加易于互补。这种差异性形成的优势互补,能够提高经济发展的效率,促进产业转移和升级。实际上,在家电、服装等领域,珠三角企业将分厂开到越南、柬埔寨、泰国,已成为一股潮流。随着广东和东盟工业化进程的加速,产业结构逐步升级,区域产业内分工日益细化,产业内分工趋势明显,产业内贸易规模在不断扩大。产业内贸易日渐成为广东与东盟之间重要的贸易形式,而这一形式将需要也更有利于广东和东盟之间的产业优势互补。广东与东盟竞争性、互补性并存,可扩大互相投资力度;"广东制造"要想继续焕发光芒,必须突破原材料及能源瓶颈,进口关税降低将进一步凸显东盟原材料的优势,降低广东企业进口东盟的原材料、零部件和设备的成本,从而进一步吸引外资,承接国际产业转移;双方拟建省部经贸对话机制,将重点寻求并促进包括农业、信息通信技术、能源与环境、人力资源开发、贸易和投资、旅游业、物流基础设施、教育、科技、文化、公共卫生等 11 个领域的合作。

二、广东与东盟贸易在合作中携手前行,外贸发展驶入快车道

随着自由贸易区建设进程的推进,广东作为与东盟距离最近的省份之一,与东盟大多数国家隔海相望,是我国与东盟国家海上运输距离最短的地区之一,且东盟华人较多,其中 60% 属于广东籍,易于沟通和交流,广货在东盟地区已拥有广泛的市场基础。中国、东盟双方的企业都已经看见了巨大的市场商机。广东与东盟的贸易额持续快速增长,连续多年保持我国与东盟贸易额最大省份的地位。2006 年,广东与东盟的进出口贸易总额达到 441.5 亿美元;2007 年,广东对东盟贸易总额 559.6 亿美元;2008 年,广东与东盟贸易总额达 626.5 亿美元;据广东省外经贸厅预测,到 2010 年,广东与东盟进出口贸易总额将达 1040 亿美元,至 2015 年,将突破 3000 亿美元。广东与东盟外贸发展已驶入快车道。

东盟是"广货"海外攻略中最重要的新兴市场。由于其成员国多数是发展中国家,人口众多,对其投资和出口的门槛较低,进出口经营权逐步放开、降税计划为广东企业带来更多活力,价廉物美的"广货"出口东盟相对容易,也很有竞争力,广东各种类型外贸企业与东盟贸易齐头并进,呈现了一片欣欣向荣的景象;广东优势产品对东盟出口出现强劲增长,广东加工制造产业逐渐升级,广东对东盟出口的主打商品也在悄然发生变化,出口商品的附加值不断提高。

中国与东盟自由贸易区计划启动后,广东与东盟双方经贸合作日趋紧密。随着产业的高精尖化发展,广东与东盟优势互补的贸易形式逐渐由"产业间"走向基于规模经济和差别产品的"产业内贸易",且贸易产品范围不断扩大,正在形成互补性的分工。从具体产业看,除了高新技术方面广东与东盟具有很强的互补性外,在基础产业双方的合作也不断扩大。东盟已成为广东制造基地加工链重要的一环,广东作为我国乃至全世界最重要的加工制造基地之一,生产需要大量的原材料和中间性产品,而东盟在加工制造链中处于相对上游的链条当中,每年可以为广东提供大量的上游产品;东盟各国具有丰富的矿产资源、林业资源、海洋资源和农业资源,广东经济持续稳定增长,对资源和能源的需求不断加大,仅靠国内供应已远不能满足快速增长的需求,扩大自东盟的进口为广东经济发展提供了充分的保障,广东逐渐成为东盟稳定且巨大的资源性产品需求市场,为东盟提供了巨大的商机。同时也为东盟各国提供了巨大的商机,有力地促进了东盟各国相关产业的快速发展。

三、深化粤港澳合作,突出参与中国—东盟自由贸易区建设的重点

2010 年,中国—东盟自由贸易区建成。广东如想在中国—东盟自由贸易区建设中发挥更大的作用,应首先加强粤港澳合作的力度。

市场的竞争已不仅仅表现在国际上,区域与区域之间的竞争也越来越激烈。改革开放初期广东与香港的关系是"前店后厂",发展至今广东已经完成了工业化初级阶段,珠江三角洲是全球最大的制造业中心之一,进入了信息化、工业化、城市化并举的阶段,经济发展充满机会;而香港是国际金融、商业和服务业中心,本地生产总值的86%是靠服务业创造,服务业是其强项,港资企业在大珠三角地区共有6万多家,香港的货物吞吐量,70%来自大珠三角地区。在中国—东盟自由贸易区进程加快的背景下,粤港澳通过物流、资讯科技、信息服务等领域的密切合作来带动各方面的合作,发挥香港财通、货通、人才通、消息通的"四通"优势,增强粤港澳整体竞争实力,粤港澳在竞争中高度融合,使华南区域经济体成为全球最有活力的地区,达到"人尽其才、地尽其利、货畅其流"的境界。

大珠三角已经形成以广州—深圳—香港为轴心富有竞争力的广佛、深港、珠澳经济圈,大都市圈已经形成。着眼全球竞争,建立粤港澳自由贸易区,来整合大珠三角的区域优势,强化粤港澳经济一体化,在基建、产业分布、人流、物流和资金流动等各方面积极推动一体化,以达到叠加效应,更有助于发挥粤港澳三方的优势。建立粤港澳更加紧密的经贸关系除了有利于区内各方的经济快速成长和提高整体国际竞争力之外,还将为中国更好地参与国际经济竞争提供有益的经验,加强利用香港作为商贸平台对内、对外都有优势。对外国投资者来说,香港是投资内地的先行者,有中国市场的实战经验;对珠三角企业群来说,香港对国际金融贸易有着丰富经验和广泛网络。珠三角经济持续发展,对专业及商贸服务的需求愈来愈大。香港的服务行业发展成熟,可以满足内地企业的需求。我国台湾不少企业也通过香港这个服务平台,以广东为基地,共同拓展商机,粤港台经贸合作空间非常大。粤港澳台更紧密经贸合作结合中国—东盟自由贸易区快速发展,更有利于大南海经济圈的形成。

四、在广交会、深圳高交会等平台基础上,多举办一些主要面向东盟国家的经贸交流活动

在商业贸易、产业投资、旅游服务经贸、投资、文化、旅游、社会等领域多举办一些主要面向东盟国家的经贸交流活动。务实合作,相互支持,深化合作,实现共赢。重视借助东盟国家华文媒体的传播平台推介广东,推动广东媒体与东盟华文媒体的合作,特别是推介各地投资环境、专业镇、博览会、展销会、特色产品等。鼓励东盟国家华商带动当地有关机构到广东进行经贸、旅游推介,增进广东省有关部门、机构、企业对东盟国家投资环境、人文旅游资源的了解。

五、充分利用侨乡优势,充分发挥东盟国家华人、华侨力量

东盟10国是世界上居住着最多华人的第二个区域。东盟国家的人口大约是有5亿,居住着将近5000万和中国尤其是广东省有血脉相联系的华侨华人,他们受中华文化的传承,说普通语,广东话,潮汕话,客家话,福建话;在居住国里事业有成的更愿出钱出力建设家乡的教育公益事业,这是东盟华侨华人与广东密切关系的根基和源动力。改革开放以来,广东与东盟国家的经贸合作不断发展;东盟华商众多,特别是新加坡、马来西亚、泰国、菲律宾、印尼的华商最多;广东要加强与东盟经贸合作,首先要高度重视与东盟华商的经贸合作,充分发挥东盟华商的桥梁纽带作用。然而,从总体情况看,广东与东盟经贸合作无论是广度上还是深度上都与广东的地理优势、先发优势、经济优势、人缘优势地位不相称:一是广东与东盟的相互投资总量和规模都还比较小。二是华商优势还没有得到充分发挥,特别是东盟华商众多的粤东地区,华商众多的资源优势还没有转化为发展优势。三是"广货"在东盟还没有形成品牌规模效应,通过东盟"10+1"的商品零关税政策逐步地把广东的商品推向世界各国的路还很漫长。要积极参与、充分利用东盟华人社团及世界性华侨华人社团活动的平台,建立与华商组织的互动合作机制;有计划地邀请东盟国家华商社团组团到广东访问考察,采取多种形式加大对东盟的推介力度,增进华商对广东的了解,扩大对外影响,促进交流合作。

广东作为改革开放先行地,尤其是珠三角地区,以比较完善的投资环境、毗邻港澳及东盟的地理优势、繁多的商品、方便的物流等,对东盟华商具有较大的吸引力。吸引东盟华商到广东投资,关键是要有好的环境、好的载体、好的措施、好的项目。每年在广州举办的两届中国出口商品交易会吸引了10万外商来参加采购商品,其中来自东盟国家的

华侨华人采购商就有多达 2 万人之多。

六、加强与东盟合作的区域布局,开展多元化合作

广东加强与东盟合作的区域布局,开展多元化合作。粤东潮汕地区、梅州依靠侨博会和世界客都①平台,连接海峡西岸经济区、台湾。珠三角深化粤港澳合作,加强现代服务业与东盟合作,寻机建立双边合作机制或多边合作机制。比如金融业,可寻求建立珠三角、香港和新加坡的合作机制。粤北部山区利用"双转移"修好内功,凭借在泛珠三角"9+2"②的地理位置,通过珠三角和广西,在现代农业和旅游业面向东盟市场,寻机建立双边合作机制或多边合作机制。粤西湛江、茂名依靠泛北部湾经济区平台,沿南海面向越南、马来西亚、新加坡、印度尼西亚、文莱、菲律宾六个国家。粤西积极参与泛北部湾经济合作,在特色农业、水利交通、大港口建设、茂名石化、湛江宝钢可考虑面向东盟市场,寻机建立双边合作机制或多边合作机制。可考虑在湛江、汕头等地兴建物流基地,面向东盟市场。

第四节 广东创新合作机制的主要思路

中国将成为亚洲的制造中心,东盟将成为中国的原料基地,而在自由贸易区这两者可以更好地结合在一起。事实也说明:区域经济合作也越来越重要,如北美自由贸易区、欧盟自由贸易区、非洲自由贸易区,这种区域经济合作方式被证明非常有助于经济的共同发展。建立中国—东盟自由贸易区,完善广东与东盟的省部级洽谈合作机制,构建广

---

① 世界客都:在客家人的迁移历史中,梅州是最主要的集散中心,成为客家人主要聚居区和客家文化的代表地,被誉为"世界客都"。另外,福建省龙岩、江西省赣州与台湾省的桃园、新竹、苗栗等也是客家人主要聚居区。

② 泛珠三角"9+2":2003 年,广东省委、省政府提出推进"泛珠三角"区域合作的战略构想,2004 年 6 月,福建、江西、湖南、广东、广西、海南、四川、贵州、云南九省区以及香港、澳门两个特别行政区共同签署《泛珠三角区域合作框架协议》,简称"泛珠三角 9+2"。

东东盟大南海经济区,无疑对于双方实现优势互补,开拓新的发展机遇,共同抵御经济全球化带来的风险,增强亚洲国家在国际经贸事务中的地位,具有十分重要的意义。

一、积极推动粤港澳自由贸易区的建设

广东积极推动粤港澳自由贸易区的建设,深化粤港澳合作,力挺中国—东盟自由贸易区,突出参与中国—东盟自由贸易区建设的重点。相对于广西、云南两地的地缘优势,广东与东南亚有着传统密切的经济合作,拥有一整套与国际接轨的进出口贸易机制,拥有一大批具有竞争力的产业群,市场机制的发育成熟使得广东与东盟工商界合作有着更多的空间。此外,广东还有广州、深圳、湛江、汕头等优良港口,是中国通往东南亚海上航程最短的口岸群之一,这使广东有条件成为我国与东盟贸易的"桥头堡"。

中国—东盟自由贸易区 2010 年建成,广东要在中国—东盟自由贸易区建设中发挥更大的作用,应首先加强粤港澳合作的力度,积极推动粤港澳自由贸易区的建设,联手港澳成为亚太的经济中心,不仅可有力地支持香港的发展,也可给整个广东带来了新发展机遇,对香港经济发展和广东产业结构升级将产生巨大的积极作用,成为促进粤港经济发展,实现双赢、转型的催化剂,在中国—东盟自由贸易区建成后更能体现广东的价值和地位。

二、把"粤东侨博会"打造成合作交流重要平台

由于潮汕籍华侨众多,粤东潮汕地区发挥华侨人文优势,加强潮汕与东盟主要华人社团特别是华商组织的联系合作,相互支持,精心筹划,把"粤东侨博会"打造成面向海外华商特别是东盟华商的合作交流重要平台,加强与东盟国家不同层次的友好往来,促进经贸、文化等方面的交流合作,支持东盟华人社团开展华文教育和弘扬中华文化、岭南文化活动,通过培育文化"软实力"提升双方经济合作的"硬实力";充分利用在东盟举办的世界性华人华侨社团活动平台,建立互动合作机制,以侨引外、以侨促外,通过华人华侨引领东盟政府官员、媒体、企业

家到广东考察访问,广泛邀请东盟华商出席在广东举办的各种商品博览会,增进对广东及"广货"的认识和感情;积极组织和推动有实力的广东民营企业家到东盟考察,推动有实力的企业到东盟国家设立广东特色产品展销中心,充分利用东盟华商的销售网络,形成"广货"批发、销售的集散地,推动"广货"走向东盟和世界。

东盟的华侨华人肯定是东盟与广东密切往来的重要角色。把"粤东侨博会"打造成商机传导有效载体、合作交流重要平台是粤东潮汕地区融入中国—东盟自由贸易区的重要途径,随着"10 + 1"关于相互促进投资等进程加快,潮汕与东盟发展经贸后劲最大。

三、湛江发展为环北部湾地区的龙头

30 年的中国经济增长,每 10 年左右形成新的经济增长点,东北三省、环渤海经济区、长三角、珠三角等不同时期形成的具有地方特色经济增长极,带动中国飞速发展成有世界影响力的经济体。湛江作为改革开放的 14 个沿海城市之一,争取在新的十年里,发展为环北部湾地区的龙头,成为中国经济发展新的经济增长点。

湛江处于粤、琼、桂三省区连接的交汇点,拥有优秀的天然深水港,湛江港是华南地区最大的主枢纽港,也是中国通往东盟国家、欧洲国家和非洲国家最近的出海口,具有海、陆、空的立体交通网络框架,交通方便,地理位置优越。随着发展中国中西部经济的重要性与迫切性,中国的经济发展政策重心正逐渐向西部转移;湛江港的发展与西部经济的发展密切相关,双方唇齿相依,相互依存,相辅相成;大西部的开发,使从湛江港进出口的货物迅速增加,湛江港的吞吐量呈飞速增长的势头,正在向亿吨大港的方向迅速发展,对湛江成为环北部湾的物流中心,起到了巨大的推动作用,必然会为湛江和整个环北部湾地区经济的发展注入巨大的活力。

广东产业结构调整与升级和珠三角经济发展的腹地不足,都需要湛江发展成为一个临港高度工业化的滨海城市,必需发展一批具有一定影响力的大型重工业与化工业;而环北部湾区域的城市与湛江具有很大的互补性,在湛江形成以重化工业为主的临港工业城市过程中,必

然会带动周边地区经济的进一步发展,整个地区的经济会进入快速增长的态势,形成以湛江为龙头的经济增长极,带动区域内的经济的迅速发展。以湛江为龙头的环北部湾地区的经济,已经具备了进入快速发展快车道的各种条件,以湛江为龙头的环北部湾地区成长为中国经济的下一个经济增长点是非常有可能的。

四、充分利用合理规则扩大贸易和投资规模

广东与东盟两地贸易的快速发展有其内在的必然性,这是双方对自然资源等生产要素主动配置的结果。广东应积极探讨和充分利用两地贸易中现有和潜在的互补性,积极创造条件,发展相对优势产业和企业,重点扶持一些具有规模经济效应、获取利润能力强、市场集中程度高的出口企业;同时要合理利用外资,积极营造新的经济增长点和主导产业,并充分利用好东盟的普惠制及原产地规则一般要求,推动一批企业集团积极进行跨国生产经营;与此同时,广东还应区别对待东盟各国,多层次地发展互补性产业,分阶段、全方位地推进经济合作。未来几年将是广东与东盟经贸发展的理想时期,充分利用合理的国际贸易规则扩大两地贸易和投资规模,广东和东盟双方都将在合作中实现共赢。

五、文化作为广东与东盟合作的一个新领域

文化产业被视为 21 世纪的朝阳产业。广东随着经济发展,逐渐重视文化和文化产业,一方面加大了自身文化体制的改革,另一方面也加强了文化产业的发展。文化交流是促进民间互信的重要途径,近些年来,广东与东盟国家基于地缘优势,文化交流与合作非常活跃;举办五彩纷呈的文化体育活动,彼此间领略到对方灿烂的民族艺术精华,这种超越了地域界限的文化交流,为广东与东盟的文化发展作出了贡献。

广东与东南亚构成的大南海区域文化,包含有中华(儒家)文化、印度(佛教)文化、伊斯兰文化、东南亚土著文化等多种文化形态,共同构成了亚洲文化的重要内容和绚丽景观;儒佛文化、华人文化和以水稻耕作制度为核心的"那"文化三种文化形态是大南海区域文化的核心,

涉及人口达数亿;尤其重要的是广东与东盟各国在各自的历史发展进程中形成了多样与多彩的民族文化,文化差异将为文化产业提供广泛的供需市场空间,文化教育、会展、旅游、电影电视、动漫设计,特别是"10＋1"国家优秀的传统工艺品产业等方面,都将有广泛的合作项目,文化合作前景广阔。

为了更长远的计划,广东省要利用文化合作把广东省的教育和文化活动带到东盟国家去交流,抓住机会提供便利吸引更多东盟国家的年轻人到广东来学习,这将是关系延续密切广东与东盟关系的长远计划。

六、广东和东盟货币金融领域的合作

金融与贸易将成为带动广东和东盟经济走向实质性联合的两个轮子,广东和东盟通过货币金融领域的合作,推动成立广东东盟大南海经济区银行联合体,推动本区域同国际金融机构建立合作关系,建立一个高效、稳健、抗风险能力强的市场和金融体系,将为广东东盟应对全球化挑战提供有效的金融支持,对广东和东盟合作至关重要;通过货币金融领域的合作加强信息交流和共享,推动联合区域内各国政府、银行和企业共同促进区域内信用平台的建设,构建一个诚信的经济区域;当今国际资本的2/3是在发达国家间相互流动的,广东和东盟并不是争夺国际资本的竞争对手,广东和东盟通过在货币金融领域的合作,重点开展区域内多方参与、多边受益网络型大型基础项目的合作,共同努力确保国际投资者的安全性、获利性和变现性,以争取更多资金的流入,促进共同发展与繁荣,使广东和东盟成为东亚环太平洋经济带的新投资热土。

七、中国与东盟共建大南海经济区的发展前景

从国际经验看,区域经济一体化意味着各成员国有关国家的地区感和归宿感的增强,加强和扩大对外经济合作关系,进而形成一种合力汇入国际社会;区域经济一体化意味着地区内各国之间壁垒的消除,意味着市场规模扩大,简化贸易层次程序,加速货物自由流通,并有利于

资源跨国界的流动,导致在地区内更加有效的配置;区域经济一体化意味着地区内部竞争的激化。在激烈竞争的压力下,企业将会加强经营管理,利用新的手段和科技成果,提高生产率,降低生产成本,加强国际竞争力。

中国经济保持高速增长,会对东盟国家形成持续的市场需求和吸引力;东盟经济对中国经济的依赖性将进一步加大。寻求最大化的经济利益导致中国与东盟走向合作,中国与东盟共建大南海经济区是在经济利益的驱使下,建立在双方长期经济交流和互动基础上的合作,因而有较为深厚的经济基础,也存在着继续深化的动力,经济牵引力将继续带动合作走向深入。

对许多东盟国家来讲,他们把"10+1"看做是"10+3"的基石,中国必须直面一个包括东盟在内的东亚新格局。中国将着重建设中国—东盟自由贸易区,在此基础上再扩展至整个东亚,形成东亚自由贸易区。为推动经济一体化,东盟将电子、电子商务、卫生、汽车、纺织、渔业、航空、旅游、农产品、木制品、橡胶制品、服务等作为一体化的 12 个优先领域。这些行业的一体化也将推动其他行业的一体化进程,如果这些行业的一体化能得到全面落实,东盟经济共同体蓝图中非常重要的一部分将得以实现。建立中国—东盟大南海经济区,对其双方相互投资、贸易及经济增长都将产生正面和积极的影响,使双方的经济发展达到双赢,不光中国与东盟之间竞争与合作关系日趋紧密,并能加速推动日本、韩国与东盟的经济合作及中日韩东北亚经济合作机制。而政府、企业各级主体应当主动参与到对东盟经贸合作的具体实践中,及时捕捉和发现问题并积极探讨应对措施,尽快制定相关的政策和规则,共同维护和促进中国与东盟双边贸易关系的健康发展。

第六章　深化与东盟在能源、
资源领域的合作

　　在所有中国与其他国家和地区的经济一体化谈判进程中,中国—东盟自由贸易区(CAFTA)建设发展最快,取得的成果最令人瞩目,并对中国未来区域经济发展格局产生深刻的影响。2002 年 11 月《中国与东盟全面经济合作框架协议》的签署,标志着中国—东盟自由贸易区建设的进程正式启动。随着中国—东盟自由贸易区建设步伐的加快和经贸合作全面铺开,给广东带来更多优厚的商机,广东以积极、开放、务实的姿态,按照平等互利、共同发展的原则,参与中国—东盟自由贸易区建设,有力地推进与东盟各国的经贸往来与合作。

　　广东是中国面向东盟各国开放的前沿。中国—东盟自由贸易区建设和澜沧江—湄公河次区域合作开发为广东经济的快速发展提供了更多的有利条件,我们要抓住机遇,迎接挑战,把自由贸易区建设、次区域合作开发与广东经济国际化以及经济、社会、资源协调发展等战略结合起来,充分利用好广东区位优势,进一步深化与东盟在能源、资源等领域的合作,服务东盟,服务全国,促进广东未来经济可持续发展。

第一节　与东盟能源、资源领域合作
现状及其重大意义

　　能源供应不足和矿产、土地等资源短缺可能成为中国崛起的最大障碍,尤其能源供应安全在中国发展战略中的地位悄然上升。由于中国进口能源、矿产的绝对数量大,使得中国能源供应安全不仅是一个国内保障供应的经济问题,同时成为一个关乎国际能源供求和能源地缘政治的战略问题。为了保障国内经济建设获得稳定的能源、资源供给渠道,中国政府积极推行能源外交并大力推动中国能源、资源投资型企业实施"走出去"战略,努力在世界各地寻求稳定的能源、资源开发合作。东盟是中国的近邻,由于其重要的地缘战略地位以及中国重要的能源供给地与国际能源市场重要合作伙伴的多重角色,使其在中国的对外能源、资源战略中具有显著地位。中国与东盟自由贸易区的建立与发展使进一步深化中国与东盟之间的能源、资源合作成为了现实。

一、中国与东盟能源、资源领域合作现状

近年来中国与东盟国家关系进一步密切,双方经贸合作领域越来越广、规模越来越大。能源、资源作为经贸合作的重要内容理应占据重要位置。特别是在世界各种资源供需矛盾突出、能源安全形势日益复杂多变,而使能源领域合作成为各国共识的今天,积极推进中国与东盟电力、矿产资源合作项目建设,加快整个能源体系的开发合作,对保障双方的能源安全和经济利益,以及改善双边关系具有深远的意义。

中国与东盟的能源与资源开发合作从20世纪70年代就已开始,到20世纪90年代中国在海外开采的第一批原油就来自印度尼西亚。东盟10国是中国的近邻,是中国能源、矿产资源的重要来源地,中国从中东、非洲的能源运输的重要管道,目前中国从国外进口的石油有80%以上要从马六甲海峡通过,而东盟国家经济发展也需要有中国的合作,因此,东盟与中国在地区和全球的能源合作中也同样具有十分重要的意义。

(一)与东盟能源、资源领域合作日益紧密,成绩斐然

1. 双边关系不断改善,能源、资源等领域合作全面展开

对于能源、矿产资源等这些具有自然商品属性,同时又具有高度战略价值的商品而言,实现中国与东盟国家共同利用与开发合作战略,必然是一个包括政、经、商三者的互动多维的合作。加大同东盟经济合作融合度,通过构建紧密的经济生命共同体的方式保障能源安全。近年

来为实施睦邻战略,中国政府领导人对东盟各国外交工作力度不断加大,中国与东盟之间的政治关系也得到非常有效地改善,从全面对话到睦邻友好,又进一步提升为战略伙伴。2005年4月,胡锦涛访问东盟时提出,到2010年,中国和东盟双边贸易额达到2000亿美元。当年7月,中国—东盟自由贸易区降税计划的正式启动,标志着中国—东盟自贸区进入全面实施阶段。欣欣向荣的中国是东盟各国发展的重要机遇,而繁荣和平的东盟符合中国的发展利益,为此,进一步扩大双边贸易规模,开展互利互惠的双向投资,进行全方位的经济合作,深化东盟与中国之间经济融合度,2010年建成中国—东盟自由贸易区,必将促进中国与东盟在能源、资源等领域的进一步合作和能源供应保障。

2005年12月,国务院总理温家宝在东亚峰会领袖对话会议上发表题为"中国的和平发展与东亚的机遇"的重要演讲时表示,中国将积极参与能源互利合作。中国愿加强与世界各国的能源对话与合作,共同应对维护世界能源安全与稳定。能源合作是中国和东盟合作的一个重要领域,在东盟系列峰会和历届东亚峰会上,能源合作问题不可避免地成为了一个主要话题。2007年11月21日,国务院总理温家宝出席第三届东亚峰会时进一步提出,要加快中国—东盟投资协议谈判,推动全面建成自由贸易区,推进双方公路、铁路、航空、信息互联互通,双方签署了加强卫生和植物卫生合作谅解备忘录。温总理会上还提出涉及政治、安全、经贸、环境、可持续发展、人文等广泛领域的多项具体合作倡议。此后,随着中国与东盟自由贸易区建设的逐步推进,双方间的能源、资源开发合作得到了进一步深化和拓展。

自2004年首次举办中国—东盟博览会和商务与投资峰会以来,积极推进中国—东盟自由贸易区建设成为双方努力的共同目标,双方先后签署并实施货物贸易协议、服务贸易协议,不断降低关税水平和扩大市场准入,深化大湄公河、东盟东部增长区等次区域经济合作,推动贸易和投资更加便利化。中国与东盟贸易额由2004年的1059亿美元增加到2007年的2025.5亿美元,提前三年实现双方领导人提出的2000亿美元的贸易目标。东盟秘书处副秘书长尼古拉斯·达曼先生在2008年泛北部湾经济合作论坛上明确表示,东盟将保证中国能源供给的安全,将会与中国携手开发一些新的可替代能源,同时促进双方能源交流,并尽力保证中国能源供给的安全。东盟国家是中国进口能源和各种自然资源的重要来源地。东盟地区的石油、天然气、煤炭、各种矿产及橡胶等资源蕴藏极为丰富。未来双方能源、资源领域合作,除密切的贸易往来外,将进一步加强新能源开发、能源交流和能源、资源保护等方面的合作,这无疑有助于让中国的能源供应渠道和能源形式实现多元化,为中国能源供应增添安全系数。同时也将促进东盟各国和中国的经济和社会的稳定发展,最终实现双方获利。

2. 能源合作日趋紧密,合作成效显著

随着中国与东盟之间合作步伐的不断加速,双边合作的领域和深度也在不断加深和拓宽,其中能源、资源领域合作的重要性日渐凸显。中国企业与东盟国家在石油、天然气、矿产等领域的合作开发方面作出了显著成就。

在能源进出口方面,东盟各国是中国的重要的进口来源地之一。印尼、马来西亚与文莱都是东盟国家中重要的能源出口国,印度尼西亚是东南亚国家中唯一石油输出国组织的成员。据海关统计,中国从东盟地区进口能源产品的增长呈逐年上升趋势,就石油进口而言,目前已占中国石油进口 15% 左右的份额。近年来,越南成为中国在东盟的最大石油进口国以及中国在全球的第六大石油进口国,进口数量超过了印尼。同时,中国加快了从东盟进口天然气和煤炭的步伐。目前中国已是越南煤炭的最大出口市场。在天然气方面,印尼与中国达成协议,同意在未来 25 年内,通过其西巴布亚省东固(Tangguh)厂每年向中国供应 260 万吨液化天然气。据中国驻文莱使馆发布的消息,2003 年中国已与文莱签订采购石油的长期合同。2005 年,中国从东盟国家进口了近 1000 万吨的原油和 600 余万吨的成品油,占同期中国原油、成品油进口总量的 7.5% 和 22%。

由于经济发展的需求和地理位置临近带来的运输优势,东盟国家成了中国能源企业的重要投资地。中国能源企业在"走出去"战略的指导下,明显加大了在东盟的投资力度。近些年来,除上述油气直接贸易外,中国与东盟能源合作在共同勘探与开发利用方面也取得重大成果,目前在印尼、缅甸等已有所突破。

（1）中国与印尼之间的合作。目前中海油在印尼9个区块拥有权益；中石油在印尼7个合同区块拥有权益；中石化在印尼也拥有一个勘探区块。2003年至2004年,中石油印尼项目勘探共发现了11个含油气构造。2002年初,中海油以5.85亿美元的资金收购了西班牙瑞普索公司在印尼资产的五大油田的部分权益,并获得每年4000万桶的份额原油。这是中国公司并购国外资产数额最大的项目之一。并购完成后,中海油成为印尼最大的海上石油生产商。2003年2月,中海油公司收购印尼东固液化天然气项目的储量的股权,从2007年起每年向中国福建提供260万吨液化天然气。印尼天然气出口商凭借其雄厚的实力和先进的技术,已在珠江三角洲液化天然气项目中段建设招标中获胜,马来西亚国家石油公司也计划把它的首个液化天然气项目定址上海。

（2）中缅之间的勘探合作。2005年初,由中海油缅甸公司、新加坡Golden Aaronpte有限公司以及中国寰球工程公司三家组成的联合体,同缅甸能源部下属的缅甸石油与天然气公司再次签署了开发缅甸三个区块总面积为2万平方英里油气的产品分成合同。2005年8月,中石化集团云南滇黔桂石油勘探局与缅甸国家石油与天然气公司,启动了首个在缅甸合作进行勘探的石油天然气项目。

（3）积极展开多方合作。中国从2001年开始与文莱签订了采购石油的长期合同,此外,积极与文莱探讨合作勘探开发油气资源。泰国目前每年向中国出口35万吨液化石油气,占泰国液化石油气总出口量的一半。中海油也正在泰国境内寻求合作勘探开发生产油气田的机会。2005年10月,中国和越南在河内签署了关于北部湾油气合作的框架协议。根据协议,中越将携手在北部湾进行油气资源考察,这为双方共同开发北部湾的油气资源打下良好的基础。与环北部湾的东盟国家开展能源与资源合作是中国推行能源与资源全球化战略的一部分。中国与东盟国家在能源与资源领域具有很大的合作空间。随着中国—东盟自由贸易区贸易自由化与投资便利化的形成与实施,能源贸易的交易成本将降低,相互能源投资与勘探开发的壁垒将减少。可以预见,在近 10 年到 20 年内,中国从东盟进口的原油、成品油、液化天然气等各种矿产资源将继续快速增长,双方企业在油气资源的勘探开发、国内成品油气产品的分销等方面的合作水平将达到新的高度。

(4)新能源项目开发合作。2007 年 1 月 9 日,印尼种植商 SMART-TTbk 宣布已与中国海洋石油总公司、香港能源有限公司签署了一项乙醇合营项目,三方将成立合资公司,共同开发以棕榈油为主的生物柴油及以甘蔗或木薯为主的乙醇汽油。

总体来看,近十多年来,中国与东盟在以油气为代表的能源资源开发合作迈出了较大步伐,但在油气开采、新能源开发以及进口贸易方面都远远落后于日本和其他国家。从资源的远景方面看,东盟地区各种能源、资源储量极为可观,合作勘探和开发潜力很大,有待深入。

(二)广东与广西、云南对东盟在能源、资源领域合作的比较

近年来,随着中国—东盟自由贸易区建设的加快推进,以及中越贸易的日益频繁,中越两国建立"北部湾经济圈"已成为现实。北部湾流域与湄公河流域的合作是中国与东南亚国家尤其是与越南合作的重要项目。目前广西、云南参与的同越南湄公河流域的合作已搞得热火朝天。北部湾沿岸的广西、海南等省份正积极加强调查研究,与越南沿海各省市共同探讨合作的目标、方式、途径和措施,合作重点会放在能源、矿产资源合作开发、新能源开发和环境保护、运输以及旅游等方面。

1. 广西和云南在与东盟经贸合作中抢占先机

广西:加速走进东盟开展能源、资源领域合作

近年来,西南边陲广西依托独特自然条件和地缘优势,紧抓构建中国—东盟自由贸易区这一历史性机遇,依托中国—东盟博览会这个平台,寻找商机和合作项目,加快走进东盟步伐。广西对东盟直接投资的产业选择是,要有助于拓展国际市场和开发国外资源。通过发挥广西传统产业比较优势,鼓励和引导企业到东盟国家投资,以投资带动原材料、零配件、成套设备的出口和技术、劳务的输出。通过长期贸易协议与参股开发相结合等多种方式,积极开发和利用东盟国家储量丰富而广西又相对短缺的石油、天然气、煤炭、铁矿、有色金属、橡胶等能源资源和矿产资源,建立境外资源供应渠道,缓解广西资源供需矛盾。通过

合作开发东盟国家的优势农业资源,建立面向国内和东盟市场的生产基地,开展农、林、水海产品的生产、加工和综合开发。目前,在中国—东盟自由贸易区建设不断加快的态势下,广西采取多种形式拓展与东盟各国的经济技术合作,把矿产资源开发、能源合作、农业种植、医药生产、水电站建设等作为合作的重点领域。

近期广西又将新能源开发、生物质能源产业作为合作的重点产业发展,不少企业与毗邻东盟国家开展了广泛合作,已在能源、矿产、农林业、新能源开发等多个领域开展投资。如,广西农垦企业集团东方石油公司和西岭农科有限公司在菲律宾签订了木薯燃料乙醇加工项目,计划项目总投资额为 3.5 亿美元。据该集团负责人孙大光介绍,广西农垦企业集团还与印尼印迪拉公司签订了木薯原料基地种植技术服务项目,双方将共同投资发展木薯基地和建设配套加工厂,后期生产木薯乙醇以弥补燃料乙醇的市场需求;农垦集团下属的三个公司还分别与越南有关公司签订了投资和贸易协议;与缅甸合作建设上万公顷优质剑麻基地项目取得实质进展,已运送 112 万株剑麻种苗,完成种植 4000亩;还与马来西亚东方资本集团合作建设中国东盟风情园,与马来西亚麒麟阁房地产有限公司合作建设桂林科技新城;与越南、文莱达成了海水养殖等方面的合作项目等,充分利用东盟国家资源参与农林渔业建设。针对越南农机市场非常活跃,农用电动机、柴油机、喷雾器、工作母机需求快速增长的情况,广西生产力促进中心等科研机构及时推出了专为越南研究设计的各种农用机械产品,如小型沼气设备、山地收割机、插秧机等,深受越南市场欢迎。

最近两年,广西与东盟各国在矿产资源开发以及矿产品生产等第二产业的发展与结构调整上进一步加强了合作:一是积极发挥广西的技术优势,加强勘探、开发,生产等方面的技术合作;二是大力推进“走出去”战略,鼓励有条件的企业到东盟各国开展工程承包、投资(独资、合资)办厂,共同开发矿产资源,生产、加工矿产品。

广西正密切关注和积极参与中国与东盟能源、资源合作的若干重大项目,其中有越南多农铝矿的开发、从印尼到中国南部的南气北送工程管道的铺设,从新加坡到中国的泛亚铁路的建设等。在煤炭方面,与越南煤炭总公司合作,开发优质褐煤和无烟煤。在电力方面,与越南合作建设昆江水电站工程项目;承包越南海防一期火力发电厂;与缅甸合作建设水电站和输变电站等。在矿产合作方面,与越南联合开采锰矿、铁矿、铝矿等资源。在农业合作方面,利用缅甸丰富的土地资源投资合作建设剑麻、木薯种植基地;在文莱开展水稻、蔬菜、水果种植以及对虾养殖等。

同时,广西着手在防城港、东兴、凭祥等口岸地区,设立一些中国与东盟的经济合作区。在这些地区先行先试一些中国与东盟自由贸易的政策,以推动中国—东盟自由贸易区的早日建成。如把东南亚的橡胶、棕榈油等大宗出口产品通过广西已有的港口、铁路、高速公路等运往中国内地省份,或者在广西沿海、沿边沿海地区加工,供应国内市场,这样既可推进广西临海工业发展,又可推动南贵昆经济区的建设。

云南:与东盟能源、资源合作展示出良好的发展前景。

2002 年,云南在中央各部委的大力支持下,通过全面深入的调研和充分准备,云南全面参与中国—东盟自由贸易区建设的行动计划全面启动。该计划的主要内容是:加快建设"五大通道",构筑"五大平台"和全面推进六大产业合作。五大通道是:交通通道、贸易通道、产业通道、生态通道、友好通道。"五大平台"是信息平台、贸易平台、金融平台、人力资源开发平台、公共事务平台。

云南采取多种形式拓展与东盟国家的经济合作,把六大产业作为合作的重点领域:农业、烟草、能源开发、矿产开发、旅游业、劳务交流与合作。云南在参与中国—东盟自由贸易区建设的背景下,充分利用各方经济贸易和资源产业发展的互补优势,在加强政府间交流的同时,不断扩大区域经济合作。这一点可以从云南参与中国—东盟自由贸易区建设及区域经济合作的项目构架可以看出。云南参与东盟合作的项目有:一是,推进国际大通道建设,建设以公路、铁路、水运和航空为主的交通通道。2003 年,在昆明成立中国澜沧江海事局;中国、老挝、缅甸、泰国四国签署了《澜沧江—湄公河商船通航收费规则草案》,有来自国内十多个省区的货物从此水道运出,抵达东南亚各国。二是,贸易通道建设,如在昆明举办推介中国—东盟全面经济合作框架协议、东盟自由贸易区"早期收获计划"农产品零关税昆明论坛等贸易与投资促进活动,在越南河内和缅甸举办的商贸洽谈会等。三是,产业通道建设。在农业、能源、矿产和旅游等领域建立云南与东盟的跨区域、跨国合作关系。

农业产业合作:通过中国和泰国水果、蔬菜零关税的实施,促进云南农业结构的调整,发挥云南省气候优势,发展蔬菜和水果种植业。

能源产业合作:主要集中于水电贸易和电站建设。2003 年云南省的西双版纳州开始向老挝南塔省输电,2004 年红河州也开始向越南老街省输电。

旅游业合作:集中于与东盟各国共同打造以澜沧江—湄公河为纽带,以各国自然风光及历史文化为特色的次区域跨国旅游带;建设与东盟各国合作开发客源、联合宣传促销、共建旅游环线的机制。争取实现旅游通行证"一证通六国"。

云南充分利用区位优势,加快建设中的国际大通道,并发挥口岸优势,充分利用国内外两个市场,以多种形式与国内 100 多家知名大中型企业组成创汇群体,将大批质优价廉的大型电站成套设备、汽车、摩托车、轮船、铁路机械设备、工程机械设备、家用电器等产品打入东盟各国市场。大大改变了以往云南与东盟的合作,多以一般贸易为主,多以小企业、小项目为主的局面。目前,云南从东盟国家进口的商品 85% 以上为资源类和初级产品,如各类金属矿砂、木材、农副及海产品等。而云南出口至东盟国家的商品 80% 以上为工业制成品,有成套机械设备、有色金属、建筑材料、黄磷、烤烟、化肥及日用品、轻纺产品、家用电器、生活日用品等。

目前云南已有一批国有大中型企业、民营企业、三资企业走进东盟国家参与能源、资源类项目投资。自 2001 年开始,云南铜业、云南省有色地质局、昆明钢铁公司、云南省国际经济技术合作公司、一汽红塔、云南航天、云南新华印刷实业总公司、云南省地矿局、中石化南方公司等十多家大企业、大集团,先后在缅甸、越南、泰国等东盟国家投资,项目涉及矿业开发、建筑建材、汽车组装、农机具、商务印刷、家用电器等,并取得明显经济效益,展示出良好的发展前景。

据云南省商务厅最新的统计,2008 年云南企业对东盟国家投资金额已达 12.67 亿美元,占云南全省海外投资总额的九成,占中国对东盟国家投资总额的 10%。此外,2008 年云南企业对东盟国家的投资特点十分突出,一是水电矿产资源类开发居投资首位,全年云南对资源类的投资高达 10.17 亿美元。二是大项目占投资主导地位,云南省投资 500 万美元以上的大项目有 46 个,投资金额 11.39 亿美元。三是投资地较为集中,与云南接壤的缅甸、老挝、越南三国成为云南企业投资主要集中地,云南省在缅甸、老挝和越南共投资开办企业 152 家,总投资 11.52 亿美元,占东盟投资总额的 90%。今后一段时间,云南与东盟各国的经贸合作仍围绕矿产、生物资源开发、烟草产业、旅游业、电力支柱产业领域展开。

2008 年,尽管受到国际金融危机影响,云南开放型经济中的一些业务出现下滑,但云南对外开放的重点东南亚、南亚国家在此次危机中所受影响相对较小,云南与这些国家开展能源、资源领域的合作仍有进一步拓展的空间。

2. 广东与东盟双向投资蓬勃发展,资源领域合作不断升温

由于历史和人缘等因素,广东与东盟国家有着悠久的贸易关系。20 世纪 80 年代初以来,中国实行对外开放政策,广东作为中国向世界开放的重要“窗口”和“先行地区”之一,优先发展了与东盟国家的经贸往来。20 世纪 90 年代,率先发展起来的广东与东盟经贸关系发展迅速,双方经贸往来不断扩大,经济合作全面展开。

进入新世纪,随着中国—东盟自由贸易区建设进程的推进,广东,作为中国与东盟距离最近的省份之一,与东盟大多数国家隔海相望,是中国与东盟国家海上运输距离最短的地区之一,与东盟各国的经贸合作处在了“历史上最好的时期”,“广东制造”在东盟地区已拥有广泛的市场基础。“入世”后,广东与东盟的贸易额持续快速增长,连续多年保持中国与东盟贸易额最大省份的地位。统计数据显示,从 2003 至 2007 年的近 5 年来,广东与东盟进出口贸易从 199.2 亿美元增加到 559.6 亿美元,年均增长 22.9%,明显高于全省进出口年均增长 17.5% 的平均水平。同时,广东与东盟进出口额占全国与东盟贸易总

额的比重从 2003 年的 25.5% 上升到 2007 年的 27.6%,位居全国各省、市、区之首,成为中国与东盟贸易的领头羊。2008 年,尽管金融海啸使广东全年进出口遭遇严冬,但广东与东盟经贸往来却相对热络,东盟已经超越日本,成为广东继香港、美国和欧盟之后的第四大贸易伙伴,东盟已成为广东第四大出口市场和第三大进口来源地。

广东与东盟之间的相互投资快速增长。近年来,随着广东经济实力的不断提升和产业结构调整的深入推进,广东企业积极"走出去"到东盟投资设厂,投资额不断扩大,资源、能源开发不断升温。此外,东盟有关国家出台一系列优惠政策,吸引国外投资。这为广东企业到东盟投资办厂、承接工程项目提供了良好的机遇。截至 2007 年底,广东引进东盟实际投资金额累计达 66.9 亿美元,仅 2007 年就达 5.6 亿美元。广东对东盟投资步伐也明显加快。截至 2007 年底,广东在东盟累计设立企业 131 家,协议投资额达 3.48 亿美元,其中过去 5 年就占 66.1%。广东企业投资东盟的业务涉及到电子、通信、机械设备、资源开发等多个领域。TCL、广州卷烟厂、志高空调等企业在东盟发展迅速;深圳华强集团为首的投资联合体获建越南—中国(深圳)经济贸易合作区等。

在能源、矿产、林业、农业资源等领域的开发方面,广东从 20 世纪 90 年代就已经开始了。由于广东与东盟得天独厚的地缘优势,自从 20 世纪 90 年代初以来,广东机械进出口公司(广东广新外贸集团下属公司)就开始在印尼、越南等国承建了一些中小型的水电站,对当地的电力发展起到了促进作用。目前广东在东盟较大的投资项目包括,广东农垦集团公司在泰国投资 5200 万美元设立的热带农作物加工企业,以及在泰国、越南、马来西亚设立的橡胶加工厂;广东省粤电集团有限公司在印尼投资开采煤炭资源项目。

二、在能源、资源领域深化广东与东盟合作的意义重大

建立中国—东盟自由贸易区是中国对外开放的重大战略举措,随着中国—东盟自由贸易区建设的推进,对广东经济发展是一次极为重要的历史机遇。机遇是一种流动性的资源,存在变数,抓不住稍纵即逝。如何化机遇为利益,利用广东与东盟在资源和产业结构的合作及

优势互补性,促进广东经济结构优化升级,全面提升广东在国际产业分工新格局中的战略地位;如何在原有优势的基础上创造新机遇是广东当前急需解决的问题。

近年来,国际形势复杂多变,国际市场石油、天然气、矿产资源以及农林产品价格极不稳定,使各国能源安全环境不确定性因素增加,尤其是国际油价升降幅度巨大,导致各国对能源安全形势担忧。尽管中国和东盟都能生产大量能源,但快速增长的能源需求对各自的能源安全仍构成巨大压力。如近年来,广东"煤、电、油、运"均出现过高度紧张的局面,东盟的越南、老挝、缅甸、柬埔寨、泰国等缺电状况也较严重。大力开发电力、矿产等资源领域合作,对彼此的多元化资源体系建设、能源安全保障以及促进本区域共同发展有十分重要的意义。

1. 有利于推进与东盟各国的经贸合作向纵深发展

无论从近期和长远发展看,能源、资源等领域的合作是中国与东盟各国合作的重要领域,因为在这些领域开展合作,不仅所涉及的行业多,而且合作期限长。以能源、电力合作为例,它的发展必然带动机械制造、物流运输、煤炭石油开发、水资源利用以及能源二次开发等相关产业的同步跟进。其中应包括电力发、输、配、送等各个环节的合作,以及电力人才培训、电力设施维护、电站设计、电网建设、生态环境保护、河流治理等方面的合作,同时包括电力与各种资源配置(如开展矿电、磷电合作)的合作。此外,电力不仅仅是水电和煤电的合作,还包括风能、太阳能、生物质能等方面的合作。如果拓宽思路,寻求在"大能源"的框架下进行合作,把石油、天然气、煤炭、电力设备及技术等纳入合作范围,使合作从电力合作向整个工业合作领域拓展,从而提高合作效果,建立更大范围更广领域的经贸合作体系,有利于推进与东盟各国的经贸合作向纵深发展。在能源合作方面,南方电网公司早就看到这种巨大的机遇,以前瞻性、全球战略眼光加强开拓和培育东盟区域电力市场,在面向东盟的电力工业开发与合作上已取得成效。

2. 有利于优势互补,促进共同发展

广东与东盟在资源与产业结构的合作与优势互补性极为突出。在产业结构和自然资源方面广东与东盟国家各有所长,形成了进出口商品和产业结构上的互补。自然资源是形成产业间互补的主要原因,东盟相对不发达的国家,如越南、缅甸、老挝、柬埔寨倾向于自然资源的出口,而广东的自然资源正逐渐减少,有些资源出现严重短缺,正好可以通过进口,缓解资源压力。

东盟各国自然资源都比较丰富,如林业资源、渔业资源、油气资源、矿产资源、热带经济作物等,富饶的资源对正迈入重化工业阶段、人均资源储量不及全国平均水平1/20的广东具有强大的吸引力。广东一直是中国能源和原材料比较匮乏的省份,能源、交通、原材料等方面的供需矛盾长期存在,而外向型经济发展要求广东到全球市场上优化配置资源。相比之下,东盟各国拥有丰富的自然资源,如泰国、马来西亚、印尼等国的橡胶产量占全世界产量的85%;东盟各国盛产的热带农作物、热带花卉、烟草、木薯等经济作物在世界上占重要位置。东盟各国矿产资源极为丰富,马来西亚、泰国、缅甸、印尼四国的锡储量约占世界锡产量的一半。因此,广东可以利用其丰富的资源满足工业发展的能源需求和经济社会发展的需要。

此外,随着经济规模的增长,东盟四个新成员国也将和广东一样将成为自然资源的巨大消费者,在自然资源开发和利用上有着共同的发展需要,因此在合作上广东不可能一直采取原材料进口的方式,而投资联合开发和联合加工更有利于双方的长远合作,促进共同发展。如广东在水利、电力装备、矿产开采制造业方面有竞争优势,同时又能够满足迫切需要开发水利、电力资源,而缺少技术设备和资金不足的东盟国家的需求,也就是说,广东的资金与技术加东盟的丰富资源实现多国共同发展。从未来合作前景看,广东和东盟的资源互补将是长期的、可持续的,资源贸易以及在林业、渔业、矿业等方面的共同勘探、开发将成为双方合作颇具潜力的重要领域。

3. 有利于市场扩张,实现共赢

2010年中国—东盟自由贸易区正式启动,中国与东盟六个老成员国(印尼、马来西亚、菲律宾、新加坡、泰国、文莱)90%以上税目的关税需降到零,正式建成自贸区;2015年,中国与东盟四个新成员国(越南、老挝、缅甸、柬埔寨)也将正式建成自贸区。

广州海关统计数据显示,2008 年,广东对东盟进出口 626.1 亿美元,比上年同期增长 11.9%,占同期广东进出口总值的 9.2%。其中出口 246.6 亿美元,增长 20.3%,比广东全年出口增幅高 10.9 个百分点;进口 379.5 亿美元,增长 7%,比全省进口增幅高 1.6 个百分点,贸易逆差 133 亿美元,下降 11.1%。在 2008 年美国金融风暴向全球经济不断蔓延,各国经济明显放缓的严峻形势下,广东依托中国—东盟合作这一重要平台,按照“合作共赢、资源共享”的原则,积极开拓东盟市场,2009 年对东盟出口稳步增长两成,在广东前五个出口市场中增幅最大,遥遥领先于对香港 3%、美国 4.5% 的出口增速,也高于对欧盟出口 18% 的增速。

初步预测:2010 年,广东与东盟进出口贸易额将达到 1040 亿美元,年均增长 24%。到 2015 年,广东与东盟进出口贸易额将突破 3000 亿美元,达到 3115 亿美元。据分析,由于资源性商品进口关税支出减少,将降低企业经营成本,使企业受益;而贸易区内水果、食用油等农产品价格下降,使区域内的居民受益。随着自由贸易区的建立,区域内的竞争力将得到提升,双方融合的步伐也会加快,有利于形成更加密切的产业协作体系,并使双方受益。广东已经与东盟各国建立起各种合作交流渠道,全面推进与东盟在商品贸易、能源、资源开发、工程承包、投资办厂等方面的深度合作,并在共同抵御金融风暴方面取得了明显成果。广东与东盟经贸合作将出现“面朝大海,春暖花开”的喜人局面。

4. 有利于保障能源、资源供应,为广东企业拓宽发展空间

在能源、矿产资源领域,广东与东盟具有相当的互补性,作为能源和资源消耗大省,广东自有能源和自然资源相对较为缺乏,有着较高的对外依存度,而东盟国家则有着丰富的资源储备,这无疑为双方进行区域内合作提供了广泛基础。比如,马来西亚的橡胶、棕油、锡的产量和出口量均居世界前列,而菲律宾是世界重要的铜、金、铬、镍、钴生产国和出口国,印度尼西亚的石油、天然气、煤、锡、铜等资源出口也在世界上占有重要地位。

(1)东盟为广东提供了巨大煤炭供应

东盟一直是广东进口煤的主要来源地。据统计,2008 年 1 月至 7

月广东进口煤705.7万吨,自东盟进口640.1万吨,占了进口总量的90.7%。其中越南和印度尼西亚的进口煤就分别占了广东进口煤总量的47.8%和41%。

由于东盟与广东海运线路最短,因此成为广东煤进口的最佳来源地。2001年以来,广东自东盟进口煤的数量逐年快速增长,由2001年的1.6万吨猛增至2007年的1326.5万吨,2007年的进口量已占广东同期煤进口量的91.1%。

广东作为经济大省,能源需求巨大而资源短缺,近年来,广东省煤炭需求量均以每年15%左右的速度迅速递增,2005年后,广东已经逐渐退出煤炭生产,煤炭供需矛盾不断加剧,对外依存度不断加深。政府鼓励企业以各种渠道广辟煤源,保证生产稳步发展。而由于国内煤炭运力不足等因素的影响,进口煤成为广东能源供应的重要补充。

(2)从东盟进口的天然橡胶年超10万吨

2008年1月至7月,广东自东盟进口天然橡胶6.8万吨,占同期广东进口天然橡胶数量的96.7%。其中从泰国、马来西亚、印度尼西亚、越南四国进口的天然橡胶数量就占了同期广东自东盟进口天然橡胶数量的96.2%。

近年来,我国汽车、轮胎等工业发展迅速,橡胶消费需求较为旺盛,但地理区域限制和气候因素也决定了我国不可能有很大的天然橡胶产量,我国已连续6年成为世界第一大橡胶消费国和世界第一大天然橡胶进口国。而作为我国天然橡胶主要消费地之一的广东省,近年来进口天然橡胶的数量每年均超过10万吨,未来东盟作为广东进口天然橡胶的最大供应地的地位将不可撼动。

(3)深化资源领域合作,为广东企业拓宽发展空间

长期以来,东盟地区一直是广东部分能源及矿产资源的主要供应地,广东与东盟在多个领域已经建立了紧密联系。由于水电资源、矿产开发、林业资源等领域在经济发展中的重要关联作用,它的发展必然带动物流运输、机械制造、煤炭、石油、天然气开发、水资源利用以及能源二次开发等相关产业的进步。所以,继续深化与东盟各国在能源、资源领域的合作与开发,不仅能有效推进广东与东盟经济一体化进程,更能

为广东企业找到宽广的市场空间和廉价矿产、能源资源,并为珠三角地区提供产业转移的新腹地。其中,当数煤炭、橡胶、木材最为典型。因此,要积极引导广东有实力的企业积极拓展与东盟的合作项目,逐步进入原材料生产、资源开发领域,开发当地丰富的木材、煤、水力、矿产、橡胶、石油、天然气等资源。

第二节　深化广东与东盟各国在能源、资源领域合作的条件与潜力

一、合作基础

(一)中国—东盟自由贸易区建立的有利条件

温家宝总理在出席东亚第三届峰会时提出,要加快中国—东盟投资协议谈判、推动全面建成自贸区,这有助于中国和东盟经贸关系的进一步发展,东盟国家将成为中国企业的主要投资地。2010 年建成后的中国—东盟自由贸易区面积约 1400 万平方千米,总人口约 20 亿,覆盖全球总面积、总人口约 30%。按人口计算,这将是世界上最大的自由贸易区,将为中国企业创造巨大商机。自贸区将通过建立开放、便利的投资机制,提高法规透明度,提供投资保护,为投资商创造良好的投资环境,促进区域内相互投资。

2004 年 11 月,中国与东盟 10 国共同签署的《中国—东盟全面经济合作框架协议货物贸易协议》。据协议,从 2005 年至 2010 年,中国—东盟绝大多数货物贸易达到自由化和便利化。这意味着中国—东盟之间,产品和服务可在零关税、免配额的情况下进入对方市场。那么,2009 年是中国和东盟关税下调的高峰期,中国和东盟的平均关税将降到 2%左右;而到 2010 年,中国与东盟之间 90%的货物贸易关税将降为零,届时中国—东盟自由贸易区将基本建设完成。《货物贸易协议》实施后的降税又给广东经济发展带来大好机遇。在中国与东盟经贸合作中,广东在产业战略上处于中上地位,在地理位置上是前沿中的前沿,继续引进和积极输出都具有优势,东盟国家的石油、天然气、煤

等资源丰富,降税将更有利于将这些资源性商品引进广东,同时,中国—东盟自由贸易区所带来的贸易自由化和投资便利化会降低双方能源、矿产开发的交易成本,减少相互在能源、资源勘探开发的壁垒。因此,广东企业要加大继续走向东盟的决心和勇气,借势扩大合作,借外力发展自己,在多领域多层次开展与东盟的合作,充分发挥出自身优势和 CAFTA 建设较其他省区与东盟合作启动早,合作基础稳定的有利条件,与东盟各国携手共同在能源、资源开发、新能源利用等领域展开合作,建立互利共赢的贸易关系,以应对当前全球经济形势的变化。

过去的十多年,广东是中国与东盟贸易合作的龙头,实施产业转移的源头,展望未来,广东定会在能源、资源开发、新能源利用等领域的合作方面与东盟各国积极展开合作,继续为全国企业实施"走出去"战略带好头。

(二)东盟各国在能源、资源开发领域有与中国合作的迫切愿望

随着中国—东盟自由贸易区建设的推进,能源、矿产资源、农林业作为中国与东盟深层次合作与发展的基础产业,也对东盟和中国经济合作的构建提供产业支撑和稳定发展平台。早在 2002 年 11 月的首届大湄公河次区域合作领导人会议上,六国领导人就共同签署了《大湄公河次区域政府间电力贸易协议》。随着中国、东盟经济的快速发展和经贸关系的进一步加深,中国和东盟各国在能源、矿产资源、农林业领域合作的市场不断拓展。中国方面,鼓励本国企业与东盟开展更为广泛的设备交易、技术合作和人员往来,也鼓励企业积极实施"走出去"战略,投资和参与东盟各国水、电厂建设、矿产勘探开发、林木、热带农作物种植等,同时欢迎东盟各国企业到中国开拓市场,参与中国市场竞争,形成互利多赢的合作局面。

而东盟国家也迫切希望加强与中国的能源、资源领域合作。2005年 7 月,在柬埔寨举行的第二十三届东盟能源部长会议及第二届东盟和中日韩能源部长会议,意味深长地把主题定为"加强能源稳定、安全和持续性—迈向东盟 2020"。各国能源部长们表示,将在"10 + 3"能源合作框架下,通过广泛合作寻求减少因能源成本增加对经济增长造成的影响,包括加强协调,使可替代和可再生能源进入地区能源供应体

系。尤其是近年来,中国和东盟各国的经济发展很快,对能源的需求不断增加,导致电力缺口较大。泰国、越南等东盟国家正试图扩大从周边国家投资开发电力或增加购电量。缅甸、老挝、柬埔寨等水力资源丰富的国家则希望外来投资者共同开发电力资源,拓宽合作领域。如,越南近年经济发展很快,北部缺电严重。2005 年 10 月,胡锦涛总书记访问越南,中国南方电网公司董事长袁懋振作为经贸代表团成员与越南国家电力公司总经理陶文兴签订了《中国南方电网公司与越南国家电力公司有关向越南北部六省售电的合同》,2006 年 3 月,双方再次在广州会谈并确定:正式成立中越 500 千伏联网联合工作小组,全面开展该领域的合作。

东盟国家第二十五届能源部长会议已经达成共识,共同协调和推动大联网工作的实施,建立一个跨区域、跨国家的东盟大电网,在电力建设和服务方面,东盟欢迎中国企业积极参与。缅甸联邦和平与发展委员会第一秘书长吴登盛表示,缅甸有丰富的水利资源,但技术和资金跟不上,需要外来支持。此前,缅甸代表团在访问云南时就邀请中国企业前往投资,共同进行水电开发。越南政府已与中国达成多项协议开展能源合作,以满足本土的电力需求。柬埔寨水电建设项目、输电线路建设方面与中国公司达成协议进行合作。菲律宾于 2004 年底全面开放国内矿产资源的勘探与开发领域,并把中国列为优先考虑的对象。在印尼,2001 年 9 月,朱镕基总理访问印尼时与印尼总统签订了设立两国能源论坛的协议,自 2002 年开始,中国与印尼能源论坛正式启动。印尼方面明确表示中印能源合作可以实现双赢。2005 年,印尼总统苏西洛在东盟投资论坛上表示,东亚国家应该汇集资源建设炼油厂以及发展其他的替代能源。"我们这些石油生产国应该和其他的资本拥有国一起建设炼油厂,相互进行贸易和发展其他的生态能源来应对能源安全。"

需要指出的是,中国与东盟之间的能源、资源领域合作是双向的,中国也向东盟出售能源和矿产原材料。因为,随着中国与东南亚能源开发的深入以及中国与东盟国家之间能源贸易的进一步增长,双方在利益上的摩擦总会出现。在这些领域开展合作,中国方面要做到既能考虑自己利益,又能顾及对方利益,通过合作实现双赢。

（三）广东经济结构调整的内在要求

加快中国—东盟自由贸易区建设,是新世纪新阶段我国适应经济全球化和区域经济一体化趋势,扩大对外开放,在更高层次上参与国际经贸合作竞争作出的一项重大战略决策。进一步深化与东盟的合作既是当前新一轮国际产业分工的外生动力,又是广东提高对外开放质量和水平,积极实施"走出去"战略的内在需求。

首先,改革开放30年广东的高速工业化,走的是一条依赖比较优势外向带动和低成本资源要素外延开发相结合的发展路子。一直以外资流入和跨国公司向广东转移其制造产业和加工产业为主的广东外向型经济,正面临着土地、能源、矿产等硬资源约束,经济、社会后续发展空间受制。尤其是面对2007年以来全球金融危机所引致的世界经济增长放缓以及国内经济进入深度调整期带来的双重压力,广东经济发展正处于新一轮产业转型与升级的关键转折期。为此,广东必须要以全球视野和经济国际化战略新思维审视世界经贸发展的方向和路径,化危为机,抓住当前国际产业格局大调整的有利时机,以珠三角改革发展规划上升为国家战略为契机,深化与东盟各国的经贸合作,鼓励广东优势企业"走出去",加强在能源、矿产资源、农林等领域的国际合作,积极推动企业建立东盟生产基地,开发利用东盟资源和市场,有效地弥补广东经济发展对能源、资源的需求缺口,推动经济结构调整和发展方式转变,促进广东外贸产业结构优化升级,全面提升广东在国际产业分工新格局中的战略地位。

其次,深化广东与东盟的合作,对于当前正在积极拓展市场蓝海、构建现代产业体系、实施"双转移"战略的广东来说,其意义将会逐步显现。广东正在谋划一个国际化的"双转移",就是劳动密集型产业随着广东企业的投资向越南、印度尼西亚等国家转移,而这些国家的资源、能源、下游产品集群将和来自新加坡的先进技术和管理经验一起向广东转移。同时,在这轮席卷全球的金融危机中,欧美经济增长严重受挫,作为广东主要出口市场的西方发达国家失业状况加剧,国民消费意愿受到严重打击,发达国家市场严重萎缩成为现实。广东需要逐渐摆脱对发达国家和地区的市场过度依赖,构建一个多元的开放型经济体系,提升自身的外经贸抗风险能力。

二、合作优势与合作空间

(一)广东与东盟合作的优势条件

现在全球贸易超过 1/3 都是在各区域经济一体化组织内部进行的。中国加入世贸组织,特别是中国—东盟自由贸易区(CEPA)的顺利推进,为广东更好地利用地缘、人缘优势,经济先发优势发展与东盟的经贸关系提供了良好条件。

1. 广东是中国海上贸易和移民出洋最早的省份,经贸合作历史悠久,是全国的第一大侨乡,东盟的华人超过 60% 来自广东,与广东有天然的亲缘关系,相似的人文生活习惯,认同中华文化、眷恋故土的民族情感强,是广东建设经济强省的宝贵资源。中国的外资 2/3 来自亚洲。加强广东的作用,可担当联系中国与东南亚各国的纽带,对构建中国—东盟自由贸易区有重要意义。

2. 在地理位置上,广东与东盟之间的运输距离最短,能够充分发挥有许多深水良港与东盟通航的海域优势和海运价格竞争力优势。仅 2006 年 1 月至 11 月,泛珠三角 9 省区经广东口岸就对东盟出口货物 135.3 亿美元,同比大幅增长 29.1%;经广东口岸进口东盟货物增长 17.6%。全国各省区取道广东对东盟的进出口产品,以汽车运输和江海运输为主,空运增长迅猛。加速建成通往东盟的运输通道并做好通关、仓储业的配套发展,既是广东迎接自贸区的机遇,又是广东拓展与东盟经贸合作的独特优势。

3. 广东在中国—东盟自由贸易区的重要地位。广东是中国与东盟贸易的首要区域和中坚力量。自《中国与东盟全面经济合作框架协议》以来,广东和东盟的双边贸易及投资均保持高速增长,东盟是广东第五大贸易伙伴和重要的引进外资来源地。随着中国—东盟自由贸易区建设的加快推进,广东在中国所处的重要战略位置,成为东盟企业进入中国的交通枢纽、物流中心和重要门户,越来越多东盟的企业正通过广东这个门户进入中国大市场。至 2007 年,广东已登记东盟投资企业

1960 家,吸收来自东盟的直接投资项目 3892 宗,合同金额 126.19 亿美元。广东在东盟设立企业 131 家,协议投资额达 3.48 亿美元。业务主要涉及电子、通信、机械设备、资源开发等多个领域,随着中国—东盟自由贸易区全面建设的铺开,必然会给广东带来更多优厚的商机。

4. 广东作为改革开放的先行地,经过 30 年的改革开放,已建立起雄厚的经济基础。广东外向型经济取得辉煌成就,在贸易、投资、金融等各个领域国际化有了迅速发展,广东经济全面融入到全球经济发展的进程,成为当代经济全球化发展的一个日益重要的部分。2002 年以后,广东进出口总额一年一个新台阶。2002 年突破千亿美元,2003 年突破 2800 亿美元,以后每年都跨上一个新的千亿美元台阶,2007 年全省进出口总额达 6340 亿美元。期间大量引进外资、先进技术和管理经验,还使广东培养出一批自己的高素质技术和管理人才,为利用经济先发优势开展与东盟的经贸合作提供了良好条件。

5. 广东企业有进一步开拓东盟市场的迫切愿望与发展要求。经过 30 年的改革、开放、发展,广东的产业不断成熟,期间广东一些企业已经完成了参与国内竞争、努力出口创汇和到国外投资办厂的发展过程,无论是企业规模还是技术水平都已具备一定的实力。广东企业在克服空前金融危机爆发所带来的困难的同时,也看到了危机中难得的机遇。这些需要"走出去"或者已经"走出去"的广东企业开始采取行动,利用目前发达经济体资产价格下滑的时机,进一步扩大海外产能,拓展更大的海外市场空间,使企业在更广阔的空间里进行资源的优化配置,借机可以变就地调整为更大空间范围内的调整,变资源环境压力为"走出去"的动力,变经济发展实力为"走出去"的爆发力,以加快广东企业在全球范围进行结构调整的步伐。

(二)深化合作的市场空间

在广东与东盟的能源、资源领域合作中,首先,要认真研究中国政府与东盟"10 + 1"的一揽子协议,以及各项专业协议。其次,要研究东盟市场,也要研究自己,合理评估自己的产业水平和经济发展水平。第三,要认真做好投资项目选择。目前,广东大部分企业已完成了资本原始积累,正处于不断发展壮大的发展期。一些有实力的民营企业希望能到缅甸、菲律宾等国家考察开发当地的矿产资源,扩大与东盟各国的贸易与投资合作领域。为此,政府应积极鼓励和引导企业到东盟投资办厂,以投资带动原材料、零配件、成套设备的出口和技术、劳务的输出。通过长期贸易协议与参股开发相结合等多种方式,积极开发和利用东盟国家储量丰富而广东又相对短缺的煤炭、铁矿、石油、天然气、有色金属、橡胶等能源资源和矿产资源。通过合作开发东盟国家的优势农业资源,建立面向国内和东盟市场的生产基地,开展农、林、水海产品的生产、加工和综合开发。

广东与东盟开展资源合作开发前景十分广阔,但东盟 10 国经济发展水平却很不平衡,投资环境优劣不一,广东企业"走出去"扩大在东盟国家的资源开发投资力度,就必须摸清东盟各国在区位、资源、产业和政策等投资环境方面的差异,用科学的方法选择对东盟各国投资的重点。从广东企业的生产技术和生产能力实际出发,结合考虑东盟国家的经济政治和社会环境,广东对东盟直接投资的产业选择按国别进行以下分类分析:

(1)在新能源、清洁能源研发与合作方面可首选:新加坡

新加坡

广东与新加坡经贸关系十分密切,是广东在东盟中最重要的经贸合作伙伴。2000 年至 2006 年,广东与新加坡的贸易有大幅度增长,双方贸易额从 41.01 亿美元增加到 113.67 亿美元,增长了 2.77 倍,年均增长 18.51%。2007 年,广东与新加坡的贸易额达 137 亿美元,占中新双边贸易额的 29%。2008 年 1 月至 7 月,广东与新加坡贸易增速高于广东对外贸易增速 4% 以上。这些数据都充分显示了广东和新加坡之间具有很大的合作潜力和良好的合作前景。在相互投资方面,新加坡对广东的投资占东盟国家投资广东的 74%,广东则是新加坡对外投资的前三名地区,新加坡企业在广东外资当中排第五位。新加坡是东南亚金融中心,在新加坡上市的 143 家中资企业当中,来自广东的企业有 25 家。

环境污染问题是广东能源发展路线选择的关键制约因素。从更长远来看,广东必须走能源资源多元化、资源渠道多样化的发展道路。具

体来说,应提升核电、再生能源、生物质能资源在广东省能源结构中的地位,积极发展可再生能源,以保障广东省能源供给,并形成具有广东特色的能源产业和能源装备工业。因此,在能源多元化、多渠道的研发和拓展节能环保的合作上,广东与新加坡将会有更为广阔的合作空间。

首先,新加坡在投资环境方面具有优势:政治稳定、政府办事效率高、基础设施发达完善,同时是东南亚的金融中心、转口贸易中心。目前新加坡已吸引了众多国际知名跨国公司的重大项目落户,其中,包括美国劳斯莱斯投巨资研发燃料电池,欧洲最大太阳能公司与本地企业合作设立亚洲总部,澳大利亚公司在裕廊岛兴建世界最大的生物柴油制造厂,丹麦风力发电机制造商在新设立研发中心等,无一不表现出新加坡在发展清洁能源领域已抢得先机的优势。

其次,新加坡在新能源产业上也具有一定的基础优势。以太阳能为例,其发展需要的是科技知识、技能以及一个类似半导体工业的供应商网络。新加坡处于亚洲的阳光地区,半导体工业发展了40多年,积累了丰富的经验和技能,同时新加坡在材料、制造程序等领域也有出色的研发能力。

第三,新加坡在知识、经验、技术、管理等方面优势明显,在科研配套方面做了大量工作。如成立了新加坡太阳能研究所;确立新能源研究方向;大力培养研发绿色能源的专门人才等。新加坡官员表示,太阳能科技在材料和制造过程方面日新月异,新加坡积极吸引更多相关的国际太阳能机构到本地投资。为此,新加坡政府计划在今后五年内投入1.3亿新元的配套资金予以支持。在国际上,清洁能源产业也是一个投资额高昂的领域,投资者在作出决定前,需要考量长期的政治稳定性、政策和环境、低风险度等因素,而这些都是新加坡的优势所在。

实际上,广东拥有丰富的可再生能源资源。一是风力资源;二是生物质资源,如稻草、甘蔗渣以及大量的城市和工业可燃废弃物和甘蔗、木薯、速生林等能源作物;三是太阳能资源;四是地热和海洋能资源也较丰富。再加上广东在新能源研发与生产方面也积累了一定产业化的基础,并培育了一批企业。因此,建议广东省政府抓住发展机遇,尽早部署和规划可再生能源发展战略,并鼓励广东有实力的相关企业积极开展与新加坡企业在生物质能资源领域的合作,因为可再生能源产业最有条件成为世界新的产业增长点,成为广东经济未来发展的又一大亮点产业。

(2)在石油、天然气、矿产资源开发方面重点考虑:马来西亚、印尼和菲律宾

马来西亚

马来西亚盛产石油和天然气,铜矿和铝矿等有色金属储量可观,是继印尼之后世界第二大天然气出口国。中国近年来也开始自马来西亚进口原油。马来西亚是中国在东盟国家中最大贸易伙伴,但油气所占份额并不大,与日本相比尤其显得合作力度不够,因此,双方在石油、天然气、矿产资源的未来开发合作方面空间是巨大的。

自《中国—东盟全面经济合作框架协议》实施以来,从广东口岸进口的来自马来西亚的煤炭大幅增加。马来西亚煤炭储量丰富,近年来马来西亚也取代了澳大利亚成为广东口岸进口煤的第二大供应国(2004年越南取代了澳大利亚成为广东口岸的最大来源国)。由于世界经济复苏,海运需求持续上升使运力相对紧张,寻找近距离的煤供应市场成为广东的必然选择,再加上马来西亚煤资源丰富,两地能源合作定会不断加强。目前,广东与马来西亚的相互投资日趋活跃。许多马来西亚企业到广东投资并获得了良好的收益,不少广东企业也到马来西亚投资兴业。广东有必要重点加强与马来西亚在能源和资源、农业和渔业等领域的互利合作,在互惠互利的原则下,全面推进双方经贸关系不断发展。马来西亚是产油国,而广东是能源短缺的全球制造业基地,使得两地具有极强的能源合作潜力,广东可在石油化工方面与马方进行投资与合作。

在投资环境方面马来西亚具有优势,一是马来西亚是东盟国家中经济发展最快的国家之一,国家政治稳定,经济开放度很高,政府办事效率较高;二是马来西亚的基础设施比较完善,铁路、公路和航空系统方便快捷、通信设施发达;三是马来西亚劳动力受教育程度高,职业技术能力较强。除石油、天然气、矿产资源项目开发合作外,马来西亚有潜力的投资领域还包括:以棕榈油为基础的工业、木材种植与加工工

业、橡胶工业、农业与食品工业、新能源材料开发、交通工具业、机械制造业等。广东对马来西亚的投资比较优势明显,可选择矿业开发、棕榈油加工、棕榈油副产品综合利用等开展投资合作。广东还将继续扩大进口马来西亚具有比较优势的产品,比如,集成电路、蔬菜、水果、花卉、橡胶、能源及初级加工产品等,同时加大对马来西亚优势产品出口。

印度尼西亚

印度尼西亚是东盟最大的国家和经济体。印尼能源资源十分丰富,能源工业一直是推动印尼经济发展的关键部门。中国与印尼的贸易中,能源占据较大的部分。根据中国商务部的统计数据,2005年前3个月中国从印尼进口原油的数量大增,成为印尼主要出口地之一,位列日本、韩国之后。中国与印尼的能源合作加深不仅表现在油气贸易,能源、资源勘探与开发合作正加快进行。

印尼的投资环境优势是:自然资源非常丰富;人口众多,拥有2亿多人口,市场潜力大;劳动力供应足、劳工工资成本低廉。为了吸引中国企业去印尼投资,印度尼西亚方面,包括现总统苏西洛·尤多约诺在内的多名印尼政要都曾到中国访问,大力推介印尼的能源优势,希望中国政府和企业向印尼能源领域进行投资。印尼总统苏西洛曾在2005年东盟投资论坛上表示,印尼作为石油生产国应该和其他的资本拥有国一起建设炼油厂,相互进行贸易和发展其他的生态能源来应对能源安全。广东在石化炼油方面有优势和实力,应加大该领域的合作。

目前,广东在印尼投资的领域包括:矿产开发、农林作物种植、基础金属加工、食品工业、机械、交通等。广东对印尼的投资开始加快,今后还应进一步重点加强与印尼在能源、水电、矿产业、热带农业、生物产业、海洋渔业、旅游业等方面的投资合作。

菲律宾

随着中菲两国经济贸易合作的不断发展,广东对菲律宾直接投资前景广阔。中国已向菲律宾作出投资10亿美元的承诺,菲律宾有意邀请更多的中国企业到菲律宾投资。菲律宾矿产资源、渔业资源、农业等资源丰富,机械制造业、医药产业和基础设施落后,迫切需要建设和改造,在经贸合作中不但欢迎广东出口机械、机电和轻纺、电子产品,而且也需要广东企业到菲律宾投资。广东企业到菲律宾投资的产业,重点可考虑采矿业,菲律宾矿藏资源丰富,全国有 900 公顷的金、银、铜、镍等矿山等待开发。同时在车辆、航空器、船舶制造等方面开展合作的潜力也很大。此外,汽车、摩托车制造业以及电子、信息产业、旅游业等也是投资方向。

(3)在能源、煤炭、矿产、水电、农林资源合作方面可选择:越南、泰国、柬埔寨、老挝和缅甸

越南

近年来,越南与广东经贸合作往来密切,具有良好的合作基础,在能源、资源领域合作方面无疑是广东对东盟投资的目标市场。越南的煤、铁、铝储量世界闻名,分别为 65 亿吨、13 亿吨和 80 亿吨。广东企业可前往投资,积极参与开采和加工,产品返销国内,同时带动广东设备和原材料出口。

越南于 2007 年 1 月 11 日正式成为 WTO 成员后,首先降低了 1812 种消费品进口关税,包括木制品、摩托车和汽车类、化学药品等,这些正是广东对越南出口的优势品种。2007 年 1 月,广东对越南出口商品价值高达 1.2 亿美元,增幅达到 88.9%,在广东对东盟出口的前五大市场中增速最高。2006 年胡锦涛总书记访问越南,确定在越南北部和南部建立中国与越南经贸合作区,广东省深圳市成为中国第一个获得参与中越经贸合作区建设资格的城市。目前广东对越南出口的商品主要是制成品,含多种高品质机电设备和消费品。优势产品主要有:各类机械设备、小水电设备、小糖厂设备、制药设备、轻型运输车、化工原料和化工产品、建筑材料、交通运输设备、纺织机械和纺织品、服装及附件、食品、日用品等。从出口商品结构看,对越南出口的一般消费品有下降趋势,而服务于工业、农业、交通运输的原料产品有上升势头,如机械设备及零配件、交通运输工具等。

为促进本国经济发展,越南政府不断出台对外招商引资优惠政策,鼓励外商在工业园区和加工区内进行投资。广东珠三角的中小企业可选择一些投资少、见效快的中小项目,以便充分利用越南廉价的劳动力资源和丰富的自然资源。投资生产农机、摩托车零配件、化工等越南市场亟须的产品,加工果菜、烟草、中成药、农产品等,主销当地市场。越

南计划为 2006 年至 2010 年期间的工业发展筹集资金,尤其是要加快发展电力、石油和气体等产业。

泰国

泰国实行对外开放政策较早,是发展中的新兴工业国,投资环境较为优越,在农业、水产、食品加工、纺织、电子、基础设施建设等方面技术比较先进,有丰富的经营管理经验。

广东与泰国的经贸合作态势良好。通过前四届中国—东盟博览会的成功举办的效果看,泰国十分欢迎广东前往投资办厂,把广东视为重要的招商引资目标。泰国鼓励广东企业投资的产业集中在农业和农产品加工、能源开发(重点在再生能源和替代能源开发)、汽车工业、珠宝服饰、电子电信、高增值服务业六个领域。

广东与泰国能源、资源领域合作有广阔的空间和潜力。泰国是世界上天然橡胶的主产地,原始橡胶的加工业比较发达,其生产加工设备的市场容量较大,因此,将小型林业机械制造项目转移到泰国,具有较高加工性能的此类设备会有好的销路。

泰国的自然资源丰富,除钾盐、天然橡胶产量占世界首位外,森林资源、渔业资源,石油、热带水果等十分充裕。而广东的自然资源如矿产、森林相对匮乏,资源约束对经济的影响日益突出,在开展双边互利互补合作很有条件。但如果单纯依靠贸易进口方式获取资源,将易受到国际经济政治关系和各国的贸易政策的影响。相比之下,对外投资、合作开发、创建资源开发的国际化体系不失为解决资源约束的更好方式,因此在方式上要改变长期以来以贸易为主获取资源的方式为以投资获取资源为主的方式。

广东企业在向泰国推销此类生产设备的同时,最好是以去泰国投资办厂,矿产品、农林产品主要返销国内市场的方式更为有利。采用这种投资方式投资开发泰国的钾盐、天然橡胶等产业,在境外建立战略性开发生产基地进行跨国生产的优点是:既可以解决自然资源相对稀缺的资源约束,又可为泰国增加外汇收入,还可降低关税非关税壁垒对国内生产的影响。泰国中部以外地区待开发的资源还很多,双方可在互利的基础上,发挥各自优势,合作开发天然资源,如林业资源开发,到泰国去购买或租赁林场山林进行开发经营,合作建木材加企业;海洋资源开发。泰国的养殖业水平较高,广东可采取贸易、投资、合作等方式,与之合作开发养殖海产品和水产品,共同研究、开发和利用,向东南亚和其他市场出口。

柬埔寨

柬埔寨经济基础十分薄弱,是东盟 10 国中经济发展水平最低的国家之一,约有 80% 的原材料及半成品靠进口,是国际资本流入的重要市场。随着柬埔寨步入和平与发展的新时期,在柬埔寨给予外国投资者土地租赁、设厂、贸易、税收等一系列优惠政策的鼓励下,中国投资正源源不断地涌向柬埔寨,中国现已成为柬埔寨最大的投资来源国。

由于柬埔寨电力工业十分落后,国内电力仅由 24 个相互孤立的小电力系统构成,相互之间没有联网,年人均用电量 55 千瓦时,全国电气化率只有 15%,电力行业发展潜力大。未来几年,东盟电力需求将增加 1000 亿千瓦,建设投资金额约 2000 亿美元,其中电力设备、电工产品至少需要 1000 亿美元,市场潜力巨大,柬埔寨政府希望加强能源及电力的国际合作。同时农业、交通及基础设施建设、劳动密集型产业及外来加工业、旅游及相关产业、人力资源发展领域也是柬埔寨鼓励投资的产业,广东可有选择地进行投资。

在矿业开发方面,柬埔寨的绝大部分矿业资源未经开采,已知的矿产资源有碳酸盐类矿石、锰、磷酸盐类矿石、红宝石、盐矿、锆石等。另外,还有近海的石油及天然气等。为了吸引更多的国内外矿业公司对矿业开发投资,柬埔寨政府于 2001 年颁布了矿业管理与开采法令,国家工业部,矿产部及能源部主管该法令及国家其他相关矿业法的实施。以上三部委下属的国家地质矿产部及能源司主管国家矿产资源的开发,对私人矿业提供相关协助,并负责矿业法律法规的监管工作。中国国家机械设备集团参与了柬埔寨铁矿开采项目。根据柬埔寨国家统计局数字表明,2004 年矿业经济只占该国国内生产总值的很小一部分,总额仅为 0.27 个百分点,未来发展潜力巨大。

老挝

老挝是亚太地区最贫穷的国家之一。近年来,老挝经济发展大为改观,2005 年的国内生产总值增长率为 7.3%,与 2004 年的 6.3% 相比又有了明显地增长。老挝具有得天独厚的地质环境优势,矿产资源极为丰富,已知的矿产资源有铝土矿、煤、铜、白云石、黄金、石墨、石膏、石灰岩、石盐、蓝宝石、银、锡及锌等。潜在的矿产有:锑、石棉、铋、钴、铁矿、瓷土、铅、褐煤、镁、钼、钾碱、硅沙及钨等。现在老挝境内有数十家外国公司对铜、铁、锌等矿产进行开发。2005 年,有一些中国和越南的矿业公司获得了铁矿及钾碱的开采许可证。老挝的采矿业主要包括对铜、黄金、石膏、石灰岩、锡等矿产的开采,随着其对国民经济贡献的不断上涨,以上矿产开采业已成为老挝经济的重要组成部分,2005 年,由于该国铜、黄金、银等矿产出口的加剧,采矿业对于老挝国民生产总值的贡献与 2004 年的 0.3% 相比已超过 3%。

老挝经济十分落后,而政治环境较为稳定,社会安定良好,由于工业基础极为薄弱,日用消费品对外依赖性较大,劳动力便宜,矿产自然资源丰富,投资政策优惠,政府非常欢迎外国投资,是广东对东盟投资的理想目标市场。广东可重点投资老挝的矿产、林业、农业、中小型加工业、药业等领域,如开辟高山有机茶园基地、林木加工场等。

缅甸

缅甸是东南亚地区资源最丰富的国家,也是世界为数不多的资源储备带。与中国接壤的北部、东北部地区,是缅甸 80% 资源蕴藏区域,那里有丰富的林木、玉矿、宝石及贵金属资源。缅甸素有“森林王国”的美称,森林覆盖面积占全国土地面积的 51%,约为 38 万平方千米。这里有热带雨林、季风林、龙脑香林以及红树林,各种类型木材品种达 2300 种之多,其中以柚木最为著名,国际市场上的柚木有 85% 产自这里。此外,缅甸还盛产铁力木、檀木等多种优质硬木等。缅甸矿藏资源十分丰富。矿产种类多,储备大,主要矿产有石油、天然气、钨、锡、锑、铅、锌、铀、金、银、各类宝石和玉石以及煤等。缅甸的石油储量丰富。缅甸以盛产宝石和珍珠而蜚声全球。宝石储量之丰令人惊叹,而且品种多,质地优良。主要有钻石、黄玉、翡翠、玉石、琥珀、红宝石、蓝宝石、猫眼石以及水晶石等,其中尤以红宝石、蓝宝石和猫眼石最为名贵。

缅甸一直积极吸引外资和鼓励外商开发其丰富的农业和矿业资源。由于缅甸交通设施落后,电力不足,设备陈旧和技术水平低等原因,缅甸矿产开采能力很低。缅方曾多次表示愿同中方联合开办宝石加工厂,由缅方提供厂房和原料,中方提供技术。

缅甸内陆及沿海石油和天然气蕴藏量很大,据缅甸官方公布的最新数字,缅甸陆地和近海已探明的石油储量达31.54亿桶,天然气储量达14420.5亿立方米。由于缅甸的石油、天然气勘探和开采技术落后,设备也严重缺乏,上述资源开发利用十分有限,为了缓解国内石油制品供应不足的问题,缅甸政府将石油、天然气行业向外资开放,吸引外资参与石油、天然气开发。广东可利用先进的探勘和开采技术参与缅甸该行业的开发。与缅甸加强矿产资源开发合作,投资有色金属等重要矿产资源勘探、开采、冶炼及深加工。投资农用机械、工程机械等机械装备及其他制造业,在缅甸设立分厂或组装厂,共同开拓东盟其他国家的市场。

有优势条件的广东企业可投资开发缅甸丰富的农林资源,重点加强农业技术推广、农业产业化经营、农产品加工基地建设、海洋捕捞和水产品加工等方面的合作。根据资源禀赋论,广东与缅甸在水电资源开发方面,存在一方需要转移和扩张,而另一方则存在接纳的互补性。可以说,一方得到产业升级和发展的空间,而另一方则发展了潜在的具有优势条件的产业。具体而言,就是利用当地丰富的水利资源和缅甸缺乏资金投入,水电设施严重不足,水电资源远未得到充分的利用,而希望外资参与合作建设的迫切愿望,通过建设水力发电站,这样我方既可输出技术、劳务和设备,又可激活缅甸水电资源远未得到充分的利用的自然条件,缓解缅甸当前供电严重不足的问题,促进当地经济建设的繁荣发展。

第三节 深化广东在能源、资源领域投资合作的障碍及其对策建议

一、投资合作的障碍

（一）内部自身存在的问题

1. 缺乏战略规划指导

目前全球能源资源竞争已进入高潮阶段。很多国家都把能源安全

放在对外贸易和对外交往的首位,高度重视本国企业海外能源的勘探与开发。美国政府早就制定出全球化的能源开发战略,日本更是积极鼓励本国企业到世界各地勘探开发各种能源资源。相比之下,国内企业走出去还缺乏有效的具体规划和正确的操作指导。

首先,很多中国企业不了解中国—东盟自由贸易区规则,面对自贸区建设带来的新变化没有应对方案。由于东盟进入区域经济一体化角色比中国提前十年,东盟各国企业的国际化经营水平较高,而"中国—东盟自由贸易区"的概念出现后,不少中国企业还缺乏足够的准备。

其次,缺乏开发东盟市场的意识和长期战略规划。这一问题会导致两个后果:缺乏对东盟市场的可行性分析,盲目投资;缺乏东盟国家商务渠道,选错商务合作伙伴。据中国—东盟理事会资料,有中国投资者在柬埔寨至少买断了5万公顷土地,拥有10年到99年不等的使用权,但到目前实际开发面积不到1%。因此,企业应清楚了解中国与东盟签署的《中国—东盟全面经济合作框架协议货物贸易协议》,对原产于中国和东盟的产品相互给予优惠关税待遇的内容和时间表,并面对自贸区建设带来的各种新变化提出应对方案,制定东盟市场长远开发战略。

所以,一项全面的战略规划,是广东企业走出去之前的必备之物。其中还要包括战略上的评估和业务上的整合,交易结构、支付手段、支付节奏和风险防范的设计,以及投产后的经营方针、营销策略等等。

2. 基础薄弱,投资规模小,竞争力不强

广东企业"走出去"赴东盟投资的规模小,与广东经济大省的地位不相称,与广东实施国际化战略,更好地利用国内外两种资源、两个市场的目标还相差甚远。

一是大部分"走出去"的企业规模小,基础条件薄弱,竞争力不强。据统计平均投资规模为140万美元,这种投资规模水平远远低于发达国家,甚至低于发展中国家的平均水平。

二是广东在东盟投资的企业大多为贸易型企业,生产性企业数量较少,资源开采加工型的投资企业不多。目前,在广东对东盟各国投资设立的企业中,贸易公司的数量占80%,而生产企业仅为20%,这与国际上工业类企业在跨国公司中处在主体地位形成鲜明的对比。

三是与周边省份相比,广东在东盟的境外投资能源、资源类项目所占比重低。与全国水平比,广东在东盟各国投资项目占全国份额不足10%,与广东制造业大省和外经贸大省的地位极不适应。

四是缺乏开发东盟市场的意识和长期战略计划。由于广东大多数"走东盟"的企业规模偏小,竞争能力相对不强,抗风险能力弱,制约了其扩大对外投资项目的领域和发展规模。

3. 信息渠道不畅,对东盟市场缺乏全面了解

长期以来,广东企业对东盟国家的了解大多集中在新加坡、马来西亚、泰国、菲律宾等少数几个老东盟成员国,而对老挝、柬埔寨、缅甸这一类经济落后国家所掌握的信息资源相对缺乏。政府在信息资源及数据库的建立方面也较为滞后,不能为企业"走出去"及时提供全面的信息咨询服务,从而导致企业对东盟市场的情况缺乏了解,加大了企业拓展东盟市场的难度和降低了投资的成功率。尽管有一批具有灵敏商业嗅觉的珠三角民营企业早已利用广东先发优势,在东盟市场中取得了成功,但目前仍有九成以上的中小企业对东盟各国的投资和产业政策并不熟悉,对开拓东盟市场的路径缺乏有效咨询,因而会失去最佳的投资机会。

4. 不能熟练运用国际营销手段,只是简单照搬本企业以往在国内的市场营销经验

在国际营销中,要考虑的除了运用产品、价格、分销、促销等四大基础因素,还有政治力量、公共关系及其他超经济的手段等因素,同时经营手段与方式也与国内的情况有明显不同。在项目进行过程中,除常规参加者外,立法人员、政府代理人、政党、有关团体以及一般公众等往往都被卷入营销活动中。广东一些企业尤其是中小型民营企业在进入东盟市场时还没有充分掌握运用这些国际营销手段能力,即使想运用水平也不高,特别是协调当地政府的能力欠缺。由于对当地的各方面情况不熟悉,有部分到东盟国家投资的企业,就简单照搬本企业文化和在国内的市场营销经验,用国内的办法做国际市场,其结果往往是,投资和产品销售受到比较大的阻力,有的甚至受骗,资金被卷走,以失败

告终。

5. 缺乏开发东南亚市场的优秀人才

外向型人才严重不足。现有人才对外交流合作能力不强;缺乏熟悉国际规则和国际惯例、具有跨文化沟通能力的专业人才;缺乏具有战略开拓能力和现代管理水平、熟悉和利用国际国内两种资源、两个市场的管理人才;缺乏熟悉东盟各国经济社会状况以及熟练掌握东盟各国语言的等专门人才;广东与东盟各国人才国际间相互交往较少,访问学者和留学人员互派尚无计划。人才资源匮乏对于想"走向东盟"的民营企业更为严重,职工素质较低的问题十分突出。人才的缺乏,已经成为制约民营企业开拓东盟市场成功投资的瓶颈。

(二)外部面临的障碍

1. 东盟国家政治、法律的限制

国际能源、资源开发合作一般涉及的资金和技术较高,必须有大型国有企业才能承担,部分国家对外国国有企业投资和并购本国企业,采取了抵制态度,以"能源威胁"、"国家安全"、"经济安全"等种种借口加以阻挠。目前中国"走出去"进行海外投资的企业大多直接或间接地由国有控股,其中就伴随着投资的政治风险。目前,中国与东盟国家在能源、资源勘探开发合作中参与的主体是一些大型国有企业。如中化总公司、中海油、中石油、中石化等。一般而言,这些国有企业实力雄厚,同时,这些企业同政府往往有较密切的关系,使他们能在国际合作中得到政府的各种支持,为合作成功提供了安全保障。因此,广东企业"走出去"在能源、资源领域开展合作,大展拳脚,就需要得到政府的有力支持,如果广东从省政府的层面与东盟国家在能源、资源勘探开发方面达成合作协议,那么可以大大降低广东企业,尤其是中小企业"走出去"投资的政治、法规风险,并提高投资成功率。

2. 国外制度性因素加大投资难度,政策多变增大投资风险

部分国家在经济发展到一定阶段后,就开始对本国能源、资源大量出口,以及外国对能源、资源开发采取限制。如越南拥有丰富的煤炭蕴藏,前几年煤炭对外出口数量猛增令其外贸收入大幅增长,有力地促进了越南经济的迅猛发展。然而,近年来越南在煤炭贸易合作方面的政

策出现变化,越南政府专门发文,要求越南煤炭总公司实施"不鼓励煤炭出口的原则",越南国产煤炭首先要满足国内生产和发电的需求,以及对国家能源安全的综合考虑,而不是一味地追求出口,并明确表示,煤炭是天然的燃料资源且日益昂贵和难以开发,越南要节约以利于国家的长期发展。同时,东盟国家投资环境差别较大,从东盟10国的实际情况看,大多缺乏规范的市场机制,政策连续性不强,加之税收体系不够完善,市场风险较大。

著名东盟问题研究专家许宁宁把来自东盟方面的状况归纳为两个主要问题,一是东盟有些国家政策不透明,投资环境不稳定;二是东盟有些国家的贸易、投资壁垒。他举例说,越南《外国在越南投资法实施细则》规定,矿产勘探、开发和深加工项目属于鼓励投资领域,但中方投资该领域时的审批程序复杂、周期长,矿源得不到保障,无法正常生产。对此中国外交官也指出,越南的政策透明度不够,管理制度多变,在过去的3年多时间里,对摩托车散装进口和国产化的管理,主管部门改变了34次。再比如泰国,因为泰国不是WTO《政府采购协定》的签署国,在政府采购招标中,泰国对外国投标企业设置一系列限制,使中国企业无法投标或难以中标。广东企业与东盟国家投资合作发展过程中,存在较大的风险和制约因素。所以,广东方面在东南亚的能源开发,必须规避政策风险,首先努力摸清和掌握所在国政府的政策导向,同时在能源投资结构安排上,根据具体情况灵活地选择实施全资、合资、参股、无股权但有长期服务合同,或某种曲线投资等投资方式。越是在法制不健全的国家,投资者的利益就越没有保障。在"民族主义"情绪浓烈的国家,全资或控股会带来更高的产权风险。

3. 东盟中下游国家基础设施不完善、文化差异等问题,加大市场风险

东盟中下游国家,如越南、缅甸、柬埔寨、老挝这一类国家,尽管这些国家能源、矿产资源丰富,但基础设施落后,政府办事效率低,政府官员贪污腐败比较严重,同时东盟国家文化差异大等问题,也加大了投资的市场风险。如,菲律宾就是一个自然灾害比较频繁发生的国家,经常要遭受大台风破坏和地震的损失。菲律宾南部伊斯兰极端势力仍然活

动频繁,经常制造一些爆炸和恐怖事件。又如印尼,国内宗教极端势力活动比较活跃,基础设施不完善、各个岛屿之间的联系极不方便,政府办事效率不高,贪污盛行。在老挝,大多数人民处在贫困状态,购买力低下。

对于市场风险,我们应辩证地来看待。风险往往与利润成正比,风险大,且机会多。正因为风险大,才正好给我们广东企业提供了机遇,只要能够科学、准确把握,将风险降低到最低限度,成功的概率是很大的。

二、深化广东与东盟各国在能源、资源领域合作的对策建议

(一)政府层面

1. 以制度创新深化合作

以制度创新探索广东与东盟合作的发展新思路,推动广东的制度创新和思想的进一步解放。为抓住当前的发展机遇,发挥广东的地位和作用,就要借助制度创新和市场化推进,运用好国家的政策,通过市场整合,将整个区域整合成为富有活力的经济发展圈,以此来增加广东对全国经济乃至国际经济的影响力,迅速地提高广东在中国和世界经济格局中的地位。要加紧编制广东在中国—东盟自由贸易区框架协议下与东盟战略合作规划,建立省部经贸合作机制,与东盟各国建立多层次的经贸合作对话协调机制。努力寻求在东盟各国建立广东经贸合作开发区,积极探索建立深化广东与东盟合作的各个产业集群模式。

2. 提升政府支持与服务的作用

一是要充分利用广东与东盟国家政府间的外交优势以及中国—东盟博览会每年在广西南宁召开的国际性舞台,演好"广东戏"。具体做法是,加强政府的号召作用,开足马力宣传推介广东的企业及优质产品,逐步扩大广东企业在东盟国家的影响力,为广东企业"走东盟"营造国际氛围。

二是要发挥政府对企业投资导向与服务的职能,一方面,广东政府应组织相关部门通过中国驻东盟各国的商务机构与东盟国家的相关部门之间互通信息的渠道,以及政府有关部门组织科研机构、高校及重点

企业对东盟国家的国情联合调研等渠道获取信息,并在分类整理后传递给相关企业;另一方面,广东要牵头加快中国—东盟(广东)信息交流中心的建设,开设专门服务于企业的"走进东盟"专门互联网站,为企业提供东盟各国最新的政治、经济、法律、产业政策等多类型,多层面的信息,为"走出去"的企业提供广东与东盟各国的产业发展导向与信息服务。

三是积极鼓励支持能源、资源型投资。一是强化政府的引领作用,积极鼓励国有、民营企业加大向东盟国家的资源、矿产勘察、开发投资,特别是在越南、印尼、马来西亚、泰国等国的优势能源、矿产项目上,从原来的资源产品、矿产品购销基础上逐渐向合资开发推进,最终建立稳定的资源、矿产供应基地。在新能源、清洁能源开发上与新加坡、印尼、马来西亚等国开展合作,新加坡有科技与技术管理优势。二是由省政府组织和指导,建立对东盟国家的联系渠道,促进能源、资源型投资在技术与合作方面交流。专门建立东盟国家能源、资源、矿产信息咨询站,具体指导"走出去"的广东企业,获取最新的相关信息。

四是政府应在国家允许的范围内,从外汇、海关、税收、金融信贷等方面给予到东盟国家投资的广东企业以政策方面的优惠,为企业"走出去"开展与东盟各国在能源、资源领域合作创造更有利于成功的投资软环境。

在金融服务方面,广东可利用当前人民币汇率稳定及人民币汇率调整逐步市场化背景下,人民币事实上已成为部分东盟成员国的主要交易货币与结算工具,以及人民币作为区域主体清算货币的地位开始初步确立的发展机遇,鼓励广东商业银行积极拓展与东盟国家的国际合作业务,为跨国合作的双方提供优质、便捷的服务,促进双边经贸合作的进一步发展,以减少汇率波动对广东到东盟直接投资的不利影响。

财税政策支持方面,应设立海外投资基金、对国家和广东经济发展有重大意义的产业投资基金、中小企业海外投资基金等,建立与完善基金支持体系。另外,以产业为引导,对能源、资源类的国际合作项目可凭借多种手段给予支持。如对于广东到东盟国家开发能源、矿产、林产等重点鼓励的投资行业和项目给予一定的税收减免;对通过境外投资带动机械设备、中间产品出口给予退税优惠等。

（二）企业层面

1. 制定切实可行的投资计划，减少随意性和盲目性

企业"走出去"投资，无论采取何种方式，都不能操之过急，因为在这条投资路上有不少企业犯过错误，投资饥渴症和盲目投资使这些企业损失非常严重，计划到东盟投资的广东企业应该避免犯下同样的错误。投资要考虑风险，投资要做好前期准备，除制定切实可行的投资计划外，还必须做好充分的资金、人才、风险应急等各方面的准备。

2. 坚持效益原则

赢利是企业投资最终的目标取向。以前有些企业认为，只要到东盟国家找到矿产或资源开采项目完成资金投入就以为是胜利成果到手了，对于投资风险鲜有考虑，而实际结果不是投资预期利润大打折扣就是亏损收兵。因此，企业一定要对投资时机、盈利能力、成本损耗以及未来的财务承受能力进行科学评估，否则必败无疑。

3. 考虑选择合作伙伴的方式

由于在能源、资源领域投资对资金、技术和人才等方面要求较高，企业，尤其是中小企业要注重发挥社会资本机构的作用，考虑与其他资本机构组成联合团队，注重发挥企业的合力。通过与国内企业或本行业联合，形成多个企业"抱团"到东盟投资，以各企业间优势互补，来降低投资成本和风险。

4. 协调国内企业间的投资活动

目前，已出现多起国内企业之间对投资项目的竞争，情况较为严重的是石油业和矿产开发，往往出现一个项目，由多个中国企业展开竞争的局面。因此，企业要争取由行业协会或政府相关部门出面协调，避免广东企业之间或与其他国内企业之间就能源、资源等领域投资中展开恶性竞购战，以防两败俱伤。

5. 争取政府给予政策和资金支持

国家对企业"走出去"开展资源、能源等领域的投资合作有政策和资金支持，政府不断出台更加完善和具体的系列支持性政策，广东企业要加快转变观念，用好优惠政策，走出一条广东企业率先"国际化"发

展的成功之路。

6. 不断对东盟市场进行跟踪与调研

东盟国家在投资环境、产业政策、技术标准、市场准入规则等方面不但有很多差别,而且在不断变化。广东企业要想更好地走进东盟市场,必须熟悉市场,保持长期对该区域市场的跟踪调查研究不间断。要利用计算机网络等媒体、各类商会、行业协会、技术专业委员会等民间商业和群众团体获得信息,对目标市场的经济发展水平、自然资源、法律法规、投资地所在国政策导向、市场竞争程度等进行深入的了解,并制定周密的应对计划,以期规避风险,获得较好效益。

尽管说,广东企业在"走东盟"的前进道路上还会遇到更多的困难和问题,但在省委、省政府的正确领导下,经过改革开放30年成长锻炼起来的广东企业一定能够抓住机遇,迎接挑战,战胜各种困难。可以预见,中国—东盟自由贸易区的启动将极大地促进广东对东盟市场的开放与开发,广东在与东盟开展经贸合作中的"排头兵"作用正日益显现。抢占先机、赢得主动、先行先试的广东只要能紧抓机遇,根据自身发展的实际,提出进一步切实可行的思路和措施,实实在在地去干、去试,用国际战略眼光,敞开胸怀拥抱世界,广东就一定能在与东盟经济合作中继续实现双赢,对外开放和发展路子就会更加宽广。如果这样,推动广东未来20年经济快速发展、和谐发展的能动力是足够的。

第七章　广东企业走进东盟个案分析

第一节　粤企拓展对东盟经贸活动现状

一、粤企拓展与东盟贸易投资合作快速发展

近年来,广东企业加快了"走出去"的步伐。东盟各国正是广东企业"走出去"的重点区域之一。通过对外贸易、直接投资等形式,如今广东企业的各类商品正在东盟市场开疆辟土。在各大类商品中,机电产品超过企业出口东盟产品总值半壁江山。2006年,广东船舶、摩托车、电扇等机电产品对东盟出口额达95.8亿美元,占广东对东盟出口商品总额的65.3%。高新技术产品在东盟市场异军突起。广东高新技术企业的集成电路、移动通信基站、微电子组件等产品2006年在东盟市场销售额达53.9亿美元,占广东对东盟出口额的比重也达到36.8%。2009年1—7月,广东高新技术产品在东盟销售额就达到52亿美元。在传统大宗商品方面,广东企业的产品在东盟市场仍具有较大的竞争优势。2009年1—7月,广东纺织纱线制品及织物、鞋和塑料制品分别比同期对东盟出口增长14.5%、63.2%和18.8%;家具、箱包和玩具出口增幅更高达1倍、90%和98.5%。水产品对东盟出口增长15.5倍。① 在国际金融危机的大背景下,广东企业在东盟市场仍然取得亮丽的成绩,这一方面说明广东企业深入东盟市场正收获成果,另一

---

① 王攀:《广东对东盟出口率先回暖》,http://news.xinhuanet.com/fortune/2009 - 08/13/content.11874489.html。

方面也说明东盟市场潜力巨大。

在投资方面,早在2003年,广东省对东盟投资的比重就已占其对外投资项目的20%,当年仅与马来西亚的贸易总额就达77.33亿美元。截至2007年底,广东在东盟累计设立企业131家,协议投资额达3.48亿美元,其中过去5年就占66.1%。广东企业投资东盟的业务涉及到电子、通信、机械设备、资源开发等多个领域。[①] TCL、广州卷烟厂、志高空调等企业在东盟发展迅速。较大的投资项目包括,广东农垦集团公司在泰国投资5200万美元设立的热带农作物加工企业,以及在泰国、越南、马来西亚设立橡胶加工厂;广东省粤电集团有限公司在印尼投资开采煤炭资源项目;深圳华强集团为首的投资联合体获建越南-中国(深圳)经济贸易合作区等。近年,在欧美与中国纺织品贸易激烈摩擦之际,珠三角一带的纺织企业已悄然将纺织设备转移到东盟、南亚等地设厂或生产。

2008年5月11日,广东省委书记汪洋在广州会见了东盟秘书长素林。汪洋说,广东把发展与东南亚各国的经贸关系放在十分重要的位置,将鼓励和组织广东企业到东盟投资,加强能源资源开发利用、旅游、现代物流等领域的合作,并推进与东盟建立定期会晤机制,共同解决合作中存在的问题,促进双方合作取得更大成效。

二、问题与挑战

中国企业投资东盟存在的问题主要有:

1. 东盟国家在投资经营方面存在着诸多限制。主要限制表现在行业准入、持股比例限制、外资投资项目禁止、工作准证和雇用当地人比例等。一些东盟成员国限制外国投资者对其某些行业的投资。如越南禁止外国投资者投资设立汽车组装厂,马来西亚限制外资在马从事烟草和烈性酒的生产,印尼限制外资对其林业开采和加工的投资。东盟一些国家不同程度地限制外国投资者的持股比例。另外,马来西亚有关法律规定部分行业禁止外商独资及必须有两名以上的马来西亚籍

---

① 《民营经济报》2008年9月9日。

的股东,政府投资项目不对外国公司开放。泰国原则上禁止外国公民拥有泰国土地。除了文莱对聘用当地或外国雇员没有比例限制外,其他国家都有不同比例的要求。

2. 东盟欠发达国家缺乏规范的市场运行机制。比如,政策变化快、汇率税收体系不完善、政府对市场的调控能力差,等等,给中国企业投资东盟增加了市场风险。个别国家官方汇率估价过高,外汇支付能力弱,且缺乏保护外来投资的国家间双边协定,不利于外资汇出,加重了外资企业的经营负担,使企业在这些国家的投资存在较大的风险和制约。个别国家政策反复、土地租金价格变化多,出口退税困难。地方政府受限制多,自主权少,审批手续复杂,许多规定变化后都不能及时通知外商或给予缓冲时间,各种摊派接连不断。

3. 企业缺乏对东盟投资的相关信息。我国国内学商界对东盟国家的研究大多集中在几个比较发达的东盟成员国,对一些落后国家,信息资源相对较为缺乏。信息资源及数据库的建立也较为滞后,不能提供全面的信息咨询服务,加大了中国企业拓展东盟市场的难度。

4. 缺乏有效的管理和引导。从已有的投资案例来看,一些企业在东盟投资时未制定整体投资战略和行业规划。政府或行业也没有明确的产业政策和行业导向,投资随意性很大,短期行为严重。如我国在越南的摩托车生产就曾经出现过这种情况,出口的摩托车散件出现恶性竞争,致使一些产品质量下降,产品形象和利益受损。许多国内企业认为东盟中越南等四个新成员经济发展较为落后,对商品质量要求不高,大量向其输出积压商品,使这些国家的消费者形成中国商品质量差的印象。类似在柬埔寨大肆炒作地皮这样的盲目的短期行为严重损害了中国企业的形象,与多数跨国公司在投资国培养和使用当地人才,建立专门的经销商和完备的销售网络等投资战略比相差甚远。

5. 市场前期开拓和培育成本高。东盟欠发达国家道路、桥梁、电力和通信等基础设施很差,企业的建设和运输成本会增加。道路少,条件差,制约了人员和货物的流动;通信不发达,费用昂贵;互联网普及率低,且使用受到限制,阻碍了企业的信息传播和交流。

6. 存在文化差异和冲突。由于东盟各国与中国在文化传统上存在程度不同的差异,中国企业在开发东盟市场,与东盟企业进行合作的过程中将不可避免地产生文化冲突,因此中国企业在开发东盟市场之前及过程中,需要充分了解当地的社会文化,分析在与东盟企业合作中发生文化冲突的可能性,及时制定好应对措施。

第二节　粤企走向东盟个案分析

一、TCL 电器集团选越南作为国际化的突破口

从 20 世纪 90 年代初期开始,TCL 的国际化主要是以代工的方式给国外的客商提供产品的加工服务。这个阶段一直持续到 1997 年。1997 年亚洲爆发金融风暴,虽然我国未受大的影响,但周边国家货币大幅贬值,使这些国家企业的加工费比我们更有竞争力。由于没有海外的品牌、渠道和市场的掌控,1998 年、1999 年,TCL 的海外销售连续两年大幅下滑。

1997 年的亚洲金融风暴让 TCL 清醒地认识到,要坚持推进其国际化战略,必须重新审视和部署其国际化业务模式,要在海外建立自己的营销体系、品牌和产业基础。为了摸清情况,1998 年,TCL 电器集团总裁李东生带队亲赴越南考察。透过当时受金融风暴影响而显得萧条的越南市场,他们看到越南政治稳定、经济蒸蒸日上,虽然当时市场容量较小,但发展潜力巨大。越南的社会制度与经济发展模式与中国接近,这对中国企业来说较容易熟悉了解,投资风险较低。通过调查和深入分析,他们终于找到了充分的理由来确信这个市场所蕴藏的巨大潜力。最终,TCL 选择了越南作为国际化的突破口。

不过,投资越南之初,TCL 集团内部分歧较大。当时越南彩电市场的容量仅有 60 万台,容量有限,很多人认为越南市场已经是供大于求。还有人认为越南市场不规范,风险很大,不值得投资。但公司派赴越南考察的人员认为,越南家电市场"供大于求"的根本原因是越南市场占主导地位的国际名牌彩电售价过高,在当时日韩等国际品牌一统天下的表象下,虽然市场由日韩品牌控制,但销售价格居高不下,市场需求

受到一定限制。而产品质量高、价格适中的大众消费市场尚未真正启动,这将是彩电消费的趋势和主流,因而存在相当大的市场空间。而TCL在生产制造与成本控制方面有较强的优势,有机会在日韩之外争得一席之地。李东生决意在这个市场上为TCL海外经营找到新的途径。在介入越南市场初期,TCL也遇到很多问题,不仅来自于外部,也有来自于内部的。对市场的陌生、沟通的困难、文化的融合、市场的开拓、当地政策的把握、国际供应链的建立、品牌的弱势,等等,都给他们提出了巨大的挑战。

面对日韩品牌的一统天下,越南对中国的产品评价非常之低。作为中国最知名的电视生产商之一,TCL越南分公司一度曾经必须标榜自己是一家香港公司,拥有的是美国技术和日本零件。经销商和消费者的质疑,乃至要求退货,拒绝经销、竞争对手的恶意打压等等,前期的开拓人员曾经承受着相当大的压力,在去与留的边缘上痛苦挣扎。越南厂第一年严重亏损。

但市场营销人员深入市场一线,了解市场的需求、消费形态、销售方式,终于摸索出一套应对市场的措施。在产品研发上,根据越南彩电收视方式和多雷雨天气的特点,TCL推出适合越南市场的超强接收、防雷等独特功能。在服务上,TCL则在越南每个城市都设24小时热线电话,别人修彩电要用户自己送维修站,TCL一个电话就上门,并带上备用机,让用户先看着;别人保修期最多两年,TCL在越南市场最先提出"三年免费保修,终身维护"的承诺。在销售策略上,TCL采取灵活多变的销售措施应对市场的变化,采取农村包围城市的做法,以其他国际品牌不愿去、不屑去的边远市场作为突破口。在质量上,强化TCL的生产品质控制,使产品质量在同行业中处于领先位置,逐步打消了消费者及经销商的顾虑。到2000年9月,经过18个月的亏损后,TCL越南公司开始赢利了。在越南站稳脚跟后,TCL以此为基地,迅速向东盟市场扩张。到2002年,TCL彩电已经占东南亚彩电市场份额超过12%;到2003年,市场占有率进一步提升到16%,仅次于索尼,把松下、三星、LG甩在后面。2004年上半年,TCL在菲律宾彩电市场份额已达10.35%,成为与索尼、三星齐名的国际品牌。在东盟部分市场,TCL彩电销量已经稳居当地第一,成为菲律宾、印尼等地受人尊敬的国际品牌。在这个过程中,TCL 业已在越南建立了年产 50 万台彩电的生产线及年产 30 万台数码相机和电工产品的生产线。2007 年,TCL 在越南的销售量是 30 万台,占越南电视机市场的 16%,成为拓展整个东盟市场的桥头堡。①

　　TCL 的国际化之路,一波三折,众说纷纭。但不可否认的事实是,正是东盟市场,踏出 TCL 电器集团国际化的第一步,而且是成功而坚实的第一步,为它成为国际化的企业集团积淀了宝贵的经验基础和可观的实力基础。有些企业经营者谈到东盟市场的时候,往往不以为然。认为与欧美市场比起来,东盟市场既没有规模优势,十个国家的市场千差万别、条块分割也不利于市场拓展,还要面临欧美跨国公司的竞争。但同样存在的事实是,与欧美市场相比,抛开我们与东盟已经签署的自由贸易协定和投资协定等经贸便利化措施不说,就是在地缘上、在文化层面,对对方制度的把握上,在人脉资源上,我们能够掌握的优势又是我们在欧美市场能够掌握的吗? 在与国际知名跨国公司竞争方面,我们在东盟市场与这些企业巨鳄其实比在它们的母国与之竞争也更具战略空间和策略优势。TCL 从东盟扬帆起航的国际化之路无疑鼓舞着富有进取精神的企业们在东盟开拓它们国际化事业的新空间。

二、华为公司在东盟"农村包围城市"

　　华为在 1995 年左右开始走向国际市场。华为国际化采取的是务实的"先易后难"战略。华为的国际化战略是其国内农村包围城市战略的"海外"翻版,其国内市场也是通过先做县城再做城市的农村包围城市的战略创建起来的。这种"先易后难"的战略与其说是华为的主动战略选择,在某种程度上不如说也是一种不得已而为之的战略。② 因为华为当时不管在产品、技术、人才,还是综合实

---

　　① 岳小月:《TCL 如何扎根越南》,《职业经理人》2008 年第 8 期第 64 页。
　　② 韩锋:《国际化战略:海尔 PK 华为》,《中国乡镇企业》2008 年第 3 期第 63 页。

力上和强大的国外竞争对手都差距悬殊,若正面较量必然凶多吉少。针对当时的市场情况,华为采取"东方不亮西方亮"之策略,发达区域不"亮"先在新兴工业化国家和地区占领市场。欧美跨国公司吃欧美市场的肥肉,华为先去啃亚非拉的骨头。不能正面碰撞就侧面迂回。

1996年,华为启动了拓展国际市场的漫长之旅,起点就是非洲、中东、亚太、独联体以及拉美等第三世界国家。在经过长达10年的发展中国家市场的磨砺和考验后,华为的产品、技术、团队、服务等已日趋成熟,完全具备了与世界上最发达国家竞争的强大实力,华为才陆续登陆欧洲、日本、美国市场。农村包围城市"先易后难"的战略取得阶段性的胜利。

华为公司自1999年开始正式进入东盟市场,为东盟各国主流运营商提供全方位的电信网络解决方案。如今,以华为为代表的中国电信设备厂商已成为东盟各国电信运营商的主流设备供货商;华为在新加坡、马来、泰国、柬埔寨、越南、菲律宾和印度尼西亚等七个国家设立了分公司或代表处,在马来设立亚太地区总部。

华为公司已在东盟市场为各电信运营商全面提供移动、交换、NGN、光网络、宽带和智能网等全面电信解决方案;其中宽带、NGN产品排名遥遥领先,市场份额超过50%,移动产品超过30%,华为公司在东盟市场的总体份额将接近20%。华为等中国厂商与东盟的电信合作加快了新马泰等国传统电信网络向下一代网络的演进进程,促进了柬缅老、印度尼西亚、菲律宾和越南等国电信普及率的提升;华为等中国电信设备厂商打破了西方公司在东盟市场的价格垄断,为东盟各国电信建设节省了开支。

华为的经验表明,对大多数想国际化的企业来说,要根据自己实力、与竞争对手比较、国际市场的情况来具体确定自己的国际化路径战略。公司实力如果与西方大型跨国公司相比不够强大,"农村包围城市,步步为营从外围向核心进攻"的战略虽然听起来不那么豪迈,但却是实实在在的实用战略和策略。对大多数欲"走出去"的广东企业,华为的国际化战略是可供参考的选择。

三、美的电器集团的东盟扩张之路

美的电器集团的国际化分为三个阶段:第一步做世界工厂,不强求把美的品牌推到全球,但在中国国内打美的品牌;第二步,参股或控股一家国际的二线品牌;第三步,最终成为品牌运营商。美的在最初的时间里选择的是贴牌出口的方式。在过去十多年中,公司以每年近40%的规模增长。美的凭借着优秀的出口管理,已成为全球最大的电风扇、电饭煲和注油式电暖器供应商。集团在实施贴牌生产(OEM)这一短期生产战略的同时,也为18家全球零售集团和世界十大知名品牌做贴牌生产,兼顾了创造国际知名品牌的中长期战略。到2000年11月,其品牌价值已达12.3亿美元,一举超越了科龙和康佳等著名品牌,上升为中国第八大知名品牌。

正当全世界都在计划打入中国市场时,美的却利用合理的出口策略,成功地开拓了国际市场,为以后的路程布局好营销网络,为其他中国企业树立了榜样。2006年底,美的集团在国际化的进程上迈出了重要的一步:11月21日,美的电器第五届董事局第十九次会议通过向美国高盛全资拥有的GS Capital Partners Aurum Holdings(简称"GS")定向增发7.17亿元股票。凭借这10.71%股份,GS将被允许向美的电器派驻董事。高品质国际资本的加入,为美的迈入国际市场提供了有利的支持,大大提高了美的品牌在国际上的知名度。与第二步骤交叉进行的是,美的一直没有耽搁其中长期的战略目标:做品牌运营商。多年来,美的一直在为ODM(原始设计制造商)做着铺垫。2000年,美的美国分公司、美的驻欧洲分公司、美的驻日本办事处正式投入运营;美的驻韩国办事处、美的驻新加坡办事处于2001年3月之前相继成立。在海外建设分支机构是为了对全球重点家电市场进行布点及开发,形成整体战略布局优势。与此同时,美的也将加大国外投放,通过收购国外品牌,获得其先进的技术和设备,广泛引进和培养国际化人才,有效地推进"人才本地化",满足美的集团高速发展的需求。2006年以来,美的走出单一的OEM(原始设备制造商)模式,逐步加大美的品牌在公司出口总额的份额,强化美的品牌。美的的策略是,走出去,加快与跨国公司合资、合作,包括资本与产权合作、品牌合作、产品合作、市场合作,通过租用、收购国外的品牌及相应的网络,利用国际资源壮大自己,实现美的产品国外销售的增长,推动美的品牌向国际化方向发展,并借以提升美的的国际化管理水平。①

　　东盟市场是美的国际化战略的重点一环,是其选择国际生产基地布局的重点区域。东盟市场的两大优势是:在文化上,东盟的越南、新、马、泰等国在历史上与中国形成了千丝万缕的联系,在风俗习俗上相近或因相互比较了解因而比较容易沟通;在成本控制方面,越南、印尼等地的生产成本具有比较优势;在基础设施方面,东盟比较落后的几个国家为吸引外资,加大公路、铁路、桥梁建设,通信、电力等其他基建也有所改善。正因这几方面因素,东盟成为美的国外生产基地建设的优先区域。美的考虑到越南政府组建工业区,推行多项优惠税收政策吸引外国投资,劳动力资源较为丰富,而且越南所在的东盟自由贸易区正在实施减税计划,便于向东盟其他国家拓展市场,因而率先在越南胡志明市投资设立了生产基地。目前,美的集团正在全力推进东盟市场的拓展,在越南建立最大的中国投资企业,同时还在泰国建有风扇厂。目前美的在东盟已经设立了七个商务处。美的在东盟布局的主要目的,一是规避高关税等贸易壁垒;二是充分利用其低制造成本的优势;三是以东盟为起点,积累国际化的经验,为在欧美等更大范围的地区获得成功打下坚实的基础。

　　2007年1月16日,美的集团投资2500万美元建设的海外生产基地"美的越南工业园"投产庆典仪式在越南平阳省新加坡工业园隆重举行。这是迄今为止中国在越南的最大投资项目,主要生产电饭煲、电磁炉、电水壶等小家电产品。美的越南基地的建设投产,标志着美的集团国际化战略迈出了重要的一步,它将成为美的在东盟的小家电制造和出口基地和重要的战略据点。该工业园的目标是"立足越南,辐射东盟",进一步提高美的产品在东南亚的市场竞争力,扩大东南亚市场的销售份额,取得海外拓展的经验。预计,美的越南基地全面投产后将

　　①　杨慧:《美的集团的国际化探索之路》,《市场周刊》2007年9月号第103页。

实现年产500万到800万台小家电的制造能力,到2010年将实现1亿美元的年销售规模。

美的利用我国企业在东盟投资设厂能够充分利用的风俗文化相近、相通性,成本上的可控性,及东盟市场自由贸易区建设后市场的可拓展性在东盟市场大力推动自有品牌的销售,建立生产基地,积累全球配置资源、拓展国际市场、品牌建设的经验,为更多的广东企业和中国企业"走出去"提供了可资思考和借鉴的宝贵战略决策源泉。

四、广新外贸集团:转型制胜国际(东盟)市场

在新中国成立相当长的一段时间里,广新外贸集团各专业外贸公司承担起我国,主要是广东省对外贸易和交流的主要任务,架起沟通国内、广东省内企业与境外交流的桥梁,起着不可替代的巨大作用,也曾经无限风光。但随着国家外贸政策的调整、中国加入世贸组织的冲击,集团及其下属成员企业面临前所未有的挑战。令人鼓舞的是,广新外贸集团适时调整发展战略,着力转型,开创出二次创业的光辉前景,在对外经贸活动中锐意创新,奋力开拓,向着建设千亿元国际性企业航母的宏伟目标高歌猛进,重新成为我省经济国际化的领航者和标杆企业,为我国、我省在新时期突破外经贸难题、提升外经贸水平提供了有益启示。

(一)向工贸结合转型,为开拓外经贸新局夯实基础

实业不强,对厂商依赖较重,曾经是广新外贸集团及下属专业外贸公司尴尬的痛。放眼全球,世界跨国公司,无一不是有着雄厚的实力基础,或在行业中居于领先地位。而我国国内比较成功的跨国经营企业,如海尔、联想、华为等,无一不有着优秀的实业支撑。发展实业,增加自主性,成为集团及各成员企业的优先选择。

早在1997年,广新外贸集团下属广食集团就从战略高度出发,提出"投资实业是跨世纪生存和发展的基础"。如今,这个历史使命已经完成。一批拥有国际准入通行证、具有相当规模的实业相继建立起来。广食集团已具备了跨世纪生存和发展的基础。为确保配额既得利益、减少退税体制变化所带来的冲击、跨越国际贸易技术壁垒、掌握进出口

主动权奠定了坚实的产业基础。

广新集团新领导班子上任后,加大了发展实业的力度。如,2007年广新控股公司成功收购香港威敏公司控股权,投资公司成功参股华南铜铝业,与湛江港、南沙和联泰分别进行战略合作组建合营公司,集团成功收购粤海湛江、中山两个板厂,以及投资公司投资马达加斯加矿业项目等等,有力地拉动了主业增量的发展。省东方收购参股雷豹电子。省土产在秘鲁合作兴办木材加工厂,在韶关兴办松香厂,在广宁兴办厘竹厂。广食集团通过打造"珠江桥"产业链,推动从传统的酿造向现代生物科技产业的"二次转型",同时加快不锈钢厂的扩建。省外贸开发公司在南海、清远开办五金废料加工厂,同时与华南铜铝合作全力打造建材主业,全年铝材出口逾9000万美元,该企业去年开始在江西、河南分别兴办铝加工项目。省轻工进出口公司2007年参股珠海平步木门公司,并对水暖器材厂进行改造扩改建。省五矿在大旺开发区兴办五金加工基地并成功收购了珠海新的厂房,实现达利厂的扩厂等等。

单一的贸易和代理贸易已经不能胜任国际化需求。广新集团之所以在巨大的压力和冲击面前立稳脚跟,并迅速发展,关键是适时加强了实业投资,增强了自主性,并在面对挑战时整合产业资源,压缩、调整一批没有竞争力的、没有市场前景的产业,集中力量和资源培育六大主业,赢得了国际市场。

(二)延伸产业链,提升集团国际竞争力

广新集团围绕打造优势主业,建立产业并延伸产业链,通过增资扩股和收购、兼并等方式,坚持"科、工、贸、投"相结合、贸易与产业发展相统一,通过延伸产业链增强集团自主性,提升获利能力,从而增强企业的国际竞争力。

华南铜铝项目是广新打造完整产业链的经典之作。在制造环节,由广东广新投资控股有限公司以增资扩股方式出资1亿元入股华南铜铝业,占39%股权,成为相对控股的第一大股东。在销售环节,由广新下属公司省外贸开发公司与清远华南铜铝业有限公司的合作,共同投资组建了广东广新建材物资有限公司,掌握了营销环节。这样一来,广新从研发、生产、营销环节建立起一条完整的产业链条,而经营模式上,实现了国有优势加民营机制的有效结合,为广新铝材业的快速发展奠定了坚实的基础。又如,省机械公司将传统的接单贸易与发展造船实业相结合,建立中山海事重工基地,形成以中山造船基地为制造中心,汕头船厂、湛江船厂为东西两翼的船舶合作发展格局。在船舶接单较多的情况下,可以通过由东西两翼船厂做分段,最后由机械公司做总装的模式来完成项目。整个流程形成集商务接单、设计研发、生产制造、集中采购为一体的产业链条,其行业控制能力大大提升,盈利能力也能够快速增强。

我们放眼珠三角甚至整个广东,现实情况是,虽然整体对外经贸规模很大,但参与国际经济分工的企业,很多都是处于国际产业链的低端环节,严重依赖于产业链上下游环节,不但自主性差,而且利润也很微薄。广新打造产业链增强竞争力,扩大盈利空间的努力,无疑是我国外经贸摆脱低端、摆脱薄利的有益尝试,在全省具有示范效应。但产业链的建立和掌控也绝非一蹴而就,需要政府的有效扶持。例如,香港广新控股已经确立了以油品运输、贸易和仓储为主业,在延伸产业链方面,期待向内地拓展,收购盐田港外轮供应公司,在珠海等地租赁或建设油库,这些都需要政府部门的大力支持。

(三)狠抓质量控制,决胜国际(东盟)市场

质量和品质永远是国际制胜的法宝,也是近年广新外贸迅速发展的基本依托。

20世纪90年代早中期,"珠江桥"酱油质量管理近乎失控:众多的商标使用单位均有权委托工厂加工生产,造成产品质量、包装、风味风格各异。假货水货猖獗,市场被冲击得七零八落,连某些正货经销商也经销假货,引发市场危机。20世纪90年代下半期以来,广食集团按照市场运作与国际规范的要求,花大力气对"珠江桥"牌酱油的唯一定点生产厂——中山福金香调味食品厂,先后投入近亿元进行技改,该厂已通过ISO9001、HACCP、ISO14001国际认证,成为业内首家获家"三证合一"的企业,目前还应国际食品安全的需求,正进行BRC欧洲零售商认证、IP非转基因体系认证,为"珠江桥"牌酱油的质量保证提供了可靠的基础。

出口一个好商品,品质优良是最根本指标,省外贸开发公司也是把商品质量控制当做重中之重。为了把好质量关,省外贸开发公司投入大量人力和资金,通过聘请第三方公证行和成立专门的 QC 小组,对家具等出口大宗商品进行严格的产品测试,所有参展的商品必须配备详细的测试报告。同时,通过 ISO 日常检查、订单生产监督和抽样验货,严格控制产品质量风险。效益是明显的,近年来,该公司出口的商品保持了较高质量和水平,盈利能力也名列前茅。

近年来,我国企业在走向国际市场的过程中,吃够了质量问题的亏,如食品问题,玩具问题,等等。而广新在开拓国际市场的过程中,始终严把质量关,没有受到质量问题"千里之堤,溃于蚁穴"的冲击。相反,广食集团如今享誉世界的"珠江桥"调味品,当时就是从狠抓质量和品质入手,使产品步入国际扩展的快车道。省外贸开发集团也是依靠优质的品质决胜国际市场。

(四)依靠科技与创新,增强国际市场竞争力

由于广新集团外贸型企业的行业特点,历史上较少涉足技术研发及科技创新的领域。近年集团积极推动战略转型,增加研究、开发投入,以提升国际竞争力,企业自主创新工作快速发展。

如,省食品公司通过自主创新,加强研发,增强了企业核心竞争力,奠定了企业未来持续发展基础,实施重大战略工程——珠江桥科技工业园,运用现代生物技术推动传统酿造产业向现代生物科技产业转型提升,建立起"产、学、研"三位一体相结合的研发创新体系,其中与华南理工大学合作成功申报广东省教育厅"农产品深加工与食品安全产、学、研结合示范基地";珠江桥研发检测中心通过国家实验室认可委员会扩项认证,从原来仅检测酱油三氯丙醇发展至上百个项目,并面向社会提供服务,等等。在矿冶化工方面,华南铜铝有限公司通过加大研发力度、完善生产工艺等革新手段,2007 年销售额达 4.72 亿元。集团下属广新柏高科技公司拥有强大的核心技术和自主知识产权,公司 V 型结构强化木地板、纳米抗菌地板、蜡封防水降噪强化木地板、自由组合拼装型浸渍纸层木质地板获得国家专利。省轻工粤轻卫浴有限公司通过引进先进设备、技术改造、创新工艺,不断完善和提高生产制造

技术,降低生产成本。

省外贸开发公司为了强化公司员工改进创新意识,提高产品市场竞争能力,对外聘请资深产品设计师,成立产品研发中心,还专门成立了设计小组,结合当今国际市场潮流发展趋势,集中精力研究公司主营的家具、建材、收纳制品、鞋靴等商品,开发特色新产品、设计专业好理念,不断加快产品的升级换代,取得了较大成效。研发中心配合公司产品创新大赛,推出环保电子杂志《开发》,介绍产品流行信息,给产品开发带来新的思路,不定期在该公司(办公自动化)平台刊载,使得公司关注产品,研究产品,改进产品蔚然成风。省轻工箱包公司结合香港贸易行的做法和所经营商品时尚性强,设计要求较高的特点,对传统的业务流程进行了重组改造,通过聘请国外专业设计师,和在公司增设打板车间,聘请专业打板人员,把产品设计开发环节真正掌握起来;同时还通过加强与物料行和五金料行的直接沟通,在源头上对成本进行控制。产品设计出来后,最后再根据客户的要求,选择高、中、低档工厂进行生产。帽业公司在华南农业大学、轻工学校设立设计工作室,同时将工厂建立为学生的实习基地,使用学生的优秀作品尝试销售,学生也可参与提成,搞活了经营。塑胶公司与研究院合作开发防滑垫,大大提高产品科技含量,成为该公司的一大拳头产品。通过加强创新和科技因素,省轻工改变过去靠贸易一条腿走路的传统模式,走"科工贸投"相结合的道路,加快了转型步伐。

科技和创新永远是企业国际化不可忽视的法宝。如今的国际市场,竞争越来越激烈,技术壁垒越来越多。靠什么脱颖而出呢?科技投入和创新是重要方面。广食集团正是依靠重视科技投入和科研开发,才避开了所谓孔雀石绿、苏丹红等冲击,在行业中保持领先。而省外贸开发、省轻工正是通过加强产品设计等方面的创新,才在国际竞争日益剧烈的传统制造产品领域赢得商机。

然而,不可否认的是,国有企业在进行科研投入和创新实践时,面临着利润指标压力、考核压力和资金压力。要想充分鼓励企业加大科技兴贸的力度,在对企业经营业绩考核方面和利润指标方面适度加入企业科研创新成绩很可能鼓励国企领导层更重视研发工作。广东早在

2006 年,就开始对省属国企收缴红利。在红利的使用上,有一块是鼓励国企科研创新的,能否加大资金数额、加快立项速度呢?

（五）培育品牌,稳固扩大国际（东盟）市场

如今的国际市场,品牌对市场开发、市场渗透的力度是惊人的。据统计,目前国际市场上名牌产品所占比例不到 3% ,但市场占有率却高达 40% 。广东省的外贸出口产品尽管量大,但却无法享受品牌带来的高收益,出口企业中拥有自有品牌的不到 20% ,自主品牌出口占出口总额的比重低于 10% 是普遍现象。这种情况,使超过 90% 的利润被外资拿走。而作为全省外经贸旗帜的广新集团,恰恰在品牌建设方面成绩斐然。

通过加大品牌建设力度,不断提升品牌的美誉度和品牌的顾客忠诚度,广新外贸集团拥有一批国际、国内市场知名度较高的企业品牌及商品品牌,如"省机械"、"省食品"、"省轻工"、"轻纺(控股)"等拥有较高国际商誉的企业品牌及"珠江桥牌"(食品)、"庄姿妮"(服装)、"鹦鹉"(轻工品)、"帆船"(土产品)、"五羊"(矿产品)、"羊城"(中成药)以及"三角"、"红棉"等等。如"珠江桥牌"作为中国驰名商标及省级著名商标,已经成为全球华人所熟知的知名品牌,在世界华人调味品市场独占鳌头,以至于人们感慨:世界上有炊烟的地方就有华人,有华人的地方就会有"珠江桥"。而广东省机械进出口集团通过多年耕耘与培育,其企业品牌"GMG"已经在国际市场上赢得很好的口碑。在竞争日益激烈的东南亚市场,当地人寻找合作伙伴时,有时甚至只认"GMG"品牌,这就是品牌对国际市场占有率作用的鲜明例证。

但品牌培育不是一蹴而就的事,需要投入大量人力、物力、财力。从广新集团品牌制胜的实践来看,省有关部门要提升广东成为外经贸强省,培育强势企业的强势出口品牌无疑将会取得不错效果。培育品牌,需要政府相关部门在外经贸专项资金等方面加大扶持和倾斜力度,也需要在出口退税等方面加大对相关企业的扶持力度。

（六）拓展外经贸领域和业务,丰富国际化内容

广新集团一手抓传统货物贸易,一手抓承包工程、对外服务贸易、转口贸易等新业务的开拓,走出了对外经贸的新格局。如省机械进出

口公司的承包经营业务给公司带来了长足发展。招标是省机械进出口公司的创汇大户,以往都是以传统的招标代理业务为主,进而延伸到设备进口业务。现在,省机械进出口公司开始拓展到医疗设备租赁业务和境外工程承包业务,尤其是境外工程承包业务。目前,省机械进出口公司的境外工程项目重点在东南亚地区,集中在印尼及菲律宾,主要是承接一些大型的基础建设项目,包括建造电厂和开发岛屿两大项目。而且,机械公司经过研究,决定以 BOT(建设、运营、移交)模式来建造运营电厂,避免了完成一个项目就撤退、然后再重新花费精力去开拓新业务的局面,对机械公司的长久利润来源是有效的保障。而省轻工成立第三方专业验货机构,探索服务贸易模式。2006 年,省轻工利用现有的进出口单证服务、客户资源和与工厂合作多年积累的验货经验成立了一个服务贸易的平台,为客户提供专业的第三方验货服务。目前,该项目运作顺利,客户对项目的热情和反应超乎意料,而且其中不少客户已经开始追加订单,验货项目涉及电子电器、陶瓷、服装、帽子、圣诞产品和工艺品等多种不同产品,发展迅速,毛利率高达 60%。省轻工充分利用银行授信额度和资金优势开展转口贸易,2006 年至 2007 年,省轻工的新业务——电解铜转口业务经营规模已达到 1.6 亿美元,利润近 1000 万元人民币。

从货物贸易到服务贸易,广新集团又抓住了我国外贸发展的大趋势,积极拓展东盟服务贸易市场,为广东省外经贸发展开创了新天地。

(七)"走出去"配置资源,"引进来"发展主业

随着我国经济的发展、企业发展规模的扩大,国内资源已经越来越不能满足国内企业进一步扩大发展的需要,广新集团为了我国企业的资源需求,不断寻求国际(东盟)市场的资源投资项目,为我国企业全球化配置资源服务,扮演了国际化配置资源的先锋角色。

如,广东省土产秘鲁木材加工项目,投资 100 多万元进行合作,解决了省土产几十年来木材经营单一代理问题,实现了从源头到终端客户,利润大增。马达加斯加海滨矿砂开发项目,2009 年力争达到 100 万吨规模。同时集团计划参加马达加斯加岛 6.2 亿吨铁矿的国际投标,马达加斯加政府很重视。推动墨西哥铁矿项目,面积 26 公顷的露天

矿,如顺利的话,计划 3 年达到 300 万吨的规模。省五矿的越南钢铁项目首期已获越南政府批准。

广新外贸集团的对外资源类投资项目,一方面是适应国内经济快速发展对资源发展的需求,为国内企业在国际配置资源服务,增加集团经济增长点。另一方面,这类资源型对外投资项目,也围绕集团主业展开,为集团加速延伸产业链服务,如省土产秘鲁木材加工项目、墨西哥铁矿项目、越南钢铁项目都围绕集团建材主业展开。而随着马达加斯加锆铁矿项目的展开和扩大,集团也积极酝酿在广东省合适的地方建立产业园,集聚相关厂商,开展矿产后期加工,延伸产业链。因此,集团已经走出了一条"'走出去'配置资源,把资源'引进来'发展主业"的对外投资和发展主业相互促进、相互提升的良性循环,这无疑也对我国企业具有启发和借鉴意义。

第三节　助推粤企走向东盟的对策建议

一、协助企业估计风险,选择定位市场

目前国内企业到东盟的越南、老挝、缅甸、柬埔寨 4 国投资,还面临许多实际性的障碍,比如说缺乏规范的市场运行机制、腐败现象突出、政策朝令夕改、投资成本高、市场恶性竞争严重等等。作为单个的经济个体,企业在这方面比较容易忽视或者信息的获取不全面,因此政府要协助企业充分估计东盟市场的风险性,指导企业不能贸然进入,把握好投资方向和经营方式,避免出现决策的失误。

二、进一步完善对"走出去"企业的金融支持

目前,企业特别是中小企业在开拓东盟市场时,普遍会遇到资金的短缺、信用担保缺位等问题,在很大程度上制约了这些企业的跨越式发展。政府和金融部门应尽快建立帮助企业进行海外融资的金融机构,切实解决企业国际化经营中出现的融资难问题;充分发挥出口信用保险机构的信用担保作用,对企业出口提供必要的信用担保。政府和有

关的银行和保险机构(包括外资保险机构)应探讨构建一个操作性较强的境外投资保险制度,帮助企业规出口风险。除此之外,政府应支持有实力的大企业采取带资承包模式开发和实施国外大项目,进一步扩大政策性信贷的规模,适当下浮贷款利率,进一步完善出口信用保险服务,鼓励国内金融机构积极提供适合对外承包工程的创新金融产品等。

三、做好培训,协助企业了解和熟悉有关法规规则

建立自由贸易区是各成员国共同谈判的结果,成员国之间相互提供各种优惠待遇。如原产地规则。准备同东盟往来或要进入东盟的企业,应充分了解、把握和熟悉自由贸易区的各有关法规规则,并充分利用这些法规规则为实现自身利益最大化服务,同时努力利用自由贸易区的各种资源加快自身发展。现在,企业普遍存在的问题是"自由贸易区意识"弱化,抢占先机的动作和意识迟缓于作为服务者的政府,利用规则、适应市场的能力低,政府的举措得不到企业的积极响应。这是阻碍企业进军东盟的首要问题。政府在信息的搜集和对策的研究上都具有优势,但如何让企业利用这些信息,缺少中介机制,导致由政府推动起来的经济形势并未得到企业作出及时的响应。因此,政府在这方面应该充当指导者的角色,为企业提供尽可能丰富的信息和正确的导向。

四、优化资源的配置,鼓励企业之重组合并

在对外贸易中,跨国企业无疑是很大的赢家,也是绝大部分市场份额的占有者。有些政府有时还不得不看一些跨国企业的"脸色",跨国企业的重要性在世界经济中日益凸现出来。对于广东企业,要成为跨国经营的企业,大多数还远不具备条件,比如最重要的资金筹集、产品的竞争力、技术的创新能力等等。在广东企业争东盟市场时,会面临很多的当地企业和跨国企业的竞争,而且它们拥有很强的竞争优势,比如本国政府的政策支持,当地的材料采购优势,市场销售渠道的优势等等。为此,就要考虑用企业重组合并的方式来增强企业的竞争力,让跨国经营变成可能。政府在企业重组合并的过程中,不能袖手旁观,也不

能横加主观意愿,而应根据实际情况,为企业提供参考和帮助。

五、建立健全民营企业投资东盟的保险措施

由于东盟部分国家特殊的政治环境,以及部分东盟国家和中国较为特殊的政治关系,企业投资东盟实际上也面临着较大的政治风险。为此,政府应成立或指定以投资保护为目的、非盈利的政府对外直接投资保险机构;同时,可积极倡导和支持成立各种民间机构举办的行业协会和服务机构,作为对外直接投资保险制度的补充等等。

第四节　广东中小企业走向国际
（东盟）市场的未来之路

统计数据显示,2007 年,广东规模以上中小工业企业 37180 家,占全省工业企业的比重超过 99%;资产合计达 23737 亿元,占全省工业企业的比重超过 70%;从业人员占 80%左右。外贸出口占广东全省的 68.53%,轻工、纺织、服装、玩具、五金等方面的出口产品,几乎全部是中小企业提供的。[①] 中小企业在整个广东经济中发挥着重要作用,广东要当好全国外经贸发展的排头兵,就要充分发挥中小企业的作用。

一、广东中小企业国际化的现状

广东企业开拓国际市场大致分为三个阶段:改革开放以前,广东对外投资主要是对外援助、对外承包工程、劳务输出等低水平跨国经营活动。改革开放后,省、市、县各级政府部门到港澳设立对外开放的“窗口”公司,为招商引资和人员往来服务,并逐步向贸易、房地产、金融等领域拓展。从 1999 年开始,广东省鼓励具有技术、管理、人才、资金、市

---

① 张建奇:《广东中小企业发展战略探讨》,《合作经济与科技》2008 年 5 月号第 36 页。

场优势的企业到境外投资办厂。[1] 自1982年广东省在澳大利亚设立第一家外资公司,截至2007年底,全省在境外地区设立各类企业1804家,累计协议投资额75亿美元,投资区域遍及90多个国家和地区,主要集中在中国港澳地区,东南亚、中东、非洲和南美等市场。其中中小企业占了较大的比例。当前来势汹汹的全球金融危机并未阻挡广东企业"走出去"的步伐。2009年以来,广东企业的境外投资合作正不断升温,跨国企业正加速形成。据统计,2009年1月至7月,广东全省核准新设境外企业119家,增资项目11个,协议投资额2.93亿美元;签订对外承包工程和劳务合作合同额60.6亿美元,完成营业额54.5亿美元,同比增长4%。广东民营中小企业"走出去"的步伐也不断加快。今年1月至7月广东共准112家民营企业(不包括国有和国有控股企业)赴境外投资,协议投资额占全省新设企业的71%。[2]

广东中小企业国际化呈现如下特点:

1. 投资方式、目的、融资、机构设立经历了几次转变,主要为以下几个方面:①投资方式由单一贸易方式向多元化发展。20世纪90年代前,广东企业对外投资主要是各市县在港澳设立办事处或开办企业,主要目的一是推销广东名优商品,二是取得信息,同时也是宣传地方的一个窗口。②贸易型向生产型发展。广东省在境外开办的企业多为贸易型企业,许多企业以自己的品牌商品通过贸易方式在境外销售。1995年以后,投资方式从贸易型向生产型转变,逐步增加境外投资设厂方式,开展加工贸易。③为资源开发而设立境外企业。如对境外渔业、木材资源的开发利用,主要方式是在境外投资设立冷藏仓库,进行当地渔业资源的开发和销售。④根据产品开发需要在国外设立了有关的研发机构。利用境外人才、技术优势,获取最新信息,加快产品的更新换代,缩小本地产品与国外产品的差距。

2. 投资区域多元化。广东对外投资企业由开放地区向周边东南

① 叶向阳、尹柳营:《广东中小企业国际化发展状况研究》,《科技进步与对策》2008年6月号第61页。
② 郭军:《广东企业境外投资合作升温》,http://www.hnxw.cn/cj/news/2009/08-21/1828085.html。

亚地区扩展。广东省境外投资的地区和国家以往主要集中在港澳和东南亚地区,以广东企业居多。近年来,广东企业境外投资地区逐步扩大,现已分布在90多个国家和地区。

3. 投资规模不断扩大。当初广东省对外投资设立的贸易公司注册金额仅为100万美元以下,现在生产型企业的投资额基本为400万美元以上,境外加工企业投资额平均为285万美元以上。

4. 投资主体多元化发展。20世纪90年代以前投资多为政策性投资,以各地市县的外贸专业公司为主,投资主体为政府。随着对外投资贸易型向生产型的转变,已发展为以生产企业为主,国营、集体、私营投资主体均有。

东盟是广东中小企业开展对外经贸活动的重点区域之一。政府也一直鼓励广大中小企业赴东盟各国开展投资、贸易和工程承包活动。

为营造广东与东盟经贸合作的良好氛围,广东省外经贸厅组织策划系列宣传活动,为各市外经贸部门和民营企业组织专题讲座,深化各界对自贸区的认识;进行开展"中国—东盟"自由贸易区、"两廊一圈"次区域合作等方面的研究,掌握动态情况,及时提供决策参考。

省外经贸厅在越南、柬埔寨等国举办多场"广东名优产品展销会",塑造"广东品牌",把更多的名牌推向东盟市场;举办与东盟经贸合作的网上政策推介会,同时应有关国家的要求,邀请泰国、越南等国的工业园区和政府代表到广东举办投资环境推介会,实现企业与项目对接。

尽可能为中小企业、民营企业发展提供条件。一方面与东盟各国信息咨询机构建立联系,建立信息服务平台。要收集东盟各国的商情信息和贸易投资环境信息,也交流我方投资环境和市场需求信息;另一方面,组织对重点企业的培训,选拔一批乃至数批基本条件比较好的民营企业家,与香港等地的专业培训机构合作,对他们进行内外结合的集中培训,包括一定时间的海外培训,还组织不同类型的企业交流"走出去"的经验。

在全球金融危机引发经济寒流,欧美市场需求萎缩的情况下,广东与东盟的贸易合作却呈现一派欣欣向荣之势,广东中小企业赴东盟发展的积极性并未受到多大影响。在 2009 年第五届"中国—东盟"博览会上,被赋予了广东开拓东盟新兴市场,大力推进市场多元化战略实施的重要意义。而本届博览会上,广东有超过 500 名来自全省各地的参展商和采购商参加,希望能从这个潜力巨大的新兴市场上淘到更多商机。

二、存在的主要问题

不可讳言,广东中小企业的国际竞争力还比较弱,产业结构和产品结构有待优化,商品的竞争还停留在价格竞争等低水平的竞争上,质量和服务还有待提高。在国际化发展进程中主要存在的问题有:

(一)中小企业自身素质缺陷制约了中小企业国际化发展

这是中小企业一个常伴的问题,中小企业产出规模小,资本不足,技术能力和竞争能力低,企业管理水平低下,易受市场和外部冲击的影响。具体表现有,产出规模小,达不到规模效应,技术能力低,广东大部分中小企业的设备比较落后,技术创新能力低,相当多的中小企业技术装备超负荷运转,严重影响中小企业产品的质量,中小企业创新能力也低于大企业。其主要原因是创新投入少,缺乏相应的技术人才,技术进步缓慢,中小企业资金严重不足不利于进行再生产,技术创新的投入来源不足,而中小企业融资又相当困难,中小企业规模限制很难在市场上直接融资,只能采取间接融资,而商业银行对中小型企业的贷款采取歧视政策,增加附加条件,增加了中小企业的贷款成本。

(二)我国现行外贸体制的制约

外贸领域对中小企业的歧视首先表现在外贸行业的准入歧视和商品经营范围的限制。由于国家在外贸领域长期实行垄断经营,严格的审批制致使中小企业的外向化水平比较低,在商品经营范围上,目前私营企业进入国际市场的方式只是一般商品贸易,各种形式的服务贸易,引进外资等经营行为还受到限制,审批手续也过于烦琐,近年来外经贸部也多次放宽企业从事出口业务的限制,但是对大多数中小企业来说,这些指标的门槛还是过高。大多数中小企业仍委托有经营权出口公司代理进出口业务。此外,外经贸主管部门在进出口报关、商品检验、出口退税等与出口业务相联系的各个环节均存在不利于中小企业出口的做法。以原产地证书为例,按国际惯例,签发原产地证明书是一种民间行为。而我国出口货物原产地证明书由商检局签发,这类原产地证明书已不能满足外贸发展的需要,一些未与我国建交以及中东地区的一些国家要求中方企业出具非官方原产地证明书,但都受到法规的限制,因此坐失了外贸出口的商机。又如,对私营企业申办境外贸易公司和生产型企业的手续烦琐,程序复杂,对进口货物的查验时间长、费用高,增加了企业负担。这些外贸领域的政策法规直接制约了各类中小企业走向世界市场的进程。

(三)在价格上具有绝对成本优势下降,政策优势逐步失去

中小企业的半机械化作业甚至手工作业,所需的设备简单,投资少,调试方便,改变生产方向容易,因此,所生产出来的产品成本是比较低的,但是近年来商品成本优势下降,首先是一些设备老化,影响生产产品的质量,需要重新投资更新;其次是劳动力成本提高;由于国内生产结构性通胀,工人要求工资提高,还有是劳动力需求状况的变化,由于长三角地区、闽南地区和山东省等地经济的发展,吸引了内地众多劳动力,广东出现劳动力紧张的局面,所以用于劳动力的成本会增长;再次是人民币升值,且还有上升的空间,出口商品的价格必然会提高(对于进口商),这将会影响中小企业国外市场的占有情况。广东经济的发展一开始得益于国家好的政策,现在广东在政策上的优势逐步失去,国内其他地区将会拥有国家较好的政策优势。

(四)出口企业的恶性竞争,导致整体贸易环境的恶化

广东有相当的中小企业的出口商品结构是劳动密集型产品,其特点表现为:粗加工、低附加值的普通商品居多,深加工、高附加值的特色产品较少。以轻工业为例,该行业进入壁垒低,这些企业的产品结构的技术性能、质量、款式等差别不大,不仅是广东,沿海各地出口商品结构也彼此雷同,这使得中小企业无法有效利用"入世"带来的机遇。这些企业的产品供给增长过快,而海外市场容量增长有限,导致市场供给状况在主要进口国出现严重失衡,使得中小企业只能通过单纯的价格竞争手段谋求市场份额。广东的中小企业更为明显,从全国各地的中小

企业绩效指标看,广东的中小企业的销售额排名第一,营业利润只排名第五,净资产收益率无法有较前的排名。

（五）国际化经营模式比较单一

广东的大多数中小企业国际化经营模式主要是以贸易方式进入国际市场,包括直接出口和间接出口。这种国际化经营模式是一种初级形式,它有利于利用本国资源的比较优势进行生产,但是企业的国际化程度有限,因此,要加速广东中小企业的国际化发展必须运用新的国际化经营模式。

三、未来重点突破方向

（一）尽快建立中小企业与东盟市场内外连接的信息网络平台,使企业随时掌握东盟市场的情况和顾客的需要

目前企业基本上是靠传统的手段在做生意,还没有也不会采用现代化的信息技术来开展贸易交往。东盟 10 国国情较为复杂,贸易环境差异性很大,中小企业要想开拓和立足东盟市场,必须要深入了解东盟各国有关投资环境、市场结构、贸易法规以及文化习俗等多方面的情况,注意选准好的合作伙伴。而这些资料信息的取得一是通过建立的东盟市场信息情报系统这一网络平台获取,二是通过参加东盟国家各种展洽会和其他途径来收集。

（二）利用各种国际展会平台"走出去"

中小企业可以充分利用好国际展会这一平台更好地推介自己的产品提高产品的知名度,寻求更广阔的经贸合作空间。如"中国—东盟博览会"、"中国中小企业博览会（广州）"、"广交会"、"昆交会"及东盟国家各种商务洽谈会等。一是可以节约成本,搞好市场调查,对自己的产品进行新的定位,进行目标市场细分,针对国外市场消费群,调整和改进自己和产品设计、包装、价格和广告宣传。二是可以在会上结交到更多的客户,建立自己的目标客户名录。有针对性地邀请潜在国外客户到自己企业实地考察,并通过交往逐步建立起信誉。

（三）扶持中小企业,提供资金保障与投资培训

尽快建立促进中小企业海外投资的金融机构,通过各种形式切实

解决中小企业国际化经营中出现的融资难问题,如帮助符合条件的中小企业申请中国—东盟投资基金、中小企业国际市场开拓资金、境外带料加工装配业务的中长期人民币贷款和外汇周转贷款贴息,以及对外承包工程商业贷款贴息等。此外,应充分发挥出口信用保险机构的信用担保作用,对重点企业提供海外投资培训,组织不同类型的企业交流东盟市场投资经验。

(四)引导中小企业与大企业构建网络关系

中小企业由于其本身规模的限制,在很多方面都不具有足够的竞争力。但与大企业构建网络关系可以大大提高中小企业的竞争力。这种竞争力的提升主要来自网络关系可以使中小企业降低经营风险、降低经营成本。此外,处于网络关系中的中小企业还可以因所谓的"拉拨效应"(相关产业之间存在着相互提升竞争力的互动作用)而提高自己的竞争力。目前,广东的中小企业与大企业具有网络关系的并不多,只有15.8%的广东中小企业的营销方式是为特定大企业供货的,而高达84.2%的中小企业则完全依靠自身努力开拓市场。借鉴国外成功的经验,广东的中小企业应尽可能地与大企业建成一定的网络关系。尤其是要重视在大企业的产业环节上寻找机会,尽可能成为大企业的专业化供应商或零配件供应商。

(五)要加强与同行间的合作,避免一味的竞争

广东拥有的中小企业数量上排在全国的前几位,各行业的竞争压力大,企业间的合作意识还不够强。广东的中小企业之间要加强优势互补,资源共享等合作方式,提高企业的整体竞争力。把广东的制造业、市场、劳动力、资源优势,与香港的商贸、金融、管理、人才等优势结合起来,促进香港作为商贸物流平台与广东作为世界制造业基地的整合,共同营造大珠三角制造业和服务业并举的格局。同时加强与周边省区以及更大的国际范围内加强合作,以塑造区域依托优势,带动国际竞争力的提升。

主要参考文献

张幼文:《探索开放战略的升级》,上海社会科学院出版社,2008 年 7 月第 1 版。

梁信:中国—东盟自贸区《货物贸易协议》实施效果显著,《国际商报》2008 年 8 月 25 日。

中国—东盟签署自贸区《投资协议》,人民网 –《人民日报》2009 年 8 月 16 日。

《2007 广东统计年鉴》,《中国统计出版社》。

《2008 广东统计年鉴》,《中国统计出版社》。

《2009 广东统计年鉴》,《中国统计出版社》。

李刚:《"广东制造"抢滩东盟》,《南方月刊》2009 年 9 月 30 日。

梅志清:《2010 年是与东盟合作"黄金点"广东要抢"东盟机会"》,《南方日报》2009 年 4 月 10 日。

胡键:《汪洋率 700 多企业老总印尼寻商机一日签约近 6 亿美元》,《广州日报》2008 年 9 月 5 日。

胡键:《马来西亚总理巴达维会见汪洋双方贸易额争取达到 290 亿美元》,《南方日报》2008 年 9 月 12 日。

胡键:《汪洋会见新加坡副总理黄根成分享转型升级经验加强合作实现共赢》,《南方日报》2008 年 9 月 16 日。

吴哲:《中国—东盟自贸区为广东外贸打开新空间》,《南方日报》2009 年 8 月 19 日。

周杰:《积极利用东盟市场的绝对优势》,《国际商报》2009 年 10 月 9 日。

王月金:《中国—东盟自贸区将改变世界贸易格局》,《中国经济时报》2009 年 8 月 18 日。

杨芳:《中国—东盟自由贸易区 2010 年全面建成》,《中国贸易报》2009 年 4 月 21 日。

丘杉:《中国——东盟自由贸易区与广东的发展》,《环球文化传播有限公司》2004 年 12 月版。

《中国与东盟各领域合作情况》,《人民日报》2009 年 4 月 10 日。

杨先明、袁帆:《中国与东盟各国制造业竞争力比较及启示》,《文秘资源网》2008 年 10 月 11 日。

李欣广:《中国与东盟经济双向开放中的产业转移》,《东南亚纵横》2007 年 10 期至 12 期。

王勤:《东盟 5 国产业结构的演变及其国际比较》,《东南亚研究》2006 年第 6 期。

杨永红:《中国与东盟主要国家间产业内分工探讨》,《广西大学学报(哲学社会科学版)》2006 年第 2 期。

苏颖宏、王勤:《我国与东盟国家的产业分工与协作》,《特区经济》2007 年第 11 期。

廖玉、舒银燕:《中国—东盟自由贸易区发展中的产业结构调整问题》,2006 年 9 月 27 日。

曹云华:《越南的经济发展现状与前景》,《珠江经济》2008 年第 8 期。

李玫宇:《中国——越南国家双向投资的展望》2006 年 9 月 27 日。

《韩国成为越南最大投资国》,《中国证券报》2008 年 7 月 15 日。

刘胜春、刘贲、张焰:《东盟物流发展状况分析》,《物流管理》2007 年第 8 期。

李寿双:《台湾对大陆和东盟国家投资研究》,《北大法律网》2005 年 5 月 17 日。

《我国企业投资东盟的市场风险调查》,《环商数据》2006 年 2 月 5 日。

杨宇白、李一峰:《云南对外开放与东盟经济合作》,《经济问题探索》2007年第8期。

《东盟成云南最大海外投资地》,《中国新闻网》2008年12月26日。

《云南农业国际合作取得实效》,《商务部网站》2008年8月12日。

《广西与东盟农业合作取得重要成果》,《广西新闻网》2009年9月16日。

《广西对接东盟:贸易持续扩大合作全面拓展》,《广西日报》2008年4月1日。

孙洪磊:《中国—新加坡天津生态城一期工程将5年内建成》,《新华网》2008年9月4日。

林卫:《广东省在中国—东盟自由贸易区建设中的发展战略探讨》,《广东财经职业学院学报》2006年第5期。

《广东启动东盟攻略,拓展资源蓝海》,《南方都市报》2008年9月7日。

《粤企进军东盟,产业巧妙布局》,《南方日报》2008年8月30日。

《广东—东盟合作重点:能源农业物流旅游》,《金羊网》2008年9月16日。

《东盟在广东投资新加坡占七成》,《新华网》2009年2月19日。

卢小平:《广东:走进东盟觅商机》,《大经贸》2008年第7期。

谢苗枫、周志坤等:《广州"知识城"——新加坡在广东打造"第三城"》,《南方日报》2009年3月25日。

《五条建议加强深圳国际文博会与东盟文化产业的合作》,《中国文化产业网》2008年11月3日。

东盟内的次区域经济合作,山东国际商务网,2009.3.3。

东亚小区域合作的发展,亚太经济2006年8月1日,周小兵。

加入大湄公河次区域合作助洋浦和国际旅游岛腾飞 www. hainan. gov. cn 时间:2008年7月7日来源:《海南日报》。

澜沧江—湄公河次区域合作的重要意义 来源:云南省商务厅 时间:2009/2/24 http://www. sinayn. com. cn/。

中国政府批准实施《广西北部湾经济区发展规划》www. gx. xinhuanet. com2008 年 2 月 21 日 10∶41∶00 来源∶新华网广西频道。

《泛北部湾合作发展报告(2008)》,广西社会科学院副院长古小松博士、龙裕伟副研究员主编 社会科学文献出版社,2008 年 7 月出版。

中国与东盟的经济合作及云南与“两廊一圈”,www. gx. xinhua-net. com 2008 年 1 月 9 日来源∶新华社广西频道。

《珠江三角洲地区改革发展规划纲要》,国家发展改革委员会 2008 年 12 月。

泛珠三角区域经济合作“壁垒”如何破除? 来源∶http∶//yunnan.pprd. org. cn 泛珠三角合作信息网 2009 年 2 月 26 日。

广佛同城∶珠三角一体化的突破口和示范点,2009 年 2 月 12 日 人民网,记者 罗艾桦。

关于务实推进泛珠三角区域合作专项规划实施的工作意见 2007 年 8 月 1 日泛珠三角合作信息网。

东盟商务高级官员呼吁∶建立泛珠与东盟合作机制 2006 年 6 月 8 日人民日报 – 华南新闻网络版。

第一经济大省的东盟战略 来源∶大洋网 – 广州日报 2008 年 9 月 20 日。

近年《广东国民经济和社会发展统计公报》,广东省统计局。

钟雁明∶《“入世”以来,广东与东盟贸易进展顺利》,在线国际商报 2008 年 2 月 5 日。

姜木兰、杜蔚涛、夏福军∶“博览会 5 周年巡礼之一∶释放 10 + 1 > 11 的无穷力量”,《广西日报》2008 年 10 月 14 日。

丁力∶《广东在与东盟合作中战略定位》,南方网 2008 年 9 月 3 日。

王传军∶《东盟加快经济一体化进程》,《光明日报》2007 年 8 月 27 日。

陈小三∶《泛北部湾经济合作有望成“10 + 1”新亮点》,在线国际商报 2008 年 1 月 8 日。

叶辅靖∶《正确处理中国东盟自由贸易区战略关系》,《信息与研究》2003 年第 5 期。

翟崑∶《共建和谐“花园”——中国与东盟关系发展新思路》,《人民日报》2006 年 10 月 27 日。

郑汕、胡建刚:《关于中国—东盟贸易自由化进程中安全框架的思考》,中国论文下载中心 2008 年 9 月 27 日。

钟雁明:《关注入世后广东与东盟贸易优势弱化问题》,《国际商报》2005 年 8 月 23 日。

曾镇江:《华侨华人是密切东盟与广东关系的推动力》,广东侨网 2006 年 3 月 30 日。

谷源洋:《东盟与中国"10 + 1":东亚区域经济一体化的重要突破》,广东省 WTO 事务咨询服务中心 2002 年 12 月 11 日。

张翼鹏、李伟娜:《广东与东盟经贸逆差大,粤重点开掘东盟五成员国》,南方网 2005 年 1 月 4 日。

郭莹玉:《广东与东盟外贸发展驶入快车道》,《经济参考报》2006 年 4 月 6 日。

王勉:《广西北部湾:区域经济"后起之秀"》,新华网 2008 年 2 月 21 日。

陈彬、邹丽娜:《广州企业进军东盟正当其时》,南方网 2003 年 11 月 7 日。

陈少斌、陈少群:《汕头加速融入中国—东盟自由贸易区》,金羊网 2005 年 3 月 1 日。

南宁市政府联合课题组:《实施"766"行动计划,构建前沿中心城市——应对"中国—东盟自由贸易区"建设对策综合研究报告》,2007 年 8 月 7 日。

胡键、岳宗:《汪洋会见东盟秘书长素林,广东与东盟昨签署合作备忘录,确定 11 个重点合作领域》,《南方日报》2008 年 9 月 6 日。

钟良:《应对外贸窘境,广东力挺中国东盟自由贸易区》,《21 世纪经济报道》2008 年 4 月 23 日。

王勉、程群:《越驻华大使:将努力推动越中全面战略合作伙伴关系》,新华网 2009 年 2 月 5 日。

林琳:《加强与东盟经贸合作完善开放型经济体系》,《南方日报》2008 年 9 月 2 日。

叶建平:《中国—东盟:泛北部湾上搭建"共赢平台"》,《经济参考报》2007年10月31日。

黄革:《中国—东盟"10+1"合作:零距离的商机》,《经济参考报》2004年3月18日。

古雅明、蔡雪路、彭国峰:《中国—东盟港口合作风生水起》,《中国交通报》2008年11月10日。

罗文胜:《中国东盟攻略:2500亿美元贸易与10+1世纪格局》,《21世纪经济报道》2004年11月24日。

魏民:《中国东盟自由贸易区的构想与前景》,中国论文下载中心2008年6月20日。

秦京午:《中国东盟自由贸易区贸易额提前3年超2000亿美元》,《人民日报海外版》2008年8月29日。

张庆源:《中国与东盟今年上半年有望推行人民币结算试点》,《21世纪经济报道》2009年1月16日。

陈海玲:《广东与东盟优势互补促经贸发展》,南博网2007年4月18日。

张明亮:《中国—东盟能源合作:以油气为例》,《世界经济与政治论坛》2006年第2期。

吴明革:《中国企业进入东盟市场的风险分析》,《管理视野》2008年第9期。

曹云华:《区域合作是应对良策》《广西日报》2009年3月13日。

申剑丽:《广东与东盟拟建省部经贸对话机制》《21世纪经济报道》2008年10月16日。

董涛、蒋消费:《投资东盟的机遇与前景》《国际市场》2006年2月。

李涛、刘雅:《前夕中国与东盟的能源合作》《东南亚研究》2006年第三期。

王建邦、王革平:《"走出去"开发资源的问题与方式:基于民营企业的探讨》《国际经济合作》2008年第三期。

姚淑梅:《能矿资源跨国并购现状、问题及对策》《国际经济合作》

2008 年第二期。

丘杉主编:《中国—东盟自由贸易区与广东的发展》,环球文化出版社 2005 年 12 月第一版。

丘杉主编:《国际产业转移——动因、技术扩散与产业配套》,广东经济出版社 2005 年 12 月第一版。

尤安山等著:《中国—东盟自由贸易区建设——理论 实践 前景》,上海社会科学院出版社 2008 年第 1 版。

廖少廉、陈雯、赵洪:《东盟区域经济合作研究》,中国对外经济贸易出版社 2008 年第 1 版。

王桥、驮田井正:《东亚社会经济发展比较》,社会科学文献出版社 2004 年第 1 版。

许宁宁:《来自东南亚的商机报告》,华夏出版社 2008 年第 1 版。

唐彬、郭凯:《中国—东盟自由贸易区的发展和未来展望》,《商场现代化》2008 年第 1 期。

陈叶:《中国—东盟自由贸易区的前景分析》,《经济研究导刊》2007 年第 11 期。

陈文杰:《中国—东盟自由贸易区构建对中国的影响及对策分析》,《经济师》2007 年第 12 期。

张建平:《中国—东盟自由贸易区合作的进展情况、问题和展望》,《亚太经济》2008 年第 17 期。

许宁宁:《营造中国与东盟之间企业合作发展的新空间》. http://www.ecdc.net.cn 。

许宁宁:《中国与东盟:近十五年经贸合作综述》,《中国经贸》2006 年第 8 期。

江虹:《建立中国—东盟自由贸易区的经济效益分析》,《国际贸易问题》2005 年第 4 期。

黄丽馨:《东盟十国的投资环境分析与我国企业"走出去"战略》,《时代经贸》2007 年第 10 期。

阴媛:《TCL 集团国际化发展研究》,《中国集体经济》2008 年第 3 期。

姜汝祥:《TCL 集团吹响国际化号角》,《东方企业文化》2008 年第 6 期。

岳小月:《TCL 如何扎根越南》,《进出口经理人》2008 年第 8 期。

刘锦理:《刍议珠海格力电器公司"走出去"战略》,时代经贸 2008 年第 4 期。

高辉:《美的电器"疯狂"扩张打造家电航母》,《公司研究》2008 年第 10 期。

杨慧:《美的集团的国际化探索之路》,《市场周刊》2007 年 9 月。

戴国强:《企业"走出去"战略的海尔、TCL 和格兰仕经验》,《中国城市报道》2005 年第 5 期。

里风:《一个国际化品牌成长的故事——记华为技术有限公司总裁任正非》,《经济》2006 年第 12 期。

吴明革:《中国企业进入东盟市场的风险分析》,《网络财富》2008 年第 9 期。

尹柳营、胡军燕、樊友乐:《政府部门如何促进中小企业国际化发展》,《经济师》2003 年第 2 期。

吴肖林:《广东中小企业出口营销的战略思考》,《商场现代化》2008 年第 5 期。

尹润锋:《知识创新与组织创新关系研究》,《合作经济与科技》2008 年 5 月号下。

叶向阳、尹柳营:《广东中小企业国际化发展状况研究》,《科技进步与对策》2008 年 6 月。

周国新、陈文泉:《四项措施促进广东中小企业发展》,《中国中小企业》2006 年第 3 期。

刘科研:《珠三角中小企业探寻"外销途径"》,《中国经济周刊》2008 年第 39 期。

广东省人民政府公众网。

广东统计信息网。

学术期刊网广东省社会科学院镜像分站。

东盟秘书处网站。

中国东盟博览会官方网站。

中国东盟国际资讯网。

中国东盟自由贸易网。

后　记

　　近年,国际金融危机在全球蔓延,国际经济格局和产业环境发生明显变化。本书以此为背景,从区域合作与发展的一般规律出发,分析和研究广东与东盟经贸合作的指导思想、战略方向和基本路径,研究广东与东盟产业合作格局重构、区域国际竞争力提升等重要内容。主要的创新内容是:在资源配置的视野下,对如何深化"广东—东盟"战略进行分析和规划;提出系统的"广东—东盟"合作机制、合作框架;将企业竞争力提升到区域产业链竞争力的高度来开展研究。

　　全书由有机联系的章节为主要框架,包括"广东—东盟"战略深化研究、"广东—东盟"合作条件与合作环境分析、"广东—东盟"产业合作研究、"广东—东盟"能源与资源领域合作研究、深化"广东—东盟"次区域合作、"广东—东盟"合作平台与合作机制建设、粤企走向东盟个案分析等。第一章由刘伟、丘杉、左晓安等执笔,第二章由郭楚执笔,第三章由黄霓执笔,第四章由李永明执笔,第五章由梁育民、余欣执笔,第六章由崔书琴执笔,第七章由左晓安执笔。因时间匆促,书中难免疏忽乃至错误之处,敬请读者提出宝贵意见。

　　本书在广东省社会科学院院长梁桂全研究员的指导下,在本院有关部门特别是科研处、信息中心的大力帮助下完成,我研究所梁宇红、全玲艳、胡少莉等同志在调研与资料收集等工作方面给予积极配合。人民出版社为本书出版给予大力支持,有关同志尤其编审付出了大量的辛勤劳动,在此一并致谢。

广东省社会科学院国际经济研究所

2009 年 11 月于广州

责任编辑:杨松岩
特约编辑:柏裕江
责任校对:刘越难
版式设计:王　舒

图书在版编目(CIP)数据

携手"蓝海"——国际视野下广东与东盟的战略合作/丘杉　梁育民
刘伟 主编.-北京:人民出版社,2010.2
ISBN 978－7－01－008652－1

Ⅰ.携　…　Ⅱ.①丘…②梁…③刘…　Ⅲ.战略合作-广东
Ⅳ.I561.78

中国版本图书馆 CIP 数据核字(2009)第 041758 号

携手"蓝海"

XIESHOU "LANHAI"

——国际视野下广东与东盟的战略合作

丘杉　梁育民　刘伟 主编

人民出版社 出版发行
(100706　北京朝阳门内大街 166 号)

北京瑞古冠中印刷厂印刷　新华书店经销

2010 年 2 月第 1 版　2010 年 2 月北京第 1 次印刷
开本:710 毫米×1000 毫米 1/16　印张:17
字数:200 千字　印数:0,001－3,000 册

ISBN 978－7－01－008652－1　定价:32.00 元

邮购地址 100706　北京朝阳门内大街 166 号
人民东方图书销售中心　电话 (010)65250042　65289539